सफलता के
400 सूत्र

सफलता के 400 सूत्र

वाई सुंदर राजन

प्रभात
पेपरबैक्स
www.prabhatbooks.com

प्रकाशक

प्रभात पेपरबैक्स

4/19 आसफ अली रोड, नई दिल्ली-110002

फोन : 23289555 • 23289666 • 23289777 ❖ फैक्स : 23253233

इ-मेल : prabhatbooks@gmail.com ❖ वेब ठिकाना : www.prabhatbooks.com

संस्करण

2016

मूल्य

दो सौ रुपए

अ.मा.पु.स. 81-7315-695-6

मुद्रक

नरुला प्रिंटर्स, दिल्ली

SAFALTA KE 400 SOOTRA

by Y. Sunder Rajan

Published by **PRABHAT PAPERBACKS**

4/19 Asaf Ali Road, New Delhi-110002

ISBN 81-7315-695-6

₹ 200.00

भारत की युवा शक्ति को,

जो राष्ट्र को नई ऊँचाइयों तक

ले जाने के लिए दृढ़ निश्चयी है।

प्राक्कथन

मूल रूप से यह पुस्तक लगभग पैंतीस वर्ष तक की उम्र के युवाओं के लिए है कि वे अपने जीवन के बारे में सोच सकें, समस्याओं एवं चुनौतियों का सामना कर सकें और अपने लिए बेहतर भविष्य का निर्माण कर सकें। इसमें केवल विज्ञान व तकनीकी के विद्यार्थियों अथवा उच्च तकनीकी व्यवसायों में लगे लोगों को ही लक्ष्य नहीं किया गया है। यह सभी के लिए है। यह जीवन के अतिसाधारण 'यथार्थों' को और जीवन की वास्तविक समस्याओं को संबोधित करती है। उनमें से अधिकांश मेरे तथा अन्य कई व्यक्तियों के वास्तविक जीवन के अनुभवों पर आधारित हैं।

अनेक युवा लोगों को व्याख्यान देते हुए, उनके साथ कार्य करते हुए या उनसे बातचीत करते हुए अथवा उनकी बातचीत सुनते हुए मैंने यही पाया है कि युवाओं के मन में अत्यधिक भ्रम है। प्रतियोगी परीक्षाओं का दबाव, फिर रोजगार की तलाश, रोजगार मिलने पर उसमें बने रहने का दबाव और अपने वरिष्ठों से तालमेल बैठाने का दबाव अकसर युवाओं को इतना निचोड़ लेता है कि उनके पास साहित्य, दर्शन अथवा अंतर्दृष्टिपूर्ण प्रायोगिक लेख का गंभीरतापूर्वक अध्ययन करने का समय नहीं मिल पाता है। उन्हें अवकाश का समय भी चाहिए।

कुल मिलाकर वे समाचार-पत्रों के सनसनीखेज शीर्षकों, सतही आलेखों को ही पढ़ पाते हैं या टेलीविजन पर दिखाए जानेवाले कार्यक्रमों को ही देख पाते हैं, जिनका जीवन में अपना अलग-अलग स्थान है; परंतु अपने जीवन को सावधानीपूर्वक सँवारने के लिए व्यक्ति को जीवन के असमंजसों में कहीं अधिक गहरी अंतर्दृष्टियों की आवश्यकता है।

मुझे एवं मेरी आयु के अनेक व्यक्तियों को, जिन्होंने महाभारत, रामायण, बाइबल की कहावतों, पैगंबर मोहम्मद साहब के वचनों, बौद्ध जातक कथाओं,

जैन कथाओं, पंचतंत्र की कथाओं, ईसप की कहानियों, भारत सहित विश्व के अनेक देशों की प्राचीन आदिवासी कथाओं को अपने बचपन के दिनों में खूब पढ़ा है। भरपूर आंतरिक बल प्राप्त हुआ है। असमंजस की स्थिति में हम इसी ज्ञान-भंडार की शरण लेते हैं।

मगर आज के बच्चों के लिए यह सब अत्यंत दुर्लभ है। उनके माता-पिता व अभिभावकगण अपनी उच्च दबावयुक्त गतिविधियों में उलझे हुए हैं। यही बात घरेलू महिलाओं पर भी लागू होती है, जो सुबह से देर रात तक व्यस्त रहती हैं। दादा-दादी, नाना-नानी की शीतल छाया भी आज के बच्चों को नसीब नहीं है।

अनेक भारतीय भाषाओं में प्रकाशित अमर चित्रकथा उल्लेखनीय रूप से इस कमी को पूरा करती थी। पर अनगिनत टेलीविजन चैनलों ने बच्चों के आकर्षण का संतुलन भंग कर दिया है। बच्चे समझ नहीं पाते हैं कि अपने समय का सदुपयोग कैसे करें। निस्संदेह कुछ टेलीविजन सीरियल वास्तविक जीवन की समस्याओं को अनेक तरीकों से उठाते हैं और लोगों को सोचने के लिए बाध्य करते हैं; लेकिन ये सीरियल स्वयं बाजारवादी प्रतियोगिता के सामने विवश हैं।

रामायण, महाभारत जैसे टेलीविजन सीरियलों के रूप में भारतीय दर्शकों की कल्पना को उद्वेलित करने के लिए उल्लेखनीय प्रयास किया गया था। लेकिन फिर भी दृश्य माध्यम की क्षमता अंतर्दृष्टि उत्पन्न करने के मामले में पहले के साधारण कथावाचकों की क्षमता के सामने कहीं नहीं ठहरती है। या सी. राजगोपालाचारी द्वारा अति साधारण ढंग से लिखी गई रामायण व महाभारत के अध्ययन के सामने भी कहीं नहीं टिकती है। युवाओं के साथ कार्य करते हुए, उनके साथ बातचीत करते हुए; उनके आनंद, अवसाद, भय व अंतर्दृष्टियों को बाँटते हुए कम-से-कम मैंने तो यही पाया है।

मैंने गौर किया है, यह है कि भारत में हम अपने बच्चों को अति आदर्शवादी पाठ पढ़ाते, सीख देते हैं। ऐसे पाठ और सीख जिनपर हम स्वयं विश्वास नहीं करते हैं या जो हमारे वास्तविक जीवन-अनुभवों पर आधारित नहीं होते हैं। कुछ बच्चे हमारी सीख को मन में बैठा लेते हैं और वयस्क होकर दुःख भोगते हैं। अधिकांश हमारे पाठ के खोखलेपन को शीघ्र ही जान जाते हैं और फिर उन्हें हम बुजुर्गों की बातों पर भरोसा नहीं रह जाता है। इससे युवाओं के साथ हमारे संवाद में निर्वात उत्पन्न हो सकता है। उन युवाओं के साथ, जो किसी भी देश के भविष्य के लिए अत्यंत अनिवार्य हैं, किसी भी समाज या सभ्यता की जान हैं।

यह पुस्तक युवाओं के लिए साधारण तथा पढ़ने में आसान अध्ययन सामग्री

उपलब्ध कराने का एक प्रयास है, ताकि उपर्युक्त सभी अनिवार्यताओं को पूरा किया जा सके जिसे मैं और अन्य कुछ लोग महसूस करते हैं। यह कोई जादुई छड़ी या ज्ञानकोष नहीं है जिसमें सभी संभावित मुद्दों, समस्याओं और समाधानों को समाहित किया जा सके।

यह पुस्तक पैंतीस वर्ष से अधिक आयुवाले व्यक्तियों के लिए भी उपयोगी हो सकती है। यह व्यावहारिक जीवन की पुस्तक है। इसमें विज्ञान, तकनीकी, चिकित्सा तथा वैश्वीकरण के बलों सहित व्यापार-प्रबंधन के क्षेत्र में चल रहे आधुनिकतम विकास कार्यों का वर्णन किया गया है। इन सभी से आज प्रत्येक व्यक्ति पर दबाव अत्यंत बढ़ गया है। कुछ दशक पूर्व परिस्थितियाँ ऐसी नहीं थीं।

उदाहरण के लिए, कहावत है कि मंद व स्थिर गतिवाला ही अंत में दौड़ जीतता है। क्या यह कहावत आज के विद्यार्थियों पर लागू हो सकती है, जो एक साथ अनेक प्रतियोगी परीक्षाओं का सामना कर रहे हैं और जिनके परिणाम उनका भविष्य सँवार या बिगाड़ सकते हैं? क्या हम अपने बच्चों को शीर्ष स्थान पर पहुँचने के लिए एक ही संगठन में अपना पूरा जीवन समर्पित करने की सलाह दे सकते हैं, जबकि संगठन जीवन भर के रोजगार की गारंटी नहीं देते हैं? आधी सदी पहले तक यही मान्यता थी। लेकिन फिर भी, जितने समय तक आप किसी संगठन से जुड़े हैं उतने अंतराल तक कुछ नैतिकता का पालन तो करना होगा। और संगठन आपको निकाल दे, उससे पहले भावी रोजगार की तलाश भी करनी है।

वे लोग जो जीवन भी अधिक अनुभवी हैं (चालीस, पचास साल से ऊपर की उम्रवाले), वे भी इस पुस्तक में ऐसी चीजें प्राप्त कर सकते हैं जो उनकी मान्यताओं को चुनौती देती है (या उनके अनुरूप हो)। वे चाहें तो युवाओं को सलाह देते समय उन्हें अपनी आवश्यकता के अनुसार परिवर्तित भी कर सकते हैं।

मूल विचार यही है कि इस राष्ट्र के लोगों के बेहतर भविष्य के लिए स्वयं को पुनराविष्कृत करने में सहायता करना। अब इस पुस्तक के संगठन और विन्यास के बारे में कुछ शब्द। मैंने अनेक पुस्तकें और आलेख लिखे हैं। प्राक्कथनों के साथ, तर्क-वितर्कों के माध्यम से चरणबद्ध रूप में विषय-वस्तु की व्याख्या की है। मैं अनुभव करता हूँ कि तार्किक स्थिरता एवं विचारों की निरंतरता के बावजूद यह बहुत ही बोझिल बन जाता है।

मैंने अनेक अन्योन्य क्रियात्मक व्याख्यानों के साथ भी परीक्षण किया है (हालाँकि अनेक उच्च स्तरीय समारोहों में अधिकतर एकतरफा संवाद ही होता

है)। इनमें मैंने पाया कि अधिकांश लोग 5 मिनट से अधिक ध्यान केंद्रित नहीं कर पाते हैं। इसके बाद उनके मन में अनेक प्रश्न उठने लगते हैं और उनके उत्तरों की तलाश में वे अपने मन-मस्तिष्क के द्वारा बंद कर लेते हैं।

ऐसे ही एक बार मदुरई के मन्नारतिएमलाई कॉलेज में अपने संभाषणों के दौरान जब मैंने विद्यार्थियों से पूछा कि क्या आप जानते हैं कि मैं ये प्रश्नोत्तरी किस्म के तरीकों को क्यों अपनाता हूँ? एक युवती उठी और तमिल में बोली, "ताकि हम बोर न हों!"

इतनी बहादुरी के साथ इतनी सच्ची बात कहने के लिए मैंने उस युवती को बधाई दी! आज 61 साल की उम्र में भी अति विशिष्ट व्यक्तियों के भाषणों को सुनने में और सेमिनारों में मुझे इसी समस्या का सामना करना पड़ता है। मैं जानता हूँ कि अनेक लोग ऐसा ही अनुभव करते हैं। पर शिष्टतावश उन्हें कहना पड़ता है—"बहुत बढ़िया! इससे मुझे प्रेरणा मिली!" लेकिन मदुरई के साधारण से कॉलेज में उस युवती के सामने कोई बाध्यता नहीं थी कि वह इस तरह का स्वाँग करे।

इसीलिए इस पुस्तक के अध्यायों को लिखने के लिए मैंने इस तकनीक को अपनाया है। इन अध्यायों में आपको 'उद्देश्य', 'अधिप्रेरण', 'क्रोध', 'प्रेम', 'ईर्ष्या', 'दया', 'गर्व', 'पेशेवराना', 'शून्य-योग', 'उत्साह' आदि शब्द मिलेंगे। इन शब्दों की अनुच्छेदों में निबद्ध व्याख्या की गई है। गहन अनुभवों और अंतर्दृष्टियों के साथ उनके बारे में समझाया गया है। उन्हें किसी तार्किक प्रारूप में व्यवस्थित भी नहीं किया गया है।

अत्यंत साधारण कारण से ऐसा किया गया है। पुस्तक पढ़ते समय पाठकों के मन में विभिन्न तार्किक प्रश्न उठेंगे। उस तरह नहीं जैसे मैं सोचता हूँ या अन्य लोग सोचते हैं। और फिर जिस विषय-वस्तु को लिया गया है वही सबकुछ नहीं है। प्रत्येक व्यक्ति के लिए जीवन एक अनंत शृंखला है। इसलिए मैंने कुछ शब्दों का चुनाव किया और उनके इर्द-गिर्द लिखा।

पाठक चाहें तो इस पुस्तक को आदि से अंत तक पढ़ सकते हैं या चाहें तो टुकड़ों में भी पढ़ सकते हैं। वे किसी भी शब्द को लेकर पढ़ना आरंभ कर सकते हैं। पुस्तक उन्हें अध्ययन की संपूर्ण स्वतंत्रता प्रदान करती है। आधुनिक युवाओं के दबाव-युक्त कार्य-सारणी के अनुरूप है यह पुस्तक।

इस पुस्तक को पढ़ते समय आपको अनुभव होगा कि आपके मन-मस्तिष्क के द्वार खुल रहे हैं। आप अपने बारे में विचार कर रहे हैं। अभ्यास के रूप में आप

कुछ और शब्दों पर अपने विचारों को अपने अनुभवों के आधार पर लिख सकते हैं। इसमें आपको आनंद का अनुभव होगा।

यह पुस्तक हमारी साझी यात्रा है। अब हम इस यात्रा को आरंभ कर सकते हैं। मुझे आशा है कि मैं आपका मित्र बनने में समर्थ हूँ, विचारवान् व्यक्ति बनने में समर्थ हूँ, जो अपने ज्ञान को प्यार व स्नेह से आपके साथ बाँट सकता है।

तो आइए चलें…

—वाई. सुंदर राजन

आभार

मैं उन लोगों का हृदय से आभारी हूँ, जिनसे अपने जीवन में मैंने बहुत कुछ सीखा है। मेरे जीवन में अनेक गुरु हैं। हर रोज मुझे एक नया गुरु मिलता है और उससे मुझे नए पाठ सीखने को मिलते हैं। विषय-वस्तु का प्रवाह बनाए रखने के लिए मैंने उन सामग्रियों का हवाला नहीं दिया है, जिन्हें मैं समाचार-पत्रों, अन्य पुस्तकों तथा आलेखों से प्राप्त करता हूँ। यदि आप और गहराई में जाना चाहते हैं तो मुझसे संदर्भ हेतु संपर्क कर सकते हैं।

गाँव में अपने स्कूल से लेकर कॉलेज के दिनों के सभी शिक्षकों की याद अभी भी मेरे मन में ताजा है। उनके स्नेह और प्यार ने मुझे जीवन का सामना करने का स्वाभाविक आत्मविश्वास दिया। कॉलेज की शिक्षा पूरी करने के पश्चात् मैं भौतिकी अनुसंधान प्रयोगशाला के संकाय और डॉ. विक्रम साराभाई के संपर्क में आया। विक्रमभाई ने मुझे विज्ञान व तकनीकी के अनुप्रयोगों से परिचित कराया। अपने पेशेवर जीवन में मैं अनेक लोगों के संपर्क में आया, जिनमें डॉ. ब्रह्मप्रकाश और प्रो. सतीश धवन का स्मरण मुझे विशेष तौर पर है। उन्होंने अनेक जीवन-मूल्यों तथा मानसिक अनुशासन की भावना मेरे व्यक्तित्व में कूट-कूटकर भर दी।

जब मैं पाँच वर्ष का था तो मेरे पूज्य दादाजी श्री सुंदर गणपदिगल (स्व.) ने मुझे कुछ वेद-मंत्र सिखाए और 'रामायण' तथा 'महाभारत' की संपूर्ण गाथा मुझे सुनाई। मेरे चाचा श्री शंकर अय्यर (स्व.) ने व्यावहारिक जीवन जीने के लिए मुझे अनेक श्लोक और सरल मूलमंत्र सिखाए। उनकी पत्नी (चाची), जो मुझे बहुत प्यार करती थीं और मैं भी उन्हें बहुत प्यार करता था—इतना कि तीन साल की उम्र में जब माँ का साया मेरे सिर से उठ गया तो भी मैंने कभी अपने को अनाथ नहीं महसूस किया।

मेरे फूफाजी स्व. श्री एन.एस. अय्यर ने घर में अच्छी-अच्छी पुस्तकों का

ढेर लगा रखा था, जिन्हें मैंने तेरह साल की उम्र से पढ़ना शुरू किया। वे विविध क्षेत्रों तथा विषयों से संबद्ध पुस्तकें थीं। उनका अध्ययन करने से हर बार नई-नई चीजें सीखने को मिलती थीं।

मेरी पत्नी गोमती का व्यक्तित्व सहज ज्ञान और सभी के लिए प्यार से संपन्न है। उन्होंने ही मुझे यह पुस्तक लिखने का सुझाव दिया था और मेरा उत्साहवर्धन किया था। मैं अपने छोटे सुपुत्र डॉ. विक्रम राजन का आभारी हूँ, जिसने पुस्तक के स्वरूप पर अपने रचनात्मक सुझाव दिए।

मैं पूर्व राष्ट्रपति डॉ. ए.पी.जे. अब्दुल कलाम का आभार व्यक्त करता हूँ। यह हमारा सौभाग्य है कि वह हमारे पारिवारिक मित्र हैं। उनके साथ चालीस वर्षों की ईश्वर-प्रदत्त मित्रता ने मेरे व्यक्तित्व को निखारने में महत्त्वपूर्ण योगदान दिया। मैं उनसे हमेशा कुछ-न-कुछ नया सीखता रहता हूँ।

और अंत में···

आशा है, आप इस पुस्तक को पढ़कर आनंद का अनुभव करेंगे। इस पुस्तक को लिखने का उद्‌देश्य आपको इस तरह तैयार करना है कि आप चीजों को जस-का-तस न लें और न ही एक ढर्रे पर चलें, यानी लकीर के फकीर न बनें। अगर आप भिन्न तरीके से सोच सकते हैं तो मैं समझूँगा कि पुस्तक अपने उद्‌देश्य को पूरा करने में सफल रही है।

निस्संदेह जीवन जटिल है, पर बहुत खूबसूरत भी है। हममें से हरेक को अपने लिए स्वयं उत्तर तलाश करने होंगे। एक बार आप ऐसा करने लगें और जीवन में सफलता के सभी रास्तों को तलाश लें तो आप एक सफल व्यक्ति बन सकते हैं।

इस पुस्तक को लिखने का उद्‌देश्य यही है कि आप अपने उन गुणों या खूबियों से परिचित हों, जिन्हें आप भुलाए बैठे हैं। केवल लिखित पाठ को स्वीकार न करें। नोट बनाएँ, उन्हें बार-बार पढ़ें। इस पुस्तक में मैंने जो कुछ लिखा है, उसकी अन्य पुस्तकों से तुलना करें। अपनी सोच को तराशने के लिए अपने नोट्स को पढ़ें।

इस प्रक्रिया को परिष्कृत करते रहें। पुराने नोट्स को दोहराएँ, नए नोट्स बनाएँ। इस पुस्तक के अंशों को पढ़ते रहें, अन्य पुस्तकें पढ़ें···अपने नोट्स लिखें। फिर कुछ दिनों तक जीवन का प्रेक्षण करें···। जो कुछ आपने लिखा है, उसे जीवन पर लागू करें···फिर दोबारा लिखें।

इस पुस्तक को आत्मसात् करने के पश्चात् आपको अपनी शक्तियों का आभास हो जाएगा। जीवन विकासमान होता हुआ लगेगा। इस पुस्तक को आप बार-बार पूरी तरह से या अंशों में पढ़ सकते हैं। हर बार आपको नए-नए अर्थ मिलेंगे।

यदि आप अपने विचारों, टिप्पणियों, समालोचना, उत्साह इत्यादि को मेरे साथ बाँटना चाहते हैं तो मुझे अत्यंत प्रसन्नता होगी; क्योंकि मैं प्रत्येक व्यक्ति और घटना से सीखता रहता हूँ। मेरा इ-मेल है—y.s.rajan@ciionline.org

—वाई. सुंदर राजन

विषय-सूची

1. अंतिम 25
2. अग्नि-परीक्षा 25
3. अच्छे-बुरे का फर्क 26
4. अजनबी 27
5. अज्ञानता 27
6. अधिकतम 27
7. अधिक बातें 28
8. अधिनायक 28
9. अध्यात्म 28
10. अनैतिक 29
11. अपराध-बोध 29
12. अफवाह 30
13. अभिजात 30
14. अलगाव 31
15. अवसर 31
16. असमंजस 31
17. असुरक्षित 31
18. अस्पष्टता 32
19. अहंकार 32
20. अहंकारी 33
21. अहिंसा 33
22. आकलन 34
23. आजादी 34
24. आजीविका 35
25. आज्ञाकारिता 36
26. आत्मज्ञान 36
27. आत्मा 36
28. आधा भाग 37
29. आनंद 37
30. आभा 38
31. आभामय 38
32. आलस 38
33. आलोचना 39
34. आवश्यकता 40
35. आशा 40
36. आश्वासन 40
37. आस्था 40
38. इंतजार 41
39. ईर्ष्या 41
40. ईश्वर 42
41. उत्कृष्टता 43
42. उत्तरजीविता 44
43. उत्थान 45
44. उत्साह 45
45. उद्देश्य 45
46. उपयोग 46

47. उपलब्धि	46
48. ऊँचा	47
49. ऋषि	47
50. एकचित्त	48
51. एकता	48
52. एकपक्षता	49
53. एकसारता	49
54. एहसास	49
55. कंजूस	50
56. कंप्यूटर	51
57. कचरा फैलाना	51
58. कठोर	52
59. कड़वाहट	52
60. कतार	54
61. कमजोर	54
62. कर (टैक्स)	54
63. कर्म	54
64. कर्म ही भाग्य है	56
65. कल्पना	57
66. कल्पना-लोक	58
67. कल्याण	58
68. कार्य (कर्म)	59
69. काव्य	59
70. कोटा	59
71. क्षमता	59
72. खतरा	60
73. खलनायक	60
74. खाना पकाना	61
75. खुला	61
76. खुशनुमा	61
77. खेल	61
78. खोज	62
79. गंध	62
80. गणित	62
81. गति	62
82. गपशप	62
83. गरीबी	63
84. गर्मजोशी	63
85. गलत	63
86. गलत सूचना	64
87. गलती	65
88. गहराई	65
89. गुणवत्ता	66
90. गूँज	66
91. गृह-प्रेम	66
92. गौण चीजें	67
93. ग्रंथ	67
94. घबराना	67
95. घमंड	67
96. चतुराई	68
97. चमक	68
98. चमत्कार	68
99. चर्चा	68
100. चालाक	69
101. चुनौती	70
102. चौराहा	72
103. छाया	72
104. छिछलापन	72
105. छोटी-छोटी बातें	73
106. छोटी बातों को अनदेखा करना	73
107. जख्म	73
108. जनता	73
109. जरूरतें	74

110. जल	74
111. जागना	75
112. जागरूकता	75
113. जादू	75
114. जिज्ञासा	76
115. जीवन	76
116. जीवन का विज्ञान	77
117. ज्ञान	79
118. ज्योति	82
119. झपकी	82
120. टीम वर्क	83
121. टेलेक्स	85
122. ड़टना	85
123. डर	86
124. तकनीकी	86
125. तत्परता	86
126. तनाव	87
127. तरंग	87
128. तर्क	87
129. तर्कशीलता	87
130. तिकड़में	88
131. तुरंत	88
132. तौर-तरीके	88
133. दक्षता	89
134. दब्बू	89
135. दम-खम	89
136. दया	89
137. दुःख	90
138. दुर्भाग्य	90
139. दृष्टि	90
140. दृष्टिकोण	90
141. देखभाल	91
142. देशभक्ति	91
143. दौड़	92
144. धन	92
145. धन का उपयोग	93
146. धनी	93
147. नकारात्मक	94
148. नकारात्मक विचार	94
149. नरक	95
150. नव-निर्माण	95
151. नशीली दवाएँ	96
152. नहाना-धोना	96
153. निमग्न रहें	97
154. निम्नतर (कमतर) मानना (नीचा दिखाना)	97
155. नियंत्रण	98
156. नियम	99
157. नियमित	99
158. निरंतर	99
159. निरर्थक	99
160. निरापद	99
161. निराशा	100
162. निराशावाद	103
163. निर्भरता	103
164. निवेश	106
165. निष्पादन	106
166. नींद	106
167. नीम-हकीम	107
168. नृत्य	107
169. नेतृत्व	107
170. पक्ष	108
171. पतंग	109
172. पतन	110

173. परंपरा 110
174. परजीवी 110
175. परिधान 111
176. परिवर्तन 111
177. पवित्रता 112
178. पहचान 112
179. पहाड़ 112
180. पात्रता 113
181. पालतू 114
182. पीड़ा 114
183. पुराना 115
184. पूजा 115
185. पैदल चलना 115
186. पोषण 115
187. प्रकाश 116
188. प्रकृति, प्राकृतिक 116
189. प्रगति 118
190. प्रज्वलन 118
191. प्रतिज्ञा 119
192. प्रतिभा 119
193. प्रतिमान 120
194. प्रतियोगिता 121
195. प्रबंधन 122
196. प्रभावी 122
197. प्रयास 122
198. प्रयासरत 123
199. प्रलोभन 123
200. प्रशंसा 123
201. प्रशंसा का उपयोग 124
202. प्रश्न 124
203. प्रसन्नचित्त 124
204. प्रसन्नता 125
205. प्रसन्नता क्या है 126
206. प्रसिद्धि 129
207. प्राथमिकता 130
208. प्रार्थना 130
209. प्रासंगिकता 131
210. प्रिय 131
211. प्रेक्षण 132
212. प्रेम 132
213. प्रेरणा 133
214. फलदायी 134
215. फसल कटाई 134
216. फूहड़ता 134
217. बच्चा 134
218. बलिदान 135
219. बहुमत 136
220. बहुमुखी 137
221. बहुमुखी प्रतिभा 137
222. बाँटना 137
223. बाजार की ताकतें 138
224. बातें 139
225. बाहरी स्वरूप 139
226. बाह्यताएँ 140
227. बीमारी 140
228. बुद्धिमानी 141
229. बुनियाद 141
230. बुराई 141
231. बेहतरी 143
232. बोरियत 144
233. बोरियत से कैसे बचें 144
234. भड़काऊ 146
235. भय 146
236. भला 146

237. भविष्यवाणी 146
238. भाग्य 147
239. भाग्य नहीं प्रयास 148
240. भावना 148
241. भाषा 149
242. भोजन 150
243. भोलापन 151
244. भ्रष्टाचार 151
245. मंच 152
246. मजाक 153
247. मधुर 153
248. मध्यम मार्ग 153
249. मर्यादा 153
250. मर्यादित 154
251. मशीन 154
252. महत्त्वपूर्ण 155
253. महानता 155
254. माता-पिता 155
255. मात्रा 155
256. मानक 156
257. मानदंड 157
258. मानवता 157
259. मानसिकता 158
260. मार्गदर्शक 159
261. मित्र 160
262. मिश्रित बल 161
263. मुसकराना 161
264. मुसकान 161
265. मूल्यांकन 161
266. मैं 162
267. मोमबत्ती 163
268. मौलिक 163
269. यात्रा 163
270. याददाश्त 164
271. युक्ति 165
272. युद्ध 166
273. युवा 167
274. योग 167
275. योग्यता 167
276. रख-रखाव 168
277. रचनात्मकता 168
278. रटना 169
279. रस 170
280. रहस्य 170
281. रुकना 170
282. रुकावटें 170
283. रुचि 172
284. रोमांच 172
285. लंबी आयु 172
286. लक्षण 172
287. लड़ाई 172
288. लॉटरी 173
289. लापरवाह 173
290. लापरवाही 173
291. लाभ 173
292. लिखना 174
293. लोकप्रिय 174
294. वफादार 174
295. वर्जना 174
296. वाणी 175
297. वायरस 175
298. वासना 175
299. वाहवाही 176
300. विचरण 176

301. विचार	176	333. शांति	196
302. विचारधारा	176	334. शिक्षण	196
303. विजय	178	335. शिक्षा	197
304. विज्ञान	179	336. शिखर	199
305. विद्यालय	180	337. शुरुआत	199
306. विद्रोही	180	338. शून्य	199
307. विनाश	181	339. शैली	199
308. विपदा	181	340. शोक	199
309. विपरीत	182	341. श्रवण	199
310. विफलता	182	342. संकट	200
311. विरोध	184	343. संकीर्ण	201
312. विरोध होने पर	185	344. संकोची	201
313. विलंब (देर)	185	345. संत	201
314. विलाप	186	346. संतुष्टि	201
315. विवाह	186	347. संपन्न	201
316. विविधता	186	348. संभाव्यता	202
317. विश्वविद्यालय	187	349. संवेदनशील	202
318. वृद्धि	187	350. संसाधन	202
319. वेशभूषा एवं कपड़े	189	351. सकारात्मक सोच	203
320. वैश्विक	189	352. सख्त	203
321. व्यक्तित्व	191	353. सतर्कता	204
322. व्यवसाय	191	354. सत्य	204
323. व्यवस्था	192	355. सफलता	205
324. व्यवस्थापक	192	356. समझदारी	205
325. व्यापार	193	357. समता	205
326. व्यायाम	194	358. समन्वय	206
327. शक्तिशाली	194	359. समय	207
328. शरारत नहीं	194	360. समयबद्धता	207
329. शर्म	195	361. समर्थन	208
330. शहद	195	362. सम्मान	208
331. शांत	195	363. सराहना	208
332. शांतमन	196	364. सहकारिता	209

365. सहजीवन 209
366. सहानुभूति 209
367. सहायता 210
368. साधारण 210
369. सामर्थ्य 210
370. सार्वभौमिक (वैश्विक) 211
371. साहस 211
372. सिद्धपथ 212
373. सिद्धांत 212
374. सीमा 212
375. सुंदर 213
376. सुंदरता 213
377. सुख 214
378. सुझाव 214
379. सुधार 214
380. सुस्त 214
381. सेक्स (लिंग) 214
382. सेवा 215
383. स्थायी 216
384. स्नान 216
385. स्वच्छता 216
386. स्वयंसेवा 217
387. स्वर्ग 217
388. स्वस्थ शरीर 218
389. स्वागत 219
390. स्वाद (जायका) 219
391. स्वामित्व 219
392. स्वास्थ्य 219
393. हताशा 220
394. हथियार 221
395. हरा 221
396. हर्ष 222
397. हर्षोन्माद 223
398. हानि 223
399. हितकर 224
400. हीन-भावना 224

सफलता के 400 सूत्र

— अंतिम —

अकसर खोजी मस्तिष्क अंतिम (या परम) की तलाश में रहते हैं। प्रतियोगी परीक्षा या आयोजनों में सहभागी लोग सर्वोच्च सम्मान प्राप्त करने का लक्ष्य रख सकते हैं। वैज्ञानिक, लेखक आदि 'नोबेल पुरस्कार' को अपना लक्ष्य बना सकते हैं। व्यावसायिक दुनिया का सबसे धनी व्यक्ति बनने का लक्ष्य अपना सकते हैं। इन साकार पराकाष्ठाओं से परे मनुष्य का मन उस परम की खोज करता रहता है। कुछ लोग इस परम को ईश्वर में तलाश करते हैं। कुछ वैज्ञानिकों के अनुसार यह हर चीज का परम सिद्धांत (अल्टीमेट थ्योरी ऑफ एवरीथिंग) है। अनेक वैज्ञानिक और दार्शनिक इस बात से संतुष्ट हैं कि उस अंतिम को पाया नहीं जा सकता है। आपको तो अपने जीवन का उद्देश्य तलाशना है। मूलभूत विचार यही है कि कैसे स्वयं को ऊर्जावान् और उल्लासमय बनाया जाए?

— अग्नि-परीक्षा —

कई बार जीवन में इतनी कठिनाइयाँ झेलनी पड़ती हैं कि पूरा जीवन ही अग्नि-परीक्षा जैसा लगने लगता है। इसे सहन करें, हालाँकि यह कठिन कार्य है। साहस न छोड़ें। आगे बढ़ते रहें। अपने मन में सकारात्मक विचारों को पनपाएँ और एक बात याद रखें—जीवन में परिवर्तन चलता रहता है, दिन बदलते हैं। कोई भी अग्नि-परीक्षा अनंत काल तक नहीं चल सकती है। अंततः आप कुंदन की तरह दमकते हुए इससे बाहर आएँगे। जीवन की अग्नि-परीक्षाओं में खरा उतरने में रामायण व महाभारत की कहानियाँ आपकी काफी मदद कर सकती हैं।

— अच्छे-बुरे का फर्क —

हम अकसर कहते-सुनते हैं कि दूसरों के प्रति अच्छा होना चाहिए, सभ्य होना चाहिए, दूसरों के विचारों को प्रकट करने की छूट देनी चाहिए, दूसरों की बात सुननी चाहिए। अपने उपलब्ध समय में इन आदतों को पनपाना अच्छी बात है। उदाहरण के तौर पर, दूसरों की बात सुनने या लोकतांत्रिक रवैया अपनाने से, आप चाहे मालिक हों या नौकर, अपने खिलाफ पनप रहे प्रतिरोध को दबा सकते हैं। कर्मचारी के रूप में यह रवैया आपके बचने के लिए जरूरी है। मध्यम स्तर के प्रबंधक के तौर पर आप अपने संगठन में ईर्ष्या और उसके फलस्वरूप उत्पन्न होनेवाली गड़बड़ियों को टाल सकते हैं।

किंतु अपने आपको इतना लाचार न बना लें कि सही-गलत, अच्छे-बुरे की पहचान न कर सकें। यदि किसी बावरची द्वारा बनाए और आपको परोसे गए सभी व्यंजनों को आप अच्छा बताएँगे तो कोई भी अच्छा बावरची अपने श्रेष्ठ व्यंजनों को आपके सामने नहीं परोसेगा। यही बात आपके सहकर्मियों के कार्य-निष्पादन पर लागू होती है। यदि आप 'शक्तिशाली' बॉस हैं तो 'बहुत अच्छे' कहते रहिए—कोई भी प्रश्न नहीं करेगा।

सभी के कार्यों की गुणवत्ता गिरती रहेगी। अंतर करना ज्ञान के लिए एक महत्त्वपूर्ण संकेत है। यदि आप किसी अनजानी जगह हैं और अपने सहकर्मियों से सलाह लेते हैं तथा उनके सुझाए सभी रास्तों को समान रूप से अच्छा मान लेते हैं तो आप कहीं भी नहीं पहुँचेंगे। आपको अंतर करने तथा चुनने की जरूरत होगी। अवश्य ही इसमें जोखिम है। लेकिन कई सामान्य बातों के जंगल से काम की बात निकाल लेने की, भूसे में से सुई निकाल लेने की यही क्षमता आपको महान् बनाती है। कई जगहों पर कूटनीतिक कारणों से आप अपनी अलग राय देने से कतराते हों, पर आपको इससे अवगत रहना चाहिए।

एक बात और, अंतर करने का मतलब पूर्वग्रह बिलकुल नहीं है। यदि आप यह पाते भी हैं कि कोई व्यक्ति ढंग से कार्य नहीं कर रहा है तो भी उसके द्वारा पेश प्रस्ताव को पर्याप्त ध्यान दिए बिना सिरे से नकार न दें। इसी तरह यदि कोई उत्कृष्ट कर्मचारी घटिया काम करे तो आप उसे सबसे अच्छा नहीं ठहरा सकते हैं। हर चीज पर हर समय उचित निर्णय की आवश्यकता होती है। अच्छे-बुरे के बीच अंतर करना जरूरी है। अंतर करते रहने की यही क्षमता आपको तीक्ष्ण और सुनम्य बनाए रखेगी। यहाँ दो गुण आपको सर्वश्रेष्ठ बनाते हैं।

जीवन में चीजों के सतही स्तर पर ही न रह जाएँ। विस्तार के लिए, बेहतर

समझ के लिए, बेहतर अवधारणा के लिए, बेहतर निष्पादन के लिए और बेहतर ज्ञान के लिए आपको गहरा खोदना ही पड़ेगा। किंतु गहरे खोदने की प्रेरणा भीतर से आनी चाहिए। तब आप जीवन और अपने बारे में कई नई चीजों को खोज पाएँगे। जीवन में सफलता के लिए यह एक महत्त्वपूर्ण चरित्र है।

— अजनबी —

वैश्वीकरण के दौर में जब परस्पर मानव संबंध महत्त्वपूर्ण बन गए हैं, आप अनेक अजनबियों से मिलेंगे। भयभीत न हों। किंतु हाँ, सावधान व सतर्क रहें। कुछ समय के अंतराल पर कई अजनबी अच्छे मित्र बन जाते हैं।

— अज्ञानता —

आधुनिक दुनिया में अज्ञानता कोई वरदान नहीं है, हालाँकि कभी-कभार आप महसूस करते होंगे—'हे भगवान्! काश, मैं यह न जानता!'

कई बार आपका ज्ञान अच्छा होता है, क्योंकि आपने सर्वश्रेष्ठ पढ़ाई की, सर्वश्रेष्ठ स्रोतों से सीखा; पर संगठन के भीतर आपके दल में अज्ञानी लोग भरे हों तो ऐसे में आपके दल के सदस्य आप जो कह दें उसी को समझे बिना दोहराते रहते हैं। भारत में अकसर ऐसा ही होता है। बार-बार ऐसा होने पर आपका धैर्य जवाब देने लगता है और आप भगवान् से प्रार्थना करने लगते हैं कि हे भगवान्! काश, मैं भी मूरख-अज्ञानी होता! आपकी खीझ उचित ही है, पर अज्ञानी न बनें। अज्ञानता अंततः विनाश की ओर ही ले जाती है।

यदि आप अज्ञानी व्यक्तियों के समूह में फँस गए हैं तो वही युक्ति काम में लाएँ, जो बौड़मों से निबटने में प्रयोग में लाते हैं। अगर उससे भी काम न बने तो उस जगह को ही छोड़ दें। ज्ञान बेहद शक्तिशाली है, परंतु इसे प्राप्त करना बहुत मेहनत का काम है और इसे थामे रखना तो और भी ज्यादा कठिन है।

— अधिकतम —

यह कभी न सोचें कि आप अपनी अधिकतम सीमा पर पहुँच गए हैं। किसी का प्राकृतिक नियमों के अनुसार अधिकतम पर पहुँचना अत्यंत दुर्लभ है, इसलिए सदैव अपने भीतर सुधार करते रहें।

— अधिक बातें —

आजकल के युवाओं की विशेषता है कि वे बिना बात के ही लंबी-लंबी बातें करते रहते हैं। जिंदगी के तनावों को दूर करने के लिए बातचीत महत्त्वपूर्ण है। किंतु याद रखें, आप जो कुछ भी बोलते हैं वह बेशकीमती है। बात करते समय ध्यान रखें कि आप क्या बोल रहे हैं। नपी-तुली बातें करने से आपका चरित्र बनता है।

— अधिनायक —

प्रत्येक समाज अपने अधिनायक और अधिनायिकाओं की रचना कर डालता है। कुछ खलनायक भी बना लेता है। अधिनायक-अधिनायिकाओं को संकीर्ण क्षेत्रों और संकीर्ण कसौटियों में सीमित कर हम समानता के लोकतांत्रिक सिद्धांत को नष्ट कर देते हैं। मीडिया एवं नकचढ़े जनसंपर्क समूह संकीर्ण कसौटियों और तमाशों से भरे क्षेत्रों या सत्ता के दायरों में इन्हें केंद्रित करने का प्रयास करते हैं। उनकी गतिविधियाँ तड़क-भड़क भरे सेलिब्रिटी शो तक सीमित रह जाती हैं। मजे की बात यह कि भारत जैसे गरीब देशों में ही नहीं, अमीर देशों में भी यही चलन है। लेकिन हमारे देश में सदियों से चली आ रही सामंती मानसिकता के कारण यहाँ अधिनायकवाद का बोलबाला है। इसे हम व्यक्ति-पूजा का नाम दे सकते हैं। लेकिन यदि आप बहुत ज्यादा व्यक्ति-पूजा में पड़ जाएँ तो यह आपके लिए ही अच्छा नहीं होगा।

दूसरों की उपलब्धियों की सराहना करें, पर अपने नायक खुद बनें। उन लोगों और अपने माता-पिता के बारे में सोचें, जिन्होंने आपको बनाया। जिन लोगों ने आपकी सहायता की, वे भी आपके नायक होने चाहिए।

— अध्यात्म —

आजकल आप अखबारों में अध्यात्म पर अनेक स्तंभ देख सकते हैं। अध्यात्म के सभी संस्करणों में—जिनके बारे में बात होती है, जिनके बारे में लिखा जाता है, प्रचारित-प्रसारित किया जाता है—मुझे गजब की विभिन्नताएँ दिखाई देती हैं। इस विषय पर हमें एक और शोध-कार्य की जरूरत नहीं है, मगर अपने भीतर झाँकिए। दैनिक जीवन की भागमभाग के बीच, जीवन की पीड़ाओं और प्रसन्नताओं के बीच आपको अपने भीतर कुछ मिलेगा। यदि आप ईश्वर में विश्वास करते हैं तो आपको अपने भीतर के आधार से जुड़ने में आसानी होगी। इस अनुभव का आनंद

लें। जीवन में सफलता के लिए इससे शक्ति ग्रहण करें।

अनैतिक

प्रतियोगी समाज में आपका अनेक अनैतिक तत्त्वों से वास्ता पड़ेगा; पर आप अनैतिक गतिविधियों से बचें।

अपराध-बोध

आपने जो कुछ भी गलतियाँ कीं या दूसरों का जो कुछ भी बुरा किया, उसके लिए यदि स्वयं को अपराधी मान रहे हैं तो यह आपके मानवीय चरित्र को दरशाता है। जिनका आपने बुरा किया, उनसे आप क्षमा-याचना कर सकते हैं; किंतु हर समय ऐसा करना संभव नहीं। इस अपराध-भाव से उबरने के लिए पहले तो दूसरों का बुरा करना बंद कर दें, फिर उनका भला करने का प्रयास करें। हो सकता है कि शुरू में आपकी मनशा पर संदेह किया जाए, क्योंकि पहले आप बुरा कर चुके हैं और अब उक्त व्यक्ति से बात करने की स्थिति में नहीं हैं। इसलिए इस दिशा में ज्यादा जोर न लगाएँ, क्योंकि इससे स्थिति सुलझने के बजाय उलझती जाएगी। सबसे अच्छा तरीका यह है कि अपने अपराध भाव को ठंडे बस्ते में डाल दें और उसे अपने दैनिक जीवन के साथ खिलवाड़ न करने दें। हालाँकि किसी गलती के लिए अफसोस करना आपके मानवीय पक्ष को मजबूत बनाता है, लेकिन इस भाव को अपने भीतर शैतान न बनने दें। अपने अपराध-भाव के साथ सहज रहें। किसी-न-किसी दिन कोई अवसर आएगा जब आप नेक कार्यों द्वारा अपने अपराध-भाव से छुटकारा पा सकते हैं।

प्रतियोगिता और चूहा-दौड़ से भरी आधुनिक दुनिया में आप देखेंगे कि दूसरों के साथ छल-कपट करते हैं, उनमें दोष देखते हैं; लेकिन जरा भी अपराध-भाव उनके मन में नहीं आता है। ऐसा लगता है कि उनका अपना कोई जमीर नहीं है। उनके कार्यों की तुलना में आपका अपराध तो तुच्छ हो सकता है।

लेकिन इस तर्क के आधार पर अपने बुरे कार्य का औचित्य न ठहराने लगें। वास्तविक जिंदगी में आप जाने-अनजाने दूसरे व्यक्तियों, संगठनों या परियोजना को नुकसान पहुँचा सकते हैं। कई बार ऐसे कार्य क्रोध, ईर्ष्या, अनुराग या महत्त्वाकांक्षा के चलते हो जाते हैं। याद रखें कि आप रातोरात संत नहीं बन सकते, इसलिए अपने अपराध-भाव को दबाकर रखें और जहाँ तक संभव हो, गलतियों को न दोहराएँ। साथ ही, अपराध-भाव के कारण अवसाद, दीनता और निष्क्रियता के

शिकार भी न बनें। अपने जीवन में आप स्वयं सबसे ज्यादा मूल्यवान् हैं। भगवान् ने आपको जीवन दिया है और एक मन दिया है, जो महसूस करता है। यदि आप जीवन के प्रति ईमानदार हैं तो दूसरों के प्रति नेक बनें। 'सर्वे भवन्तु सुखिन:' अर्थात् सभी लोग सुखी हों।

— अफवाह —

यह समाज की सबसे बड़ी दुश्मन है। आधुनिक जमाने में जब संवाद व संचार के तीव्रगामी साधन सहज हैं तो अफवाहें फैलाना—विशेषकर समाज-विरोधी व आतंकवादी गुटों के लिए अफवाहें फैलाना—बाएँ हाथ का खेल हो गया है। अफवाह बड़े खतरनाक ढंग से आधुनिक समाज की पाँचवीं अवस्था के रूप में उभरती जा रही है, खासकर विकासशील देशों में, जहाँ लोगों को बहुत कम सामाजिक व आर्थिक अवसर उपलब्ध हैं।

— अभिजात —

हमारे देश में अकसर अभिजात वर्ग व अभिजातवाद आलोचनाओं एवं मजाक का निशाना बनते हैं। लेकिन यही आलोचक खुद को अभिजात कहलवाना चाहते हैं। कुछ लोग अभिजात दायरे में शामिल होने के लिए ही अभिजात वर्ग व अभिजातवाद पर हल्ला बोलते हैं और अभिजातवाद-विरोधी टीका-टिप्पणियों के बल पर वहीं जमे रहते हैं। यह न सोचें कि मैं केवल दोष ही देख रहा हूँ। यह भारतीय समाज का कटु सत्य है।

लेकिन हरेक समाज में आम लोगों को हाँकने के लिए अभिजात वर्ग की जरूरत पड़ती है। अभिजात वर्ग अच्छा है, यदि यह नए विचारों के साथ समाज की प्रगति का नेतृत्व करे। लेकिन, यदि अभिजात वर्ग समाज की कड़ी मेहनत के फलों का केवल भक्षण करे तो उस समाज में सड़न शुरू हो जाती है। यदि आप कार्यों व क्षमताओं के बल पर अभिजात हैं तो कोई बुरी बात नहीं है। पर याद रखें कि देश के लोगों का भला होना चाहिए, न कि उनपर ऊपर से माँगें थोपी जाती हों। आपका लक्ष्य होना चाहिए कि आज आप जिस मुकाम पर हैं, हमारे देश के ज्यादातर लोग एक-दो दशक में वहाँ पहुँचें। हो सकता है, तब तक आप बहुत आगे बढ़ चुके हों। याद रखें—उत्कृष्टता बनाई नहीं जाती, पहचानी जाती है; पर आप लगातार औसत दर्जे को ऊपर—और ऊपर उठा सकते हैं।

इससे प्रत्येक को मदद मिलेगी। सकारात्मक अर्थ में अभिजात की यही भूमिका है।

— अलगाव —

जीवन में कई बार बहुत कठिन परिस्थितियाँ उत्पन्न हो जाती हैं। आपका ऐसे लोगों से वास्ता पड़ता है, जिन्हें आप पसंद नहीं करते। इन लोगों से निपटना आपको सीखना होगा। कभी भी स्वयं को मुख्य धारावाली गतिविधियों से अलग-थलग न करें, विशेषकर अपने जीवन के वृद्धिवाले दौर में। हाँ, कुछ शांत पल चुराकर अपने मन को विश्राम अवश्य दे सकते हैं; लेकिन कभी भी स्वयं को अलग-थलग न करें।

— अवसर —

आज की दुनिया अवसरों से भरपूर है। पर ये अवसर एक क्षण में आते हैं और दूसरे ही क्षण गायब हो जाते हैं। अतः आपको इन्हें पकड़ना सीखना होगा। आपको उन अवसरों को सतत तलाशते रहना होगा जो आपके अनुकूल हों और उन्हें तत्परता से पकड़ लें। इसका अर्थ अपनी नौकरी को छोड़ना नहीं है। अपने संगठन के भीतर भी आप गति कर सकते हैं। स्वरोजगाररत लोगों के लिए इसका अर्थ है नए बाजार व ग्राहक प्राप्त करना। वैज्ञानिकों के लिए नए कार्यक्षेत्र आदि। किसी भी नए अवसर को हाथ से न जाने दें। खोए हुए अवसर किसी महत्त्वपूर्ण क्रिकेट मैच में छोड़े गए कैच के समान हैं।

— असमंजस —

असमंजस से ग्रस्त मन केंद्रित कार्य का सबसे बड़ा शत्रु है। बेशक कोई निर्णय लेने से पहले पक्ष-विपक्ष और विकल्पों का आकलन करना जरूरी है, लेकिन जब कोई कार्य करने का निश्चय कर लें तो मन को स्थिर रखें।

— असुरक्षित —

आधुनिक होड़ भरे बाजारवादी समाज में आप भाग्यशाली हो सकते हैं कि आप बहुमुखी प्रतिभा से संपन्न हैं, सफल व धनी हैं। लेकिन समाज के उन कमजोर, असुरक्षित तबकों को भी हमेशा याद रखें, उनके प्रति दया का भाव रखें। देखें कि आप उनकी तकलीफों को दूर करने के लिए क्या कर सकते हैं। यह

इक्कीसवीं सदी में सर्वाधिक महत्त्वपूर्ण मिशन होगा। साथ ही, मानव समाज की दीर्घकालीन स्थिरता और स्थायित्व के लिए भी यह आवश्यक है।

— अस्पष्टता —

कुछ लोग अस्पष्टता में दक्ष होते हैं। अकसर भ्रामक स्थिति में अस्पष्ट होना लाभदायक हो सकता है, पर दुर्भाग्यवश भारत में आपको हर जगह अस्पष्टता का बोलबाला मिलेगा। नेताओं के भाषण अस्पष्ट, लोगों के सुझाव अस्पष्ट, बॉस का दिशा-निर्देश अस्पष्ट। इनसे निपटना आपको सीखना होगा। लेकिन आधुनिक विकसित संसार में अस्पष्टता के लिए कोई स्थान नहीं है। अमेरिका, इंग्लैंड में जो भारतीय जन काम कर रहे हैं, वे आपको इसके बारे में बताएँगे। जब वे चार-पाँच वर्ष बाद वापस आते हैं तो उनके विचार अत्यंत स्पष्ट हो चुके होते हैं। इसलिए विश्व अर्थव्यवस्था में अस्पष्टता सफल नहीं होती है। विचारों को स्पष्ट करना सीखें।

— अहंकार —

इस शब्द का विभिन्न तरीकों से उपयोग किया जाता है; परंतु यदि आप धर्मग्रंथों का अध्ययन करें तो पाएँगे कि उनमें सदैव अहंकार के त्याग की सलाह दी जाती है। इसके लिए ध्यान, साधना, ईश्वर में निमग्नता आदि उपाय भी बताए जाते हैं। किंतु व्यावहारिक जीवन में हर पल और कदम-कदम पर अहंकार से ही पाला पड़ता है। यदि आपको जिंदा रहना है तो अपने तथा दूसरों के अहंकार से लड़ना होगा। माँ-बाप का अहंकार, सास-ससुर का अहंकार, यार-दोस्तों का अहंकार, शिक्षकों का अहंकार, सहकर्मियों का अहंकार, बॉस का अहंकार, उसके मातहतों का अहंकार, सरकारी दफ्तर में मामूली से क्लर्क या चपरासी का अहंकार—अहंकार की सूची का अंत नहीं है।

वे लोग, जिनका मीडियावालों से पाला पड़ता है, जानते हैं कि मामूली रिपोर्टर से लेकर मुख्य संपादक तक सभी में कितना अहंकार कूट-कूटकर भरा है। अनेक छात्र-छात्राएँ अकसर शिक्षकों से ऐसे प्रश्न पूछ बैठते हैं जिनके उत्तर उन्हें नहीं मालूम होते हैं। ऐसे में शिक्षकों के अहंकार को चोट पहुँचती है और वे छात्रों के लिए परेशानी खड़ी करने लगते हैं।

कहने का अर्थ यह है कि हमारे चारों ओर अहंकार-ही-अहंकार है। हमें उनसे निबटना सीखना है। अपने अहंकार की रक्षा के लिए लोग अकसर मर्यादा की दुहाई देते हैं और सलाह देते हैं कि मर्यादा का उल्लंघन मत करो। मगर उनका अर्थ होता

है—‘हमारे अहंकार को ठेस मत पहुँचाओ, वरना संकट में पड़ जाओगे।’

अब अपने अहंकार पर आते हैं। इस बारे में मैं आपको यही सलाह दूँगा कि अपने मन में कभी भी अहंकार मत पालिए, भले ही आपके आस-पास कोई अपनी सफलता पर कितना ही क्यों न फूल रहा हो। आप अहंकार को पूरी तरह नष्ट नहीं कर सकते और फिर क्रियाशील होने के लिए कुछ अहंकार तो चाहिए ही। इसे उस दिशा में विकसित करें, जिसमें दूसरे इसका मर्दन न कर पाएँ। आप सकारात्मक कार्यों द्वारा अपने अहंकार को चलाते हैं। यदि आपकी वाहवाही होने लगे तो सावधान रहें कि यह आपके भीतर अहंकार न भर दे। आपकी उपलब्धि ज्यादा महत्त्वपूर्ण है। ‘ओल्ड टेस्टामेंट’ के कथन को याद रखें—जो अपने पड़ोसी की चापलूसी करता है, उसके पैरों पर जाल फैला देता है।

—बाइबल : ओल्ड टेस्टामेंट : प्रोवर्ब : 29.5

आपको चापलूसी और वास्तविक सराहना के बीच अंतर मालूम होना चाहिए।

—— अहंकारी ——

जीवन में आगे बढ़ने के लिए साहस, गतिशीलता और पहल करने की क्षमता का होना अनिवार्य है। आज के प्रतियोगी संसार में ये सभी गुण आप में होने चाहिए; किंतु कभी भी अहंकार मत पालिए। इसे कभी अपना गुण नहीं बनाएँ। अहंकारी व्यक्ति साहसी होने का ढोंग करता है, पर होता नहीं। स्वयं को श्रेष्ठ व दूसरों को हेय समझने की प्रवृत्ति ही अहंकार को जन्म देती है। अहंकार होने पर आप दूसरों की नेक सलाह पर ध्यान नहीं देते हैं। अपनी बातों में स्पष्ट व दृढ़ होने में कोई बुराई नहीं है, लेकिन अहंकारी होने में है। दूसरों का या उनकी भूमिकाओं का आदर करने को तत्पर रहें।

—— अहिंसा ——

अहिंसा से बढ़कर सुंदर भावना कोई नहीं है। भारत को तो ‘अहिंसा की जननी’ कहा जाता है। वर्धमान महावीर ने इसे जीवन के महत्त्वपूर्ण अंग के रूप में स्वीकार किया। महाभारत में भी अहिंसा की भावना का प्रतिपादन किया गया है। आधुनिक काल में महात्मा गांधी ने भारत के स्वतंत्रता संग्राम में अहिंसा का अकाट्य अस्त्र के रूप में उपयोग किया।

आज संसार में चारों ओर हिंसा का बोलबाला है। अगर इसमें मानसिक हिंसा को भी शामिल कर लें तो इसका कोई अंत नहीं दिखाई देता। किसी को

मानसिक रूप से सताना भी हिंसा है। आज मनुष्य ने अपने विनाश के सभी हथियार सहेजकर रखे हैं। इन हथियारों में इतनी शक्ति है कि संपूर्ण पृथ्वी को कई बार नष्ट किया जा सकता है। ऐसे में मानव जाति को जीवित रखने के लिए अहिंसा ही एकमात्र उपाय है; किंतु आज की दुनिया में तो अहिंसा की कोई उम्मीद नहीं दिखती। उम्मीद करें कि आनेवाली पीढ़ियाँ विश्व को हिंसा-मुक्त अवश्य करेंगी।

—— आकलन ——

लोग लगातार आपका, आपकी बातों का, आपके कार्यों का सही-गलत आकलन करते रहते हैं। अकसर उनका आकलन आधी-अधूरी सूचनाओं पर आधारित होता है। आप भी लोगों का आकलन करते हैं, जो उनके साथ-साथ आपके संबंधों का आधार बनता है। अनेक लोग ऐसे हैं, जिन्हें दूसरों के बारे में किसी व्यक्ति के मन में जहर घोलने में आनंद आता है। ऐसे व्यक्ति अकसर इतनी होशियारी और सफाई से चुगलखोरी करते हैं कि अकसर भोले-भाले व्यक्ति उनकी बातों पर विश्वास करने लगते हैं। उनके चक्कर में वे अपने दोस्तों से भी दुश्मनी कर बैठते हैं और चुगलखोरों को अपना मित्र मान लेते हैं।

लोगों का आकलन करने में जल्दबाजी न करें। हम सभी के विविध पक्ष और विविध आयाम हैं। ऐसे लोगों की चाल में न फँसें, जो आपको बरगलाने की कोशिश करते हैं। लंबे समय पश्चात् आप एक श्रेष्ठ इनसान साबित होंगे और लोग आपका सम्मान करेंगे।

—— आजादी ——

बीसवीं सदी में इस शब्द का भरपूर उपयोग किया गया और आज इक्कीसवीं सदी में भी इसकी खूब चर्चा होती है। आजादी पाने या आजादी को बचाने के लिए बड़ी-बड़ी लड़ाइयाँ लड़ी जाती हैं। लेकिन फिर भी आजादी कई लोगों के लिए आज भी छलावा बनी हुई है। वे अपनी कमियों, अपने परिवारों, आर्थिक व सामाजिक पृष्ठभूमि, राजनीतिक परिस्थितियों आदि के जाल में उलझे रहते हैं।

उदाहरण के तौर पर, गरीब के पास अपना काम चुनने की आजादी नहीं है। वह बाजार जाए तो उसके पास अपने मन की चीजें खरीदने की आजादी नहीं होती। उसे तो जवान होते ही जो काम मिलता है, करना पड़ता है और बूढ़ा होने

पर भी काम की भीख माँगनी पड़ती है—यदि वह बुढ़ापे तक जिंदा रहे तो। चुनावों के दौरान मतदान के समय भी उसे आजादी नहीं मिल पाती है। गरीब की कानून और न्याय तक भी कोई पहुँच नहीं है, क्योंकि अदालतों में भी कई खर्चीली औपचारिकताएँ पूरी करनी पड़ती हैं और फिर वकील की फीस, अदालत आने-जाने के खर्चे। इसी तरह इलाज कराने में भी गरीब को कदम-कदम पर समस्याओं का सामना करना पड़ता है। हालाँकि सरकारी अस्पताल गरीबों का मुफ्त इलाज करते हैं। मैं आपसे आशा करता हूँ कि आप आजादी की जटिलताओं को समझेंगे। यह भी समझेंगे कि कुछ लोगों की आजादी दूसरों की आजादी को प्रभावित करती है। हमारे देश की सामाजिक, आर्थिक, कानूनी और राजनीतिक परिस्थितियाँ ऐसी हैं कि यहाँ पर चालीस-पचास करोड़ लोग वास्तविक आजादी से वंचित हैं। कई अन्य देशों में तो परिस्थितियाँ यहाँ से भी ज्यादा बुरी हैं। उन देशों में लोगों पर तरह-तरह की पाबंदियाँ लागू हैं।

आप अपनी आजादी का आनंद लें। इसे सँजोकर रखें। इसकी रक्षा करें। इसे यों ही व्यर्थ न करें। आजादी का अर्थ यह नहीं कि आप मनमानी करने लगें। आजादी अपने साथ जिम्मेदारियाँ लाती है। आप अपनी जिम्मेदारी को भुला नहीं सकते हैं। चूँकि आपके कार्यों का दूसरों पर प्रभाव पड़ता है, इसलिए आपके गैर-जिम्मेदाराना कार्यों से दूसरों को परेशानी हो सकती है। यदि आप अपने मनमाने कार्यों को बार-बार करते रहें तो दूसरे लोग आपकी आजादी पर आक्रमण भी कर सकते हैं। अवश्य ही अनेक आजादियाँ हैं, जिनका आप अपने में आनंद उठा सकते हैं। आप प्रकृति को देखें और अपने भीतर विविध प्रकार के रंग-बिरंगे संसार की रचना कर सकते हैं। अपनी कल्पना-शक्ति को स्वतंत्र छोड़ दें। आपकी कल्पना आपको आविष्कार के पथ पर चलने को प्रेरित करती है। आपके भीतर की आजादी बाहरी आजादी से कहीं ज्यादा बड़ी है, क्योंकि बाहरी आजादी दूसरे लोगों की जिम्मेदारी से परिपूर्ण रहती है। दोनों का संतुलन व समन्वय के साथ आनंद लें।

— आजीविका —

आजीविका आपके जीवन का एक महत्त्वपूर्ण अंग है। आप कहीं नौकरी में हो सकते हैं, स्वरोजगार-युक्त हो सकते हैं, कृषि-विज्ञानी या लेखक हो सकते हैं, उद्यमी हो सकते हैं जो व्यवसाय की रचना करता है, कलाकार हो सकते हैं या फिर ऐसे व्यक्ति हो सकते हैं जिसके पास एक से अधिक आजीविकाएँ होती

हैं—अर्थात् अनंत विकल्प हैं; पर लक्ष्य एक है—इतना धन अर्जित करना कि जीवन मजे में कट सके और रुतबे या प्रतिष्ठा का एहसास भी हो। कई बार जीवन और आजीविका के बीच संतुलन कायम करना कठिन हो जाता है। जब आप विपन्नता का जीवन आरंभ करते हैं तो यह स्पष्ट हो जाता है कि अपने लिए, अपने माता-पिता के लिए, भाई-बहनों के लिए धन कमाना अत्यंत महत्त्वपूर्ण है। जब आप सफल होते हैं तो पद-प्रतिष्ठा आदि भी चाहने लगते हैं। यहाँ आवश्यकताओं की पूर्ति जरूरी है, जैसे—शारीरिक आवश्यकताएँ, सुरक्षा, प्यार, आत्मसम्मान तथा आत्मपूर्ति। अपनी आजीविका के पथ पर अग्रसर होते हुए आप जीवन के इन्हीं सोपानों को पार करेंगे। यहाँ प्रश्न उठता है कि क्या सफल आजीविका के लिए एक समान कार्य ही करना होगा? नहीं, एक समान कार्य करनेवाले लोग कुंद हो जाते हैं। आधुनिक व्यापारिक जीवन का आधार है परिवर्तन। परिवर्तनों को पहचानना सीखें। यदि आप सावधान हैं और उभरते रुझानों को देखते हैं तो परिवर्तनों को भाँप सकते हैं।

— आज्ञाकारिता —

भारतीय मूल्यों में गुरुओं, बड़े-बूढ़ों, शासक आदि के प्रति आज्ञाकारी बने रहने को विशेष महत्त्व दिया गया है। बेशक इन सभी पदों का आदर करना चाहिए। पर मेरी सलाह यह है कि संपूर्ण आज्ञाकारिता की सामंतवादी मानसिकता के गुलाम न बन जाएँ। अपने मन को जीवित रखें। अपने मस्तिष्क को जीवित व चैतन्य रखें, ताकि परिस्थितियों का विश्लेषण कर सकें।

— आत्मज्ञान —

अकसर लोग आत्मज्ञान की बातें करते हैं, किंतु आत्मज्ञान है क्या, नहीं जानते। यदि आप भी आत्मज्ञान की तलाश में हैं तो मानव-मूल्यों व मानवीय परिस्थितियों के बारे में जानें, अपने बारे में जानें, ताकि नकारात्मक सोच की क्रूर ताकतें आपको कमजोर न कर दें। हमें वास्तव में इसी प्रकार के आत्मज्ञान की जरूरत है। इसका अभ्यास करें। इसी से हमारा जीवन बेहतर बनेगा।

— आत्मा —

आत्मा क्या है? क्या इसका अस्तित्व है? ये गूढ़ दार्शनिक प्रश्न हैं। लेकिन हममें से अधिकांश लोग अपने भीतर की गहराई में किसी चेतना का अनुभव करते

हैं। इसका सम्मान करें और इससे ऊर्जा ग्रहण करें। यदि आप वास्तविक जिंदगी में प्रयास करें तो और गूढ़ दर्शनों की जरूरत नहीं पड़ेगी। आप अपनी आत्मा के साथ सीधा संवाद स्थापित कर सकते हैं।

—— आधा भाग ——

किसी भी चीज के आधे भाग का अकसर मजाक बनाया जाता है। लेकिन ध्यान रखें, जीवन में आधा भाग—अर्द्धांग—हमेशा साथ चलता है। आप समझते हैं कि शरीर का सबसे ज्यादा महत्त्व है तो इसके हरेक पक्ष, जैसे—एहसासों, भावनाओं और आत्मा तक का पूरा ध्यान रखें। यदि आप समझते हैं कि आत्मिक, आध्यात्मिक और भावनात्मक पक्ष ही जीवन में सर्वश्रेष्ठ हैं और उन्हीं पर ध्यान देते हैं तो आपके शरीर का उपयोग घटता जाएगा अथवा उसका दुरुपयोग होने लगेगा। अत: ध्यान रखें कि मन व शरीर एक-दूसरे के आधे भाग हैं और एक-दूसरे को पूरा करते हैं। हम आधे-आधे भागों की सूची भी बना सकते हैं, जिनसे हमारा जीवन बेहतर बन सकता है।

दृष्टि—कार्य
रणनीति—कार्यान्वयन
स्वप्न—केंद्रण
नेता—प्रबंधक
प्रेरणा—पसीना

आप इस संक्षिप्त विवरण से अपना निष्कर्ष निकाल सकते हैं।

—— आनंद ——

जीवन में बहुत आनंद हैं। आनंद के पलों को उस समय भी जीना चाहिए जब आप अपनी जिम्मेदारियों को पूरा करने, ज्यादा सफलता पाने या असफलताओं से उबरने के लिए कड़ी मेहनत कर रहे हों।

बच्चा इस अर्थ में हम बड़ों से अलग होता है, क्योंकि वह जीवन का पूरा आनंद ले सकता है। कुछ माह पूर्व राष्ट्रपति भवन में मुझे प्रसिद्ध ग़ज़ल गायक जगजीत सिंह की ग़ज़ल सुनने का सौभाग्य प्राप्त हुआ। उनकी गाई एक ग़ज़ल कुछ इस प्रकार से है—

ये दौलत भी ले लो, ये शोहरत भी ले लो,
भले छीन लो मुझसे मेरी जवानी।

मगर मुझको लौटा दो वो बचपन की मस्ती,
वो कागज की कश्ती वो बारिश का पानी॥

इस ग़ज़ल में बचपन के मस्ती भरे दिनों का बहुत सुंदर वर्णन है—बारिश में खेलना, कागज की नाव बनाना, उन्हें पानी में तैराना, दादा-दादी, नाना-नानी से कहानियाँ सुनना आदि। आजकल के नौजवानों के लिए हो सकता है, मस्ती का अर्थ कुछ भिन्न हो; हो सकता है, उन्हें तसवीरें बनाने, पानी में खेलने या मजाकिया टी.वी. कार्यक्रमों अथवा वीडियो गेमों में आनंद आता हो। मगर बचपन का मूल तत्त्व यही है कि ऐसी किसी चीज का भरपूर आनंद लेना, जिसमें पूरी तरह से खो जाएँ और पूरा आनंद लें। जीवन में आनंद लें, जीवन का आनंद लें और जीवन को आनंद की तरह लें। इससे आपको तनाव दूर करने तथा सफलता प्राप्त करने में सहायता मिलेगी।

—— आभा ——

कुछ लोग होते हैं, जिनसे मिलने पर उनके चारों ओर आभा का आभास होता है। यह उनकी केवल शारीरिक सुंदरता की आभा नहीं है। यह उनकी भीतरी सुंदरता है, जो आभा को प्रकट करती है। जब आप आधुनिक जीवन के अनुसार स्वयं को ढाल रहे हों, गुणवत्तायुक्त कार्य करना चाह रहे हों तो उसी दौरान आप इस भीतरी सुंदरता को भी प्राप्त कर सकते हैं। इस पुस्तक में वर्णित उपायों को आजमाएँ। ऐसे व्यक्ति बनें, जो अपने चारों ओर आभामंडल को प्रसारित करता हो।

—— आभामय ——

यदि आप में प्राकृतिक आभा है तो इसे ईश्वर के वरदान की तरह लें; लेकिन ज्यादातर लोगों को अपनी आभा विकसित करनी पड़ती है। आभा का अर्थ है—सजी-सँवरी सुंदरता एवं आकर्षण। लेकिन आभा को विकसित करने के पीछे दीवाने न बनें। याद रखें कि जीवन में सफलता के लिए हमारा व्यक्तित्व आभामय होना ही चाहिए।

—— आलस ——

अपने जीवन के कीमती समय को यों ही सुस्ती में बरबाद न करें। इसे अपने जीवन को सफल बनाने में लगाएँ। आज की दुनिया में सफल कारोबार में सुस्ती का कोई स्थान नहीं है। अपने समय को कुशलतापूर्वक, अक्लमंदी से और पूरी

कुशलता के साथ इस्तेमाल करें। सिर कटे मुरगे की तरह इधर-उधर दौड़ने में समय नष्ट न करें (जरा स्थिति की कल्पना करें)।

विवेकहीन सक्रियता से आप कोई भी उद्‌देश्य प्राप्त नहीं कर पाएँगे, इसलिए अपने समय की कद्र करना सीखें। इसका एक-एक पल कीमती है।

लेकिन तमाम व्यस्तताओं के बावजूद कुछ पल सुस्ती के भी बिताएँ। इन पलों का बगैर किसी उद्‌देश्य या लक्ष्य के अपने लिए उपयोग करें। ये पल आपकी ऊर्जा को दोबारा से भर देंगे। अपने मोबाइल फोन से सीखें। लंबी बातचीत के बाद आपके मोबाइल फोन की बैटरी कुछ खाली हो जाती है। इस समय फोन को कुछ देर के लिए ऑफ कर दें और फिर बैटरी को देखें। आपको पुनरावेशित करने में निष्क्रियता की शक्ति समझ में आ जाएगी। जी हाँ, सुस्ती की भी उपयोगी भूमिका है, बशर्ते आप दाल में नमक के बराबर इसका उपयोग करना सीखें।

— आलोचना —

सफलता के पथ पर अग्रसर होते हुए और सक्रिय जीवन जीते हुए आलोचना सुनने के लिए भी तत्पर रहें। उद्‌देश्य के अनुसार आलोचना सार्थक व रचनात्मक हो सकती है। कई लोगों के तो जीवन का उद्‌देश्य ही होता है आलोचना करना। कई बार लोग बिना किसी जानकारी के आलोचना करने लगते हैं तो कई लोग सोची-समझी साजिश के तहत आलोचना करते हैं, जिसके विनाशकारी परिणाम निकलते हैं। सार्थक व रचनात्मक आलोचना मददगार साबित होती है। वैसे हमारे देश में लोग आदतन बिना पर्याप्त जानकारी के आलोचना करते रहते हैं। अकसर ऐसे लोगों से चिढ़ होती है। लेकिन यदि उनकी आलोचना में कुछ काम का लगे तो उसे नोट कर लें। किंतु उनसे बचना ही बेहतर होगा, क्योंकि उनसे निबटने में आपकी ढेर सारी ऊर्जा यों ही व्यर्थ हो जाएगी। धैर्य से काम लें, शांत रहें और बेकार की आलोचना से उत्तेजित न हों। कुछ लोग सोची-समझी साजिश के तहत आलोचना करते हैं या करवाते हैं। उनका उद्‌देश्य होता है आपकी टाँग खींचना। ऐसे लोगों को पहचानना सीखें, पर उनसे डरें नहीं। लेकिन यदि आलोचना आपसे ज्यादा ताकतवर है तो सावधान रहें। आलोचनाओं का सामना करने और निरंतर आगे बढ़ते रहने से आपकी इच्छा-शक्ति मजबूत होती जाएगी।

— आवश्यकता —

आवश्यकता आविष्कार की जननी है। जितना ज्यादा आप दूसरों की जरूरतों के बारे में जानते हैं उतने अधिक व्यापार के नए अवसरों और अनुसंधान के नए क्षेत्रों का आप निर्माण कर सकते हैं।

— आशा —

आशा पर दुनिया कायम है और आशा ही जीवन को गति प्रदान करती है। आशा के बगैर आप सपने देखने की हिम्मत नहीं कर सकते और न ही कोई कार्य शुरू कर पाएँगे। यह आशा ही है, जो आपको हर असफलता से लड़ने की हिम्मत देती है। ऐसे लोग जो ढेर सारे लोगों के दिलों में आशा की किरण जगाते हैं, वे नेता बन जाते हैं। अकसर आशा का कोई तर्कसंगत या बौद्धिक आधार नहीं होता। यह तो केवल भीतरी आस्था से उपजती है। अपने भीतर आस्था रखें, अपनी आशाओं को कायम रखें। आपको सफलता अवश्य मिलेगी और यथासंभव दूसरों के दिलों में भी आशा की किरण जगाएँ।

— आश्वासन —

कोई भी आपको यह आश्वासन नहीं दे सकता कि आपके सभी प्रयास आपको सफलता ही दिलाएँगे। कुछ प्रयास विफल भी हो सकते हैं। जीवन में केवल यही एक आशा है कि जो लोग धैर्यपूर्वक निरंतर प्रयास करते हैं, उन्हें सफलता मिल ही जाती है।

— आस्था —

जीवन में कुछ चीजों में आस्था रखना अच्छा है। अधिकतर व्यक्तियों की ईश्वर में, धर्म में या कुछ प्रथाओं में आस्था होती है अथवा फिर अभ्यास, व्यायाम और जड़ी-बूटियों में भी लोगों की आस्था होती है। यदि हम अपने आपको देखें या किसी दूसरे को देखें तो पाएँगे कि अनेक आस्थाएँ हमारे व्यक्तित्व का अभिन्न अंग बन चुकी हैं। यहाँ तक कि सर्वाधिक 'तर्कवादी' व्यक्ति भी इन मामलों में अपनी आस्था पर प्रश्न करना चाहेगा। दरअसल वैज्ञानिक विधियाँ मानवता के लिए उतनी ही अच्छी तरह से कार्य करती दिख रही हैं जितनी अभी तक अन्य आस्थाएँ और उनसे जुड़े कर्मकांड करते आए हैं।

व्यक्ति या समाज की भाँति आस्था का भी विकास होता है। एक युवक के

तौर पर जब आप बहुसांस्कृतिक परिवेशों के संपर्क में आते हैं तो पाते हैं कि आपकी आस्था या आस्था प्रणाली को अचानक झटका लगता है। ऐसे में जहाँ आपको उनमें से कुछ को संबोधित करना पड़ता है, मेरा सुझाव है कि आप उनसे जूझने न लगें बल्कि उन्हें विकसित होने दें। बहुसांस्कृतिक परिस्थिति का अर्थ है कि आपकी संस्कृति भी इसका एक अंग है, इसलिए जूझने की कोशिश न करें। यदि आप पूर्वोत्तर भारत से आए हैं या किसी गरीब-पिछड़े गाँव से तो दिल्ली, न्यूयॉर्क, लंदन या सिंगापुर में रहना आपको अच्छा-खासा झटका दे सकता है। सैलानी की तरह सैर-सपाटा करने आए हैं तो बात अलग है। यदि आप झटका महसूस नहीं करते हैं तो अच्छी बात है। किंतु ज्यादातर लोग बड़े शहरों में आकर भौचक्के रह जाते हैं।

एक और महत्त्वपूर्ण बात। ऐसे किसी समुदाय या संप्रदाय में शामिल न हो जाएँ, जो किसी व्यक्ति या समूह में आस्था रखते हैं। यहाँ पर तर्कवाद या विज्ञान से सहायता मिलती है। किन्हीं व्यक्तियों या प्रथाओं का अंधानुसरण करना आपके लिए अच्छा नहीं होगा, जो आपकी आँखों पर परदा डाल देते हैं। अंततः आपको स्वयं पर भरोसा करना होगा। आत्मविश्वासी बनें, स्वयं में आस्था रखें। यही अंतिम आस्था है। सीखने के लिए मन-मस्तिष्क को खुला रखें। आपका विकास होगा और आप सफल होंगे।

— इंतजार —

इंतजार के लिए धैर्य होना मानसिक शांति और अंततः सफलता-प्राप्ति के लिए महत्त्वपूर्ण है।

— ईर्ष्या —

आज के प्रतियोगी संसार में लोग सोचते हैं कि ईर्ष्या स्वाभाविक है। कुछ लोग ईर्ष्या को इस विश्वास के साथ बढ़ावा देते हैं कि इससे जीतने की इच्छा-शक्ति और मारक-क्षमता मजबूत होगी। हो सकता है कि अल्पकाल के लिए ऐसा होता हो; लेकिन लंबे अंतराल में सबसे ज्यादा हानि ईर्ष्यालु व्यक्ति की ही होती है। जो व्यक्ति ईर्ष्या का पात्र होता है, उसका कोई नुकसान नहीं होता।

ईर्ष्या आपको अंदर से जलाती है। यह आपकी भीतरी शक्तियों को नष्ट करती है। मेरी पत्नी उन युवा लोगों को प्यार से सलाह देती हैं, जो ईर्ष्यालु या क्रोधित होते हैं—'समझो, दूसरे व्यक्ति का कुछ नहीं बिगड़ता। तुम ही अंदर से

जलते हो। जल-जलकर कोयला बन जाते हो।'

इसका यह अर्थ नहीं कि आप संन्यासी बन जाएँ और अपने आस-पास की चीजों से बेखबर बन जाएँ। अवश्य ही आपको तुलना करनी पड़ती है। सर्वश्रेष्ठ के साथ अपने कार्य का आकलन व मूल्यांकन करना पड़ता है इत्यादि। आपको अपने लक्ष्य बहुत ऊँचे रखने पड़ते हैं। आपको अन्य लोगों द्वारा बनाए गए कीर्तिमानों को ध्वस्त करने का लक्ष्य रखना पड़ता है। अवश्य ही आपको प्रतियोगी बनना है, पर ईर्ष्यालु नहीं। आपको अपने लक्ष्य निर्धारित कर अपने भीतर ऊर्जा का संचार करना है। ऐसे व्यक्तियों को लेकर भावुक नहीं होना है, जो आपसे आगे हों। एक स्पष्ट लक्ष्य, सफल होने के लिए दृढ़ संकल्प, साहस, कड़ी मेहनत तथा लगन से आपको अवश्य सहायता मिलेगी। ये सभी सकारात्मक ऊर्जाएँ हैं, जबकि ईर्ष्या नकारात्मक ऊर्जा है।

सकारात्मक ऊर्जा आपकी सहायता करती है और यह आपके प्रतियोगियों को घबराहट में डाल सकती है। टेनिस के मैदान में इसे स्पष्ट देखा जा सकता है। अन्य क्षेत्रों में भी ऐसा ही होता है। ईर्ष्या, क्रोध जैसी नकारात्मक ऊर्जा आपको उद्वेलित कर देती है, आपकी शक्ति का ह्रास करती है और आपके संतुलन को भंग कर देती है और इस तरह आपके प्रतियोगी को लाभ पहुँचाती है। आप स्वयं तय कीजिए कि आपको क्या चाहिए।

— ईश्वर —

ईश्वर के अस्तित्व और उसमें आस्था के सवालों का मानवता के लिए व्यावहारिक व दार्शनिक महत्त्व है। अनेक नास्तिक लोग ईश्वर के नाम से ही चिढ़ते हैं। यह उनका निजी मामला है। कुछ लोगों का ईश्वर में दृढ़ विश्वास है। ईश्वर के नाम पर इतिहास में बड़े-बड़े रक्त-रंजित युद्ध हुए हैं। एक समय था जब यूरोप में वैज्ञानिक दृष्टिकोण अपनाने व वैज्ञानिक कार्य करनेवाले लोगों को मौत के घाट उतार दिया जाता था, क्योंकि वे इस धारणा को चुनौती देते थे कि ईश्वर ने धरती को बनाया या वह समूचे विश्व का संचालन करता है?

अकसर ईश्वर में आस्था न केवल विविध आस्थाओं से बल्कि अन्य नैतिक, नीतिगत आचारों, प्रार्थना विधियों, उत्सवों, रीतियों, मिथकों आदि से भी गुँथ जाती है। इनमें से कुछ को धर्मों के रूप में तो कुछ को धर्मों के भीतर संप्रदायों के रूप में निबद्ध किया गया है। ज्यादातर धर्म और उनसे जुड़ी विश्वास प्रणालियाँ व प्रथाएँ समय के साथ विकसित हुई हैं। उनमें समय और भौगोलिकता के कारण

कुछ परिवर्तन भी आए। कुल मिलाकर ये धर्म और संप्रदाय विविध आस्थाओं के सुंदर संगम को प्रस्तुत करते हैं। सही अर्थों में ईश्वर उन लोगों का एक भाग है, जो उसमें विश्वास रखते हैं और हर व्यक्ति अपने विश्वास के अनुसार ईश्वर के स्वरूप में बदलाव कर लेता है। यह बात नास्तिकों पर भी समान रूप से लागू होती है। अंतर केवल इतना है कि नास्तिक जन ईश्वर की जगह किसी अन्य वस्तु को अपनी आस्था का केंद्र बना लेते हैं। कहने का अर्थ यह है कि मनुष्य को जीवन में किसी सहारे की जरूरत होती है। वे इसे खोजते हैं और अपनी सुविधानुसार कोई-न-कोई सहारा पा भी जाते हैं। यह आवश्यक नहीं है कि यह खोज दार्शनिकता या तर्क की कसौटी पर आधारित हो। महान् वैज्ञानिक अल्बर्ट आइंस्टाइन ने अपना अलग तरीका खोज लिया था। यही कारण है कि उन्होंने कहा था कि विज्ञान व धर्म को साथ मिलकर चलना चाहिए। लेकिन धर्म की उनकी धारणा बहुत जटिल थी और वर्तमान में विद्यमान किसी भी धर्म से मेल नहीं खाती थी।

ईश्वर का विषय आपके जीवन में भी कभी-न-कभी जरूर उठेगा। इसे आपको अपने ढंग से लेना पड़ेगा। ईश्वर के विषय में भारत की महान् परंपरा है। दुनिया के अन्य भागों में भी समान रूप से महान् परंपराएँ हैं। विज्ञान, दर्शन, साहित्य, कला जैसे अन्य स्वरूपों के ज्ञान सत्य, जीवन, ब्रह्मांड, मानव जीवन, प्रकृति इत्यादि का अन्वेषण करते हैं। आपको अपना संतुलन तलाशना है।

यह आश्चर्यजनक दुनिया, यह जटिल दुनिया, यह कठोर दुनिया, यह सरल दुनिया, यह अनिश्चित दुनिया, यह धोखे से भरी दुनिया आपको ईश्वर की ओर धकेलती है और इसमें आपको अपना मार्ग तलाशना होगा।

मैं मानता हूँ कि आप तक पहुँचने के लिए ईश्वर के अपने तरीके हैं। आपको चिंता नहीं करनी चाहिए। अपना दिल-दिमाग खुला रखें। आगम का स्वागत करें। विश्वास रखें कि तमाम समस्याओं के बावजूद जीवन बहुत खूबसूरत है। जब आपको जरूरत होगी, ईश्वर अपने तरीके से आप तक पहुँचेगा और आपके जीवन को खूबसूरत बना देगा। लेकिन आप केवल दिन ही न गिनते रहें, बल्कि कार्य करते रहें।

— उत्कृष्टता —

आज इस शब्द का उपयोग व दुरुपयोग दोनों हो रहा है। हर कोई हर चीज में उत्कृष्टता की बात करता है। इसे एक तरह से निर्वाण के समकक्ष रखा जाता

है, जिसे इसी जीवन में प्राप्त करना है। लेकिन उत्कृष्टता के चक्कर में हम अकसर बड़ी अटपटी तुलनाएँ करने लगते हैं। हर कोई स्वयं को दूसरे से बेहतर साबित करने की कोशिश करने लगता है। मगर हम भूल जाते हैं कि मूल्यांकन के पैमाने भिन्न-भिन्न भी हो सकते हैं, जैसे—कोई व्यक्ति अंग्रेजी का अच्छा जानकार हो, पर उसे हिंदी न आती हो या अच्छी हिंदी जानता हो, पर अंग्रेजी में हाथ तंग हो। कुछ खेल-कूद में बेहतर होते हैं तो कुछ पढ़ाई-लिखाई में। इसलिए उत्कृष्टता का एक ही पैमाना सभी पर लागू नहीं हो सकता है। हाँ, कई असाधारण लोग कई चीजों में उत्कृष्ट हो सकते हैं। इसीलिए यदि आप उत्कृष्टता प्राप्त करना चाहते हैं तो जिन चीजों में अच्छे हैं, उनपर ध्यान केंद्रित करें। हो सकता है, आपकी शक्तियों का अभी खुलासा न हुआ हो। किंतु जब आपका अंतर्मन कहता हो कि आप यह कार्य अच्छी तरह कर सकते हैं तो उसे अनसुना न करें। पर इसका अर्थ यह नहीं कि आप अपनी प्राथमिकताओं से दूर भागने लगें, वरना आप निरुद्देश्य भटकते रहेंगे।

अपनी शक्तियों के इतर उत्कृष्टता प्राप्त करने के लिए आपको कड़ी मेहनत करनी पड़ेगी।

आजकल के प्रतियोगितापूर्ण जमाने में केवल कड़ी मेहनत और पसीना बहाने से ही काम नहीं चलने वाला है। आपको अपने हुनर को बेचना आना चाहिए, दूसरों से संपर्क साधने में महारत हासिल करना सीखना चाहिए, परिस्थितियों को भाँपना आना चाहिए कि कितना पसीना बहाने की जरूरत है—खासकर भारत में जहाँ प्रतिगोगी ज्यादा हैं, अवसर कम और मूल्यांकन करनेवाले अपने कार्य को पूरी ईमानदारी से नहीं करते हैं। जो अपने हुनर को बेचना नहीं जानते, वे हमेशा पिछड़ जाते हैं।

जीवन में कई बार आपको यह परवाह नहीं करनी चाहिए कि दूसरे किस प्रकार आपका मूल्यांकन कर रहे हैं, आपको उत्कृष्टता का पुरस्कार मिला या नहीं। आपका आत्मसम्मान ही आपको पूर्ण ईमानदारी से उत्कृष्टता प्रदान करेगा। तभी आप स्वयं को खोज पाने की प्रक्रिया में उतर पाएँगे, जो मनुष्यों के कार्य-निष्पादन की सर्वोच्च उत्कृष्टता है। स्वयं में विश्वास रखें। हरेक से सीखें, हरेक परिस्थिति में सीखें। तभी आप उत्कृष्टता प्राप्त कर पाएँगे।

उत्तरजीविता

अंततोगत्वा फलने-फूलने के लिए उत्तरजीविता महत्त्वपूर्ण है। लेकिन केवल

उत्तरजीविता की नीति से ही न चिपक जाएँ। आपको आगे बढ़ना है, विकसित होना है और अधिक-से-अधिक प्रगति करनी है।

—— उत्थान ——

आप किसी भी गतिविधि में शामिल हों, हमेशा सुनिश्चित करें कि आपका उत्थान होता रहे। इन सबसे ऊपर अपने मन में ऊपर उठें।

—— उत्साह ——

जीवन में आप जो करना चाहते हैं, उसके लिए आप में पर्याप्त उत्साह होना चाहिए। लेकिन कई परिस्थितियों में जरूरत से ज्यादा उत्साह का प्रदर्शन भी न करें, अन्यथा कई लोग सोचेंगे कि आप बचकानी हरकतें कर रहे हैं। केवल वहीं अपने उत्साह का प्रदर्शन करें, जहाँ उसकी कद्र हो। पर कहाँ? सावधान रहें, आप स्वयं जान जाएँगे।

—— उद्देश्य ——

अधिकांश लोग व्यर्थ के कार्यों में अपना समय व ऊर्जा बरबाद कर देते हैं। उन्हें कभी सकारात्मक परिणाम नहीं मिल पाता, क्योंकि अकसर उनके सामने कोई स्पष्ट उद्देश्य नहीं होता। भारत में अनेक संगठन व उद्योग हैं, जिनके उद्देश्य स्पष्ट हैं। (भारी लाभ कमाना या उत्कृष्ट बनना ही स्पष्ट उद्देश्य नहीं माना जा सकता है।) उद्देश्यों का कोई अच्छा आधार भी होना चाहिए, जो प्रत्याशाओं (या दृष्टि) का बना हो। साथ ही संचालन के कुछ विस्तृत मानदंड भी हों, जिनमें कार्यों पर ध्यान केंद्रित हो, जैसे—

- विश्व-व्यापक बाजार आकार के संदर्भ में पहले दस स्थानों में आना।
- उत्पादों की सभी शृंखलाओं में सर्वश्रेष्ठ गुणवत्ता संबंधी विश्व स्तरीय प्रथाओं को अपनाना तथा कुछ कंपोनेंटों में सर्वश्रेष्ठ प्रथाओं की मिसाल कायम करना।

यदि आपकी कंपनी या संगठन के उद्देश्य स्पष्ट हैं तो आपके विभाग, समूह या सेक्शन का उद्देश्य भी स्पष्ट होने की ज्यादा संभावना है। तब फिर आपके लिए संगठन के भीतर अपना उद्देश्य तय करना आसान होगा। आज के जमाने में आत्ममंथन करने के भी उद्देश्य होने चाहिए कि आप एक वर्ष, दो वर्ष या पाँच वर्ष के भीतर क्या प्राप्त करना चाहते हैं। इस उद्देश्य की प्राप्ति में अपनी

गतिविधियों का व्यापकता के साथ संधान करने, नए कौशल व संपर्क बनाने से आपको प्रगति करने में मदद मिलेगी।

—— उपयोग ——

आज की आधुनिक आर्थिक गतिविधियों में उपयोग-मूल्य का अत्यंत महत्त्व है। अंतिम उपयोग क्या है? यदि इसका बेहतर उपयोग हो सके, यदि उपयोगकर्ता को कुछ और बेहतर मिल सके—यदि आप ऐसा सोच सकते हैं तो आप व्यवसाय में हैं। इसलिए प्रत्येक आविष्कारी या प्रतियोगी गतिविधि के लिए उपयोग पर तीव्रता के साथ ध्यान केंद्रित करें। इसे उपयोगितापूर्ण रवैया भी कहा जाता है; परंतु इसका वैयक्तिक और सामाजिक संबंधों में प्रसार न करें। सफलता का यही मूलमंत्र है।

—— उपलब्धि ——

आधुनिक समाज में उपलब्धि प्राप्त करने का जबरदस्त दबाव रहता है। इस उपलब्धि में आपके अपने लक्ष्य, दूसरों द्वारा तय लक्ष्य और व्यवस्था—सभी शामिल हैं। क्रिकेट में बल्लेबाज से शतक की उम्मीद, हीरो से हिट फिल्मों की उम्मीद, विद्यार्थियों से प्रतियोगी परीक्षा में अव्वल आने की उम्मीद, नेताओं से चुनाव जीतने की उम्मीद, किसी तकनीकी के सफल होने की उम्मीद—इन सभी उम्मीदों पर खरा उतरना ही उपलब्धि है। वे दिन लद गए, जब लोग अपनी उपलब्धि के मानक खुद तय किया करते थे। आज ज्यादातर लोगों को तो दूसरों द्वारा तय मानकों के अनुसार स्वयं को ढालना पड़ता है। इसलिए उपलब्धि प्राप्त करने के लिए अपने लक्ष्यों के साथ-साथ समाज या व्यवस्था की उम्मीदों को भी ध्यान में रखना पड़ता है।

एक बात और, यदि उपलब्धि के लिए लक्ष्य छोटा रखा जाए तो आप सफल हो सकते हैं और अगर लक्ष्य बहुत बड़ा या ऊँचा रखा जाए तो उसे पूरा करने में वर्षों लग सकते हैं। कई बार तो दुनिया में चल रहे तीव्र बदलावों के कारण लक्ष्य ओझल हो जाता है। आप दीर्घकालिक लक्ष्य रख सकते हैं और छोटे-छोटे लक्ष्यों में इसे पूरा कर सकते हैं। आपने महान् व्यक्तियों की जीवनियाँ भी पढ़ी होंगी, उनकी महान् उपलब्धियों के बारे में भी पढ़ा होगा; 'कंगाल से करोड़पति', 'फुटपॉथ से महल', 'रंक से राजा' बनने के किस्से भी बहुत सुने होंगे। परंतु अकसर ये किस्से तब लिखे जाते हैं जब आदमी महान् बन चुका होता है। उन्हें महान् बनाने

में जिन घटनाओं, परिस्थितियों का हाथ होता है, अकसर पढ़ना अच्छा लगता है। किंतु आपका वास्तविक जीवन, जिसे आप हर दिन, हर हफ्ते, महीने या साल भर जीते हैं—आपके प्रयासों, भावनाओं व वास्तविकताओं के संदर्भ में एकदम भिन्न होता है। इनसे कैसे निबटा जाए, यही वास्तविक प्रश्न है।

दूसरों से सलाह लें, पर बार-बार नहीं। आपकी परिस्थितियाँ अपनी हैं। उनसे निबटना आपको ही सीखना होगा। अपने लिए अवसरों को स्वयं तलाशना होगा। हमेशा यह विश्वास रखें कि जीत आपकी ही होगी, भले ही लगे कि आपको दबाया-कुचला जा रहा है। भाग्य आपका साथ देगा।

—— ऊँचा ——

ऊँचा लक्ष्य रखना हमेशा अच्छा होता है—उच्च, उच्चतर और उच्चतर। दुनिया में कुछ भी उच्चतम नहीं है। प्राचीन अमेरिकी लोकोक्तिवाले गरुड़ की तरह हमेशा ऊपर उठते रहें, ऊँची उड़ान भरते रहें।

—— ऋषि ——

भारत महान् ऋषियों की भूमि है। ऋषि—अर्थात् वे ज्ञानी जो जीवन का प्रेक्षण करते हैं और जीवन जीने की प्रक्रिया पर जिन्हें दक्षता प्राप्त है, वे दूसरे व्यक्तियों की जीवन की छोटी-मोटी समस्याओं और कष्टों से ऊपर उठने में सहायता करते हैं। आज भी आपके आस-पास अनेक ऋषि-मुनि हैं। जरूरी नहीं कि वे ऋषियों की पारंपरिक वेशभूषा में, जिन्हें आप देखने के आदी हैं, हों। गुरु गोविंद सिंह की वाणी को याद रखें—

वे सब वेशभूषा से लोगों को छलते हैं,
पर संत तो खुद को भी गुप्त रखते हैं।
वे जिनको है केवल रब के नाम का सहारा,
रोटी कमाने को इनसान लेता है झूठ का सहारा।
वो पाता है वह दौलत जो कोई न पा सका,
वो जो जपता है केवल एक ओंकारा।
उसे जरूरत है क्या छल-कपट की,
जो करता है केवल उस रब पे भरोसा।

—चौबीस अवतार से

विज्ञान का एक महत्त्वपूर्ण गुण यह है कि इसमें विचारों का कोई पदानुक्रम नहीं है। यहाँ कोई बात केवल इसलिए वैज्ञानिक तथ्य नहीं बन जाती, क्योंकि उसे किसी ऊँचे पद पर बैठे आदमी ने कहा है। प्रत्येक वक्तव्य, प्रत्येक विचार, परीक्षण का प्रत्येक नतीजा, प्रत्येक निष्कर्ष चुनौती के लिए खुला है, गहन छानबीन और ईमानदारीपूर्ण आलोचना के लिए खुला है। शर्त यही है कि ऐसी कोई भी चुनौती, छानबीन और आलोचना वैज्ञानिक विधियों पर आधारित होनी चाहिए, न कि भावना पर। अपने दैनिक जीवन में ऋषि-मुनियों को पहचानना सीखें। सबसे बढ़कर अपने भीतर के ऋषि को पहचानें। दुनिया में सफलता का लक्ष्य रखने के बावजूद यदि आप सतर्क हैं तो अपने भीतर के ऋषि को जरूर पहचान जाएँगे।

—— एकचित्त ——

अपने कार्य में एकचित्त समर्पण सफलता के लिए महत्त्वपूर्ण है। लेकिन इसका अर्थ यह नहीं कि आप पर 'एकचित्तता' का भूत सवार हो जाए।

—— एकता ——

आधुनिक समाज में वेशभूषा, वाहनों, भवनों आदि की दृष्टि से जबरदस्त एकता दिखाई देती है; किंतु यह सतही एकता है। गहराई में जाएँ तो समूहों के बीच भारी फूट दिखती है। भारत समेत अनेक देशों में ढेर सारे लोग स्वयं को सत्ता से अलग-थलग पाते हैं। मजे की बात यह है कि इन अलग-थलग लोगों में भी कोई एकता नहीं है। यह एक कारण है कि क्यों आज चारों ओर हिंसा का बोलबाला है। केवल आतंकवादी हिंसा ही हिंसा नहीं है। हिंसा के कई रूप हैं—महिलाओं के साथ छेड़खानी और बलात्कार, हिंसक अपराध, अंडरवर्ल्ड के लोगों के बीच हिंसक झड़पें, धार्मिक समुदायों के बीच हिंसा, सांप्रदायिक हिंसा, भाषा, जाति, नस्ल आदि के आधार पर हिंसक लड़ाइयाँ। सचमुच हिंसा का कोई अंत नहीं है। हालाँकि इक्कीसवीं सदी में विज्ञान, तकनीकी तथा अर्थशास्त्र के अनेक लाभ मिलेंगे; लेकिन लोगों और समूहों के बीच मामूली किंतु गहरे मतभेद और उनसे जुड़ी हिंसा आधुनिक समाज की सुरक्षा व स्थिरता के लिए गंभीर खतरा बनी रहेगी। धर्म और आस्था के परे लोगों के बीच एकता स्थापित करना मनुष्यों के अस्तित्व के लिए अनिवार्य है, ताकि वे सभ्य व सुरक्षित समाज में रह सकें। विकसित व विकासशील देशों में विभिन्न आस्थावाले समूहों के बीच परस्पर संवाद को बढ़ावा देने के प्रयास चल रहे हैं। भारत में भी अनेक धार्मिक नेताओं

द्वारा फाउंडेशन फॉर यूनिटी ऑफ रिलीजियस ऐंड एनलाइटेंड सिटिजनशिप (FUREC) नामक संस्था शुरू की गई है। अत्यंत सम्माननीय वयोवृद्ध जैन संत आचार्य महाप्रज्ञ और भारत के पूर्व राष्ट्रपति डॉ. ए.पी.जे. अब्दुल कलाम इस संस्था के संरक्षक हैं। इस संस्था की गतिविधियों के बारे में अध्ययन करना और लोगों के बीच इसके जरिए एकता स्थापित करना लाभदायक होगा। इस संस्था की वेबसाइट है—www.furec.org, अन्य समान संस्थाओं की जानकारी रखनेवाले लोग इन्हें रचनात्मक रूप से एक-दूसरे के साथ जोड़ सकते हैं।

— एकपक्षता —

यदि आप जीवन में सफल होना चाहते हैं तो कभी भी एकपक्षीय फैसला न लें। टीम के रूप में कार्य करें और टीम के साथ कार्य करें। किसी नौकरशाही समिति में, जो अकसर उत्तरदायित्वों के प्रसार और अस्पष्टता की आदी होती है, स्वयं को सुरक्षित करना न्यायोचित नहीं होगा। लेकिन यहाँ पर दल का अर्थ वास्तविक भागीदारी के अंदाज में लिया गया है। जब दल में ऐसे व्यक्ति शामिल होते हैं, जिनमें प्रेरणा और विशेषज्ञता का समुचित समावेश हो, जो किसी कार्य के भिन्न-भिन्न हिस्सों को भली-भाँति निपटा सकें तो उनमें गजब का संयोजन देखने में आता है। कार्य करते समय या योजना को लागू करते समय सभी का बराबर योगदान रहता है; मगर जब एकपक्षीय निर्णय दूसरों पर थोपे जाएँ तो ऐसा नहीं हो सकता है।

— एकसारता —

यह सोचना कि संसार में हर चीज और हर व्यक्ति का एक समान जीवन-स्तर होगा और एक समान जरूरत होगी, मात्र दिवास्वप्न होगा। प्रकृति ने हमें इतना भिन्न और विविधतापूर्ण बनाया है—और फिर वस्तुएँ बदलती रहती हैं। अवश्य ही छोटे से समूह या समाज में कुछ समय के लिए एक समानता स्थापित करने के प्रयास किए जा सकते हैं; लेकिन प्रकृति विविधता से परिपूर्ण है।

— एहसास —

यह एहसास ही है, जो मुझे और आपको—इम सबको मनुष्य बनाता है। आँख, कान, नाक, त्वचा और जीभ जैसे संवेदी अंगों से जो संकेत आप ग्रहण करते हैं, वे आपके भीतर एहसासों को जन्म देते हैं। आपके भीतर अनेक विचार-

प्रक्रियाएँ चलती रहती हैं।

अपने एहसासों को सकारात्मक दिशा में विकसित करना सीखें। जितना आप आपने एहसासों का आदर चाहते हैं उतना ही दूसरों के एहसासों का आदर करें। इससे आप दूसरों के कष्टों को महसूस करना सीखेंगे और इस प्रक्रिया में दूसरे लोग भी आपको पसंद करने लगेंगे, आपका आदर करने लगेंगे तथा आपको प्यार करेंगे।

किंतु आपको यह ध्यान भी रखना है कि एहसास आप पर हावी न हो जाए। जहाँ आप अपने एहसासों के प्रति संवेदनशील हों और दूसरों के एहसासों को समझते भी हों, वहीं आपको अपनी तर्कसंगत विचार-प्रक्रिया के द्वारा अपना मानसिक संतुलन भी कायम रखना होगा—यानी आपको अपने दिल और दिमाग के बीच संतुलन करना सीखना होगा और दिल की तरफ थोड़ा सा झुकाव बेहतर होगा।

— कंजूस —

मितभाषी बनो, मितव्ययी बनो, सादा जीवन जियो। सदियों से हमें यही शिक्षा मिलती रही है। हाँ, राजाओं-नवाबों की बात और है। उन्हें इन शिक्षाओं पर चलने की जरूरत नहीं महसूस हुई। केवल औरंगजेब और केरल के कुछ राजा-महाराजा जरूर कम खर्चीले थे।

लेकिन ज्यादातर भारतीय नागरिकों को किफायत भरा सादा जीवन जीना पड़ता था; क्योंकि उनके हाथ तंग होते थे और फिर प्रतियोगी उपभोग पर अंकुश लगाकर सभी के लिए वस्तुओं एवं सेवाओं का बेहतर व बराबर वितरण सुनिश्चित किया जाता था, ताकि समाज में शांति बनी रहे। सभी धर्मों की भी यही शिक्षा रहती है कि उतना उपभोग करो जितना जरूरी हो, सादा जीवन जियो।

लेकिन पिछली एक-आध सदी में हमने देखा, आधुनिक विज्ञान व तकनीकी तथा व्यापार प्रबंधन नीतियों के चलते उपभोक्तावाद तेजी से बढ़ा। विशेषकर विकसित देशों तथा विकासशील देशों में धनाढ्य वर्ग के बीच आज उपभोक्तावादी प्रवृत्ति अपने चरम पर है। इसी बीच आज यह भी महसूस किया जाने लगा है कि किसी भी चीज का अत्यधिक मात्रा में उपभोग या अनुपभोग करने का मनुष्य के स्वास्थ्य पर बुरा प्रभाव पड़ता है, जैसे कि वजन कम करने के कार्यक्रमों में देखा जाता है। अनेक लोग, जो हृदय रोगों या मधुमेह के शिकार हो जाते हैं, उन्हें अपनी जीवन-शैली बदलने की सलाह दी जाती है।

आप में से जो पाठक धनी परिवारों में जनमे हैं, हो सकता है कि कृपण व

सादे जीवन के मूल्यों को अपना चुके हों। किंतु मेरी सलाह है कि इसमें आप अति न करें। इन मूल्यों को फैशन के रूप में न लें। कुछ समय के लिए तो ऐसा जीवन अच्छा है, पर आपको कोई संन्यासी तो बनना नहीं है। हर अच्छी वस्तु का मर्यादा में रहकर उपभोग करें।

आप में से जो लोग गरीब या निम्न-मध्यम वर्गीय परिवारों से आए हैं और अभावों भरा सादा जीवन ही जिया है, यह न मान लें कि गरीबी हमेशा अच्छी चीज होती है। ऐसा बिलकुल नहीं है। यदि आप जीवन के समृद्ध पहलुओं का आनंद लेना चाहते हैं तो बेशक, बेझिझक करें। घर में अच्छा एयर कंडीशनर लगवाएँ, सुसज्जित रसोईघर बनवाएँ, अच्छे फर्नीचर लें, अच्छे कपड़े पहनें और अच्छा भोजन करें। लेकिन ये सभी अपनी सीमाओं के भीतर जुटाएँ। इन चीजों के आनंद को अपने जीवन का अंतिम लक्ष्य न बना लें, उनके दीवाने न बनें, उनके पीछे अनाप-शनाप पैसे न बरबाद करें। इस तरह आप में अभावजनित जो हीन भावना घर कर गई है, वह दूर हो जाएगी। किंतु अंत में आप यही महसूस करेंगे कि कृपणता का सादा जीवन ही अच्छा है।

कृपणता का एक और पक्ष है। यदि आप अपने धन से या ऋण लेकर उद्यमी बनना चाहते हैं तो याद रखें कि उद्यमी के रूप में शुरुआती समय में बहुत अधिक कृपणता बरतनी पड़ेगी, तभी आप अपने उद्यम या कंपनी की आर्थिक सेहत अच्छी रख पाएँगे।

— कंप्यूटर —

कंप्यूटर आधुनिक मानव जीवन का अभिन्न अंग बन चुका है। आप भले ही कोई भी व्यवसाय अपनाएँ, कंप्यूटर का उपयोग करना अवश्य सीखें। भारत में वे लोग, जो कंप्यूटर सीखने के लिए ऊँची फीस नहीं चुका सकते हैं, उन्हें भी सिखाइए कि कंप्यूटर कैसे चलाया जाता है। इससे आपको दूसरों की सहायता करने की संतुष्टि मिलेगी। पुराने जमाने में अनपढ़ आदमी भी अपना गुजारा कर लेते थे। किंतु आज जहाँ ज्ञान व तकनीकी का बोलबाला है, कोई भी व्यक्ति कंप्यूटर की बुनियादी जानकारी के बिना अपना काम नहीं चला सकेगा।

— कचरा फैलाना —

भारतीयों को न केवल समय की पाबंदी पर अमल करने की जरूरत है, बल्कि सार्वजनिक जगहों पर कचरा नहीं फैलाना सीखने की भी जरूरत है। यदि

आप कार में जा रहे हैं तो कृपया कागज, प्लास्टिक की थैलियाँ, कागज के गिलास आदि बाहर सड़क पर न फेंकें। सड़क या गली में नाक न छिड़कें और न ही थूकें। अपने पालतू कुत्ते को सड़क या बाग-बगीचों में शौच न कराएँ। अपने परिवेश को साफ-सुथरा रखें। इसके लिए हम सभी को अनुशासित होने की जरूरत है।

— कठोर —

आपको जीवन में कठोर परिस्थितियों का सामना करने के लिए तैयार रहना होगा। आपको जीवन में कठोर सच्चाइयों का सामना करने को तैयार रहना होगा। कठोर परिश्रम करें। जीवन में सफलता के लिए ये सभी चीजें जरूरी हैं। लेकिन इस प्रक्रिया में अपने दिल को कठोर न बनाएँ। दूसरों के लिए कठोर परिस्थितियाँ न पैदा करें। आप दूसरों को कठोर परिस्थितियों का सामना करना सिखा सकते हैं।

— कड़वाहट —

जिंदगी भी भिन्न-भिन्न प्रकार के अनुभव कराती है। कुछ अनुभव लंबे समय तक आनंद देते हैं तो कुछ में केवल क्षणिक आनंद मिलता है। वहीं कुछ अनुभव खट्टे होते हैं तो कुछ कड़वे। ये कड़वे अनुभव ही हैं, जिनकी ओर आपको विशेष ध्यान देने की जरूरत है। हालाँकि कड़वाहट का सच वास्तविक होता है, मगर ध्यान रखें कि कड़वाहट हमेशा आपके साथ न रहने पाए।

कड़वाहट को भुलाने का प्रयास करें। अपने अच्छे समय को, आनंददायक अनुभवों को याद करें। जब कड़वाहट भरी परिस्थितियाँ जीवन में सिर उठाने लगें तो अपने आपसे पूछें कि मेरे ही साथ ऐसा क्यों होता है? जब आप इस प्रश्न से स्वयं को परेशान करेंगे, तभी उत्तर मिलेगा। उदाहरण के तौर पर—कार्यालय में आप सबसे ज्यादा जिम्मेदारी से कार्य करते हैं। किसी परियोजना को सफलतापूर्वक पूरा कराने में आप दिन-रात एक कर देते हैं; लेकिन सफलता का सेहरा किसी और के सिर बँधता है। आपके योगदान को नजरअंदाज कर दिया जाता है या प्रशंसा के दो-चार फूल आपके दामन में डाल दिए जाते हैं बस—और आप मन-ही-मन कुढ़ते रहते हैं। बार-बार की हताशा आपके मन में गुबार बनकर जमती है। कुंठा आपके मन में घर कर जाती है। एक कड़वाहट मन में बैठ जाती है। ऐसा सिर्फ कार्यालय में ही नहीं होता है, घर-परिवार और मित्रमंडली के बीच भी ऐसे अनुभव होते हैं। लगातार अनदेखी से मन में खटास आने लगती है। आप अपनी कड़वाहट को शब्दों, भाव-भंगिमाओं तथा कार्यों में व्यक्त करने लगते हैं।

कटे-कटे से रहने लगते हैं, मगर इनसे कड़वाहट कम नहीं होती बल्कि बढ़ती ही जाती है।

अवश्य ही मनचाहे परिणाम न मिलने पर बुरा तो लगता ही है। पर जरा कड़वाहट पर नजर डालिए। यह खुद आपके लिए नुकसानदेह है। इससे आपके तमाम अच्छे कार्यों और अनुभवों पर पानी फिर जाएगा। वहीं आपके सहकर्मी आनंदमग्न हो रहे होंगे। जहाँ तक आपके कार्य का प्रश्न है, आपको पता भी नहीं चलता है कि कड़वाहट का इसपर कितना गहरा प्रभाव पड़ा है। यदि कुछ भी नहीं बदलता तो आपको और बुरा लगता है। यदि इससे कार्यालय को कुछ नुकसान होता है तो आप पल भर की खुशी महसूस करते हैं। किंतु अंत में सभी कुछ कड़वाहट पर लौट आता है। दुनिया में कड़वाहट झेलनेवाले आप अकेले व्यक्ति नहीं हैं। किंतु ध्यान रखें कि अगर आप श्रेष्ठ और सफल जीवन जीना चाहते हैं तो अपने भीतर कड़वाहट को पनपने न दें। मगर कैसे?

सर्वप्रथम तो परिश्रमी बनें। कार्यालय की जरूरतों, प्रबंधन की सच्चाइयों को समझें। अगर परिस्थितियाँ सर्वश्रेष्ठ हों तो भी कई भिन्न स्वभाववाले व्यक्तियों से काम लेने में अनेक परस्पर विरोधी हितों के बीच संतुलन कायम करना पड़ता है। आप या आपका बॉस अकेले सबकुछ नहीं कर सकते हैं। छोटे-छोटे कार्यों को भी निबटाने के लिए कई लोगों की जरूरत पड़ती है। किसी के भी कार्य को नकारा नहीं जा सकता है, भले ही वह कितना भी बेढंगा क्यों न हो। हो सकता है कि आपका कार्य औरों से बेहतर हो, पर खासकर भारत में जो ठेठ दफ्तरी माहौल है, उसमें उत्कृष्ट कार्य को बड़ी कठिनाई से सराहना मिलती है। किंतु इसका मतलब यह नहीं कि आप उत्कृष्टता प्राप्त करने के लिए प्रयास ही न करें। हाँ, पुरस्कार की आशा न करें। अगर कुछ पाना चाहेंगे तो बॉस आपको अनेक नैतिक कथाएँ सुनाने लगेगा और कुछ बॉस तो ऐसे होते हैं कि वे अपना काम निकलवाने के लिए कर्मियों को बड़े-बड़े प्रलोभन देते हैं। मगर काम निकलने के बाद उन्हें अपना एक भी वादा याद नहीं रहता है। आपको आजकल के दफ्तरों के इस ढर्रे को समझना चाहिए। आप अपने संगठन के प्रति पूरी वफादारी बरतें, पर जरूरी नहीं है कि संगठन भी आपसे वफादारी करे। वैश्वीकरण, तीव्र परिवर्तनों, गतिशीलताओं के बढ़ते दबाव में हालात दिन-ब-दिन और खराब होते जा रहे हैं। आप अध्ययनरत या कार्यरत हों, आपको इन सच्चाइयों से अवगत होना चाहिए। बेशक युवा आदर्शवादी मन को ये सच्चाइयाँ बहुत कठोर लगती हैं, जब उसे 'पुराने जमाने के मूल्यों' के बारे में बताया जाता है, जिनका शायद ही कोई पालन

करता हो। चाहे जो हो, आपको कड़ी मेहनत करना सीखना चाहिए; क्योंकि इससे आपको और सीखने का अवसर मिलता है। आपका कार्य-अनुभव बढ़ता है, कार्य में सुधार आता है। आपको स्वयं को पुरस्कृत करना सीखना चाहिए। अपने संगठन के भीतर या बाहर बेहतर अवसरों की तलाश में रहें। परंतु किसी भी स्थिति में अपने भीतर कड़वाहट को न पनपने दें, क्योंकि इससे आपको ही नुकसान होगा, मगर दूसरों का आपके प्रति व्यवहार नहीं बदलेगा। अंत में हार आपकी ही होगी।

— कतार —

सेवा चाहनेवाले सभी लोगों तक समान लाभ पहुँचाने के लिए अनुशासित उपाय है कतार। इसलिए अल्पकालिक लाभों के लिए कतारों को न तोड़ें।

— कमजोर —

कमजोर जीव-जंतु समाप्त हो जाते हैं। दुनिया उन्हें जीने नहीं देती, इसलिए तन-मन दोनों से शक्तिशाली बनें। इसे अपने जीवन का संकल्प बनाएँ।

— कर (टैक्स) —

कर आधुनिक जीवन का अभिन्न अंग बन गया है। भारत में कभी भारी कराधान प्रणाली लागू थी और फिर लालच जैसे अन्य कारणों से भारी पैमाने पर कर चोरी होती थी। एक तरह से कर चोरी हमारी राष्ट्रीय पहचान बन चुकी थी। किंतु अब परिस्थितियों में काफी सुधार आया है। अत: अच्छे नागरिक बनें और करों का ईमानदारी से भुगतान करें। आज जब दुनिया ग्लोबल विलेज (विश्व ग्राम) बनती जा रही है तो आपको अलग-अलग देशों में काम करने का अवसर मिलेगा। ऐसे में कर चुकाने की आपकी आदत आपकी सहायता करेगी।

— कर्म —

'कर्म' शब्द का वास्तविक अर्थ जानने के लिए आपको हिंदू, बौद्ध व जैन धर्म के ग्रंथों और दर्शनशास्त्र की पुस्तकों का अध्ययन करना होगा। दूसरा उपाय है बड़े-बूढ़ों, अपने दादा-दादी, नाना-नानी से चर्चा करना। जो बातें वे बताएँ, उन्हें ध्यान से सुनें, प्रश्न करें। तब आप कर्म के विविध पक्षों को जान जाएँगे। कर्म का सरल अर्थ है—अपने कार्यों में रत रहना, अपने कर्तव्यों का पालन करना।

'कर्मण्येवाधिकारस्ते···' आपको अपने कार्यों को सतत रूप से करना है। परंतु आपका कार्य है क्या? कौन से कार्य पर आपको ध्यान केंद्रित करना चाहिए?

आपके सामने आनेवाले किसी भी और हर कार्य को या जो आप चाहें उसे या परिस्थितियों ने जिन कार्यों को आपके कंधों पर डाल दिया है उनको अथवा फिर उन कार्यों को, जिन्हें आपने अपनी व्यापक दृष्टि और लक्ष्य से अपने लिए निर्धारित किया है। इन प्रश्नों के उत्तर तलाशने का प्रयास करें। मैं तो उस कार्य को लूँगा, जो मैंने चुना है।

कर्म का एक अर्थ है; आपके पूर्व कर्मों का प्रभाव, जो आज भी आपके साथ है—जो यह तय करता है कि इस जीवन में आपके साथ क्या होना चाहिए। आप पाएँगे कि आलसी लोग भी जीवन में सफल हो जाते हैं और अच्छी चीजों का उपभोग करते हैं। इसके विपरीत, कई अच्छे लोग कड़ी मेहनत करते हैं, पर मनचाहे फल नहीं प्राप्त कर पाते हैं। क्यों? हम भारतीय लोग कहते हैं कि यह तो पूर्वजन्मों के कर्म का फल है।

यदि आप कर्म के बारे में गहराई से विचार करें तो उत्तर उतना नकारात्मक नहीं है। यदि पूर्व में सकारात्मक कर्मों के अच्छे फल मिलते और नकारात्मक कर्मों के नकारात्मक फल तो अपना मन छोटा न करें। अभी से सकारात्मक कर्म करने शुरू कर दें। आपको इसी जीवन में अच्छे फल मिलने लगेंगे। नहीं तो अगले जन्म में तो अच्छे फल निश्चित हैं।

यहाँ एक बात परेशान करती है। अगले जन्म के बारे में कैसे जानेंगे? अच्छा है। जब हम प्रश्न करते हैं तो कुछ अच्छे उत्तर हमारे मन में आते हैं। फिजूल की बहस में जाए बिना अगर हम सही कर्मों को करते रहें, गलतियों से सीखते रहें और एकाग्रचित्त रहें तो अच्छे नतीजे पा सकते हैं।

कर्म का एक अर्थ कर्तव्य बताया जाता है। आप सुनेंगे कि फलाँ का यह कर्तव्य है। मगर कर्तव्य किसके प्रति? मानना चाहिए कि कर्तव्य अपने प्रति, अपने माता-पिता के प्रति, परिवार के प्रति, समाज व विश्व के प्रति। कई बार ये कर्तव्य एक-दूसरे के सामने खड़े नजर आते हैं, जैसे अर्जुन को असमंजस का सामना करना पड़ा था। उसे अपने गुरुओं, पितामह भीष्म और सगे-संबंधियों के प्रति अपने कर्तव्य याद आने लगे। आपको सही संदर्भ में संतुलन तलाशना पड़ेगा। बहुत अधिक स्वार्थी न बनें, संतुलन आपको मिल जाएगा।

एक बात निश्चित है कि आप अपने कर्मों से बच नहीं सकते, चाहे कितनी भी कोशिश कर लें। कर्म सदैव आपके साथ रहेगा। आपको कर्म के साथ जुड़े श्रम

से चिढ़ हो सकती है। कर्म करने में अकसर उठनेवाली अनिश्चितताएँ आपको चिंता में डाल सकती हैं। इसीलिए आप अकसर कार्य से बचकर भाग निकलना चाहते हैं।

गुरुदेव रवींद्रनाथ टैगोर का एक गीत मैंने तब से अपनी मेज पर रखा हुआ है जब मैं अट्ठाईस वर्ष का था। यह गीत मुझे कर्म करने की प्रेरणा देता रहता है—

मुक्ति? कहाँ मिलेगी
यह मुक्ति?
भगवान् ने स्वयं खुशी-खुशी
लिया है रचना का भार।
वह बँधा है हमसे सर्वदा।

जी हाँ, भगवान् इन प्रक्रियाओं और सृष्टि के जरिए हम सबसे बँधा है। इनके जरिए हम भी कर्मों से बँधे हैं। ज़ीवन के प्रति सकारात्मक रवैया रखें; आपके कर्म अपने आप आकार लेने लगेंगे।

—— कर्म ही भाग्य है ——

भारत में हर चीज के लिए होनी या किस्मत को दोषी ठहराया जाता है। विशेषकर जब कोई बुरी घटना घट जाए तो और जब लोग सफल होते हैं तो वे स्वयं सारा श्रेय लेना चाहते हैं। यदि आप उनसे कहें कि भगवान् की आप पर कृपा है, तो वे आपसे असहमत नहीं होंगे, किंतु आपको नापसंद करने लगेंगे।

इस तरह रोजाना की बातचीत में होनी की महत्त्वपूर्ण भूमिका है। जब आप परेशानी का सामना कर रहे हों, जब कोई बाजी हार जाएँ या जब किसी अज्ञात भय को भगाना चाह रहे हों या कोई जोखिम भरा कार्य कर रहे हों तो काफी कुछ होनी पर छोड़ दिया जाता है। इनसे भले ही अस्थायी राहत मिलती हो, जैसे जन्मकुंडली दिखाने से या विशेष पूजा-प्रार्थना करने से आप यदि अपने भय पर काबू पा सकें तो यह स्वीकार्य है।

किंतु कच्ची उम्र में ही यह न मान लें कि जीवन में सभी कुछ तय है और आप अपने भाग्य को बदल नहीं सकते। इस कथन को याद रखें कि 'ईश्वर उनकी सहायता करता है, जो स्वयं अपनी सहायता करते हैं।' ज्यादातर धर्मों का यही कहना है कि अगर आप सच्चे मन से कार्य करते रहें तो अपने भाग्य को भी बदल सकते हैं। अवश्य ही दुनिया अनजानी चीजों से भरी पड़ी है। इस बात की कोई गारंटी नहीं है कि अच्छे काम करने से आपको तुरंत और सीधा लाभ मिलेगा।

आपको अपने आस-पास ऐसे लोग मिल जाएँगे, जो कहते हैं, 'मैं कितना अच्छा हूँ। कड़ी मेहनत करता हूँ। कोई फायदा नहीं मिलता है। फलाँ को देखो, मस्ती करता रहता है, फिर भी कामयाब है। बॉस भी उसका गुणगान करता है। यह किस्मत नहीं तो क्या है!'

व्यक्तिगत स्तर पर मैं ऐसी घटनाओं से इनकार नहीं करता हूँ। हो सकता है कि भाग्य या कर्म या कर्म में भाग्य का कोई अज्ञात कारक हो। हो सकता है कि ऐसा कोई सिद्धांत हो, जो हमें शांति प्रदान करे या हमारे प्रश्नों का उत्तर दे सके। लेकिन कोई निश्चित प्रमाण नहीं हैं, क्योंकि अनजानी चीज को पहले से मापा नहीं जा सकता है। हो सकता है कि जींस या चेतना पर चल रहे वैज्ञानिक अनुसंधान भविष्य में इन अंतरों पर प्रकाश डाल सकें। किंतु फिलहाल तो ऐसे सभी सिद्धांत किसी व्यक्ति को कार्यों का कोई व्यावहारिक संकेत नहीं देते हैं। इसलिए मेरा सुझाव है कि होनी के सिद्धांत पर आपका जो कुछ भी रवैया हो, बारंबार नाकाम होने के बावजूद पूर्वनिर्धारित भाग्य की धारणा को अपने मन में न पाल लें। इतना आत्मविश्वास बनाए रखें कि निरंतर कर्म करते हुए आप होनी को भी टाल सकते हैं।

— कल्पना —

महान् वैज्ञानिक अल्बर्ट आइंस्टाइन ने कहा था कि कल्पना बुद्धि से कहीं अधिक महत्त्वपूर्ण है।

बुद्धि अर्जित किए गए ज्ञान को सही समय और सही जगह पर इस्तेमाल करने की क्षमता है। बुद्धि से हम किसी भी सूचना का तर्कसंगत ढंग से विश्लेषण करते हैं। बेशक बुद्धि महत्त्वपूर्ण है; लेकिन यदि कोई व्यक्ति कल्पना की ऊँची उड़ान नहीं भरेगा तो वह नए क्षेत्रों का अन्वेषण भी नहीं कर पाएगा। तब आप वर्तमान ज्ञान के भँवर में फँस जाएँगे और आपका ज्ञान धीरे-धीरे संचित होगा। लेकिन कल्पना आपको एकदम नए लोक की सैर कराती है। वैज्ञानिक, तकनीकी और शैक्षणिक क्षेत्रों में ही नहीं बल्कि व्यापार, कला, साहित्य, दर्शन, धर्म आदि क्षेत्रों में भी सभी महान् खोजें केवल कल्पना के बल पर ही संभव हो सकीं।

जब आपकी कल्पना उड़ान भर रही होती है तो कई बार आप भयभीत हो जाते हैं। कई बार स्वयं पर हँसी आती है। कई बार दीवानगी-सी लगती है और कई बार आपका दिमाग तर्कों के साथ कल्पना पर आक्रमण कर देता है। इस प्रक्रिया की यही खूबसूरती है। इससे भयभीत न हों। एक बात याद रखें—नियमित और मानकीकृत कार्य (नौकरी) में प्रत्येक प्रयास न्यूनतम परिणाम देता

है। यही कारण है कि इसे मानकीकृत कर दिया गया है। जैसे कि अल्बर्ट आइंस्टाइन का सापेक्षतावाला सिद्धांत पाठ्य पुस्तकों में मानकीकृत स्वरूप में है, ताकि औसत बुद्धि के छात्र भी उसे समझ सकें। अब जरा कल्पना करें, आइंस्टाइन ने इसे कैसे खोजा होगा? उन्होंने कल्पना की कितनी ऊँची उड़ानें भरी होंगी? कल्पनाओं को साधना आसान नहीं है। ज्यादातर कल्पनाएँ किसी ढाँचे में फिट नहीं बैठती हैं। आप किसी खास चीज को पाने की कल्पना नहीं करते हैं। आप तो बस कल्पना की उड़ान भरते हैं और अचानक कोई खूबसूरत चीज आपके हाथ लग जाती है। इसलिए अपने व्यस्त दैनिक जीवन में जब भी समय मिले, अपनी कल्पना को खुला छोड़ दें। हो सकता है, एक दिन आपको भी कोई खूबसूरत चीज मिल जाए।

— कल्पना-लोक —

अकसर हम जीवन में सभी विरोधाभासों एवं तकरारों को भुलाना चाहते हैं। अकसर बुद्धिजीवीगण एक नए समाज की आदर्श तसवीर पेश करते हैं और अन्य लोगों का इस दृष्टि को अपनाने के लिए आह्वान करते हैं। लेकिन जो लोग जीवन को उसकी कटु सच्चाइयों के साथ देखते हैं, इन तसवीरों को कल्पना-लोक की संज्ञा देते हैं। जीवन के कुछ भागों में कल्पना-लोक का विचरण करना अच्छा है, क्योंकि इससे आपकी कल्पना को पंख मिलते हैं; लेकिन कल्पना-लोक में बह मत जाइए।

— कल्याण —

प्रत्येक मनुष्य अच्छा जीवन जीना चाहता है, अपनी भौतिक (शारीरिक) इच्छाओं को संतुष्ट करना चाहता है, सुरक्षित महसूस करना चाहता है, दूसरों को प्यार करना और प्यार पाना चाहता है। इसके लिए जीवन में अपने मानकों को ऊँचा उठाना होगा और दूसरों द्वारा अपनी प्रशंसा की इच्छा किए बिना अपना सम्मान करना सीखना होगा। अवश्य ही ये सभी अवस्थाएँ एक-दूसरे से अलग नहीं हैं। जीवन की छोटी-छोटी चीजों का आनंद लेने के लिए अच्छा जीवन और अच्छा स्वास्थ्य दोनों अनिवार्य हैं। इसके लिए अपनी एवं दूसरों की भलाई के विषय में सोचें और कार्य करें। जब आपके खाते में अनेक उपलब्धियाँ हों, धन-दौलत का सुदृढ़ आधार बन गया हो, स्वास्थ्य और सफलता दोनों आपके पास हों तो लाओ त्जू के कथन को हमेशा याद रखें—"जब आप स्वयं में ही पूर्ण व संतुष्ट

हों और दूसरों से होड़ एवं तुलना न करते हों तो सभी आपका सम्मान करेंगे।"

यही सर्वोच्च कल्याण है।

—— कार्य (कर्म) ——

कर्म ही पूजा है। कर्म ही धन है। कर्म के बिना आप जीवन का अनुभव नहीं कर सकते हैं। कर्म वह भट्ठी है, जिसमें से बुद्धिमानी का निष्कर्षण होता है। इसलिए कर्म का आदर करें।

—— काव्य ——

मानवीय विचारों की सुंदर अभिव्यक्ति हैं काव्य। खुशी हो या दुःख, क्रोध हो या विनोद—सभी भावनाएँ स्वयं को शब्दों के रूप में ढालकर काव्य के रूप में प्रवाहित होने लगती हैं। यदि इनको कल्पना की चाशनी में घोल दिया जाए तो अकसर शब्दों के इस प्रवाह में लयबद्धता भी आ जाती है। आपके भीतर भी कविताएँ लिखने की प्रतिभा है। बस, इसे पहचानने की जरूरत है। छोटी-छोटी कविताएँ लिखने की आदत डालकर इस विद्या का आनंद ले सकते हैं।

—— कोटा ——

भारत अनेक चीजों में कोटा (या कोटे) की अवस्था से गुजर रहा है। कई किस्म के कोटों का उद्देश्य है—सदियों के इतिहास में जो कुछ भी गलत हुआ है, उसे ठीक किया जाए। कुछ कोटे अन्य लोगों द्वारा की गई माँगों के अनुसार बनाए गए हैं, तो मैं ही क्यों कोटे से छूट जाऊँ! कोटे की माँग करना सुरक्षा तलाश करने के समान है। इन माँगों और उनकी विरोधी माँगों के बारे में स्वयं सोचें। अगले दो दशकों तक कोटे की ऐसी माँगें आती रहेंगी, जब तक कि भारत पूरी तरह से विकसित न बन जाए और सभी भारतीयों के लिए पर्याप्त सामाजिक व आर्थिक अवसर उपलब्ध न हो जाएँ। तब तक स्वयं के लिए तथा भारत माता के लिए रचनात्मक समाधान तलाशते रहिए।

—— क्षमता ——

सफलता के लिए क्षमता अनिवार्य है। आप केवल तभी कह सकते हैं कि मैं कोई कार्य करने में सक्षम हूँ जब आपने उसी कार्य को करते हुए अपना हुनर विकसित कर लिया हो। आप केवल टेलीविजन देखते हुए महान् गेंदबाज या

बल्लेबाज नहीं बन सकते। आपको इसके लिए मैदान में अभ्यास करना ही पड़ेगा। वैज्ञानिक शोध, तकनीकी विकास, बिक्री, विपणन या व्यापार, लेखन, पाक-कला या बढ़ईगिरी—सभी हुनर पर यही बात लागू होती है। हो सकता है, आप में बहुत अधिक ऊर्जा संचित हो, आपका आईक्यू, ईक्यू और शिक्षा बहुत ऊँची हो। किंतु वास्तव में नतीजा शून्य होता है, जब तक कि आप अपनी क्षमता को विकसित नहीं करते हैं। व्यक्तियों, दलों/समूहों और समाज पर यह नियम समान रूप से लागू होता है। भारतीय दर्शन का कहना है कि किसी भी क्षेत्र में क्षमता विकसित करने के लिए साधना करनी पड़ती है।

— खतरा —

आधुनिक जीवन में तरह-तरह के खतरे मँडरा रहे हैं। कई स्थानों पर निजी सुरक्षा को खतरा, सड़क पर दुर्घटनाओं का खतरा, विदेशों में अजनबीपन का खतरा, व्यापार में रकम डूबने का खतरा, साइबर अपराधों का खतरा, अनजान आदमियों से मिलने में खतरा—और भी न जाने कौन-कौन से खतरे। ऐसे में सतर्क और सावधान रहें; पर यह न सोचें कि दुनिया केवल आपके पीछे पड़ी है। इन मसलों के बारे में विचार करें। उन स्थितियों पर चिंतन करें, जिनमें आप पर खतरा आ सकता है। वैसे जो लोग पहल करते हैं, नए-नए आविष्कार करते हैं उन्हें खतरों का एहसास होना चाहिए और उनका सामना करने में घबराना नहीं चाहिए। उन तरीकों के बारे में सोचें, जिनसे खतरों से बचा जा सके या बचना असंभव हो तो उनका सामना किया जा सके। इस तरह के चिंतन से आपके पास 'संभावित खतरों का डाटा बैंक' बन जाएगा और आपको उनसे बचने में मदद मिलेगी। आमतौर पर कहा जाता है कि 'जितना ज्यादा खतरा (जोखिम) उतना मोटा लाभ'। पर यह इसका निहितार्थ है। आपके पास पहले से जो कुछ है, उसके भंग होने का खतरा ज्यादा है। पर इससे घबराइए नहीं। यह मात्र पूर्व चेतावनी है, ताकि आप सावधानीपूर्वक कदम उठा सकें।

— खलनायक —

इस होड़ भरे संसार में अनेक खलनायक हैं। उनसे सावधान रहने की जरूरत है। मगर अकसर सबसे बड़ा खलनायक आपके भीतर छिपा रहता है। सबसे ज्यादा इसी से सावधान रहने की जरूरत है। इसे सही समय पर नियंत्रण में रखें।

—— खाना पकाना ——

आजकल प्रत्येक व्यक्ति को खाना पकाना आना चाहिए। क्यों? अधिकांश भारतीय पुरुषों को महिलाओं द्वारा परोसे गए भोजन को खाने का सुख प्राप्त है। किंतु आधुनिक दुनिया में आपको हमेशा भागते रहना पड़ता है, देश-विदेश की यात्रा करनी पड़ सकती है, इसलिए आपको किसी देश, किसी भी स्थान का भोजन करने के लिए तत्पर रहना चाहिए। भोजन लोगों की संस्कृति की अभिव्यक्ति है। मगर हो सकता है कि सभी को सभी जगह का भोजन पसंद न आए। कुछ जगहों पर बाहर भोजन करना महँगा भी पड़ सकता है। इसलिए यदि आपको भोजन पकाना आता है तो आप कहीं भी रह सकते हैं। आपको कोई तकलीफ नहीं होगी। आधुनिक युग में आपको काम-काज के लिए देश-विदेश में निवास करना पड़ सकता है। ऐसे में यदि आप खाना पकाना जानते हों या सीख लें तो आपका अनुभव काफी आनंददायक हो सकता है। आप अपने और दूसरों के लिए भोजन पका सकते हैं। इस तरह कभी आप पैसे बचाते हैं तो कभी आनंद उठाते हैं।

—— खुला ——

मन व मस्तिष्क खुला रखें। नए विचारों के प्रति खुला दृष्टिकोण रखें। नई संस्कृतियों के प्रति खुले-खुले रहें। बहुत कड़ी सौदेबाजी में भी कोई द्वार खुला रखें, ताकि आगे चलकर समझौते की गुंजाइश रहे।

—— खुशनुमा ——

खुशनुमा व्यक्तित्व होना अच्छा है। अपने शब्दों, तौर-तरीकों और कार्यों में भी खुशनुमा बनें। दुनिया आपको चाहने लगेगी और आप स्वयं भी अपने से प्यार करने लगेंगे।

—— खेल ——

आधुनिक जीवन का महत्त्वपूर्ण अंग है खेल। प्रतियोगी खेलों या खेल प्रतियोगिताओं को देखना आनंददायक है, पर उनका व्यसन मत पालिए और न ही हार-जीत को लेकर मन में कोई नकारात्मक भावना रखें। यदि आप खिलाड़ी हैं तो आपको शुभकामनाएँ। आपको अपने खेल में एकचित्त और 'मारक वृत्ति' के साथ आक्रामक होना चाहिए; पर याद रखें कि खेल के मैदान के बाहर भी

जीवन है। अपने खेल-जीवन के चरम पर भी, जब केवल जीत आपका लक्ष्य हो, उस दौरान भी आम जीवन के लिए आनंद की भावना को मन के किसी कोने में प्रश्रय दें। अपने सक्रिय खेल-जीवन के पश्चात् इसे आगे बढ़ाएँ, आपका जीवन आनंदमय हो जाएगा।

— खोज —

खोजी मस्तिष्क जीवन की अनेक नई वास्तविकताओं का पता लगाता है। आपकी खोज के दौरान अनेक पीड़ादायक पल हो सकते हैं, पर कुल मिलाकर ऐसी खोज, संधान या प्रयास सुंदर अनुभव देते हैं। यदि आपको खोजी मस्तिष्क का उपहार मिला है तो इसे केंद्रित करना सीखें। आपको असीम आनंद प्राप्त होगा।

— गंध —

आपके शरीर की गंध सामाजिक संपर्कों के लिए महत्त्वपूर्ण है। अत: अपने शरीर की गंध (सुगंध या दुर्गंध) का खयाल रखें और उसे ठीक करें।

— गणित —

कई लोग गणित से घृणा करते हैं, पर कुछ इससे भयभीत रहते हैं। मगर वैज्ञानिक ज्ञान का समूचा भंडार इसी गणित की देन है। इसमें अर्थशास्त्र, समाजशास्त्र और कला जैसे विषय भी शामिल हैं। जैसे-जैसे मानव समाज का ज्ञान का आधार बढ़ रहा है, समाज ज्यादा-से-ज्यादा बढ़ रहा है और अर्थव्यवस्था तथा वैश्वीकरण फैल रहा है, गणित का उपयोग भी कई गुना बढ़ जाएगा। इसलिए कुछ गणित सीखें। इसमें सुंदरता के दर्शन करें। तब आप गणित का आनंद लेने लगेंगे और यह आपके लिए उपयोगी भी होगा।

— गति —

आपने व्यवसाय की गति के बारे में जरूर सुना होगा। गति में रफ्तार और दिशा दोनों होती हैं। सफलता के लिए इसे याद रखें।

— गपशप —

आप गपशप से पूरी तरह बच नहीं सकते हैं। भारत में गपशप लोगों के

तनाव को दूर करने का एक साधन है। आप भी गपशप में शामिल होकर नकचढ़े या असामाजिक कहलवाने से बच सकते हैं। लेकिन अपनी बात कहते समय अत्यंत सावधान रहें। कम बात करें। लोगों की बातें सुनें और अपने समय का बेहतर उपयोग करें।

— गरीबी —

जब से मनुष्य सभ्य बना है और बस्तियों में रहने लगा है, तभी से गरीबी भी मानव सभ्यता पर बदनुमा दाग की तरह लग गई है। बहुत सारे मनुष्यों की गरीबी का मुख्य कारण है कुछ लोगों का लालच। कुछ अन्य कारण भी हैं। परंतु अब इक्कीसवीं सदी की शुरुआत में पहली बार ऐसा लगने लगा है कि विज्ञान, तकनीकी तथा आधुनिक व्यापार व अर्थव्यवस्था मॉडलों के प्रयोग से धरती पर से गरीबी का नामोनिशान तक मिट जाएगा। ये अच्छी भावनाएँ हैं, मगर यह भी याद रखना चाहिए कि केवल चाहने या भावना मात्र से गरीबी नहीं हट जाएगी। आप में से जो युवा हैं, वे 'गरीबी हटाओ' अभियान से जुड़ जाएँ। मैं हालाँकि इसके लिए 'सभी के लिए अमीरी' नारे का उपयोग करना चाहूँगा। मुझे विश्वास है कि खुले दिमागवाले कई युवा गरीबी मिटाने के मॉडल तलाश सकते हैं। तब आपकी सफलता में चार चाँद लग जाएँगे।

— गर्मजोशी —

लोगों के साथ गर्मजोशी का व्यवहार करें। अपनी उपस्थिति में सभी को आनंदित होने दें। फोन कॉल या ई-मेल मिलने पर सामनेवाले को आपकी गर्मजोशी का एहसास होना चाहिए। गर्मजोशी फैलाएँ, इससे आपकी प्रसन्नता भी बढ़ेगी।

— गलत —

यह निर्धारित करना बहुत कठिन है कि क्या सही है और क्या गलत। जीवन में ज्यादातर चीजें मिले-जुले रूप में आती हैं। इसलिए सही-गलत का फैसला करने में उतावली न दिखाएँ। 'रामायण' और 'महाभारत' की कथाओं को याद रखें। प्राचीन कथाओं, पंचतंत्र, ईसप की कहानियों, अलिफ-लैला के किस्सों, जातक तथा भारत समेत विश्व के अनेक भागों की लोककथाओं को ध्यान में रखें। इनसे आपको जीवन के विभिन्न मोड़ों पर सही-गलत का फैसला करने में मदद मिलेगी।

— गलत सूचना —

आज के जिस ज्ञान आधारित समाज में आप रहते हैं, उसमें सूचनाओं का एक तरह से विस्फोट हो रहा है। सूचना जमा करने, प्राप्त करने तथा प्रसारण के अनेक उपकरण हैं। इंटरनेट और गूगल, याहू जैसी प्रणालियों तथा उपयोग में आसान सॉफ्टवेयर ने सूचनाओं को आपकी उँगलियों पर ला दिया है। ये सूचनाएँ केवल अंग्रेजी ही नहीं बल्कि कई अन्य भाषाओं में भी उपलब्ध हैं। हिंदी समेत कई भारतीय भाषाएँ इंटरनेट पर मौजूद हैं। लेकिन भारत के साथ समस्या यही है कि विश्व की तुलना में यह कई मामलों में 1 प्रतिशत अटका है, जैसे कि विश्व व्यापार में 1 प्रतिशत हिस्सा है। सूचना प्रौद्योगिकी, हार्डवेयर और सॉफ्टवेयर आदि में 1-2 प्रतिशत के बीच में है। हालाँकि यहाँ की आबादी एक अरब से ज्यादा है, लेकिन इंटरनेट पर भारतीय भाषाओं की मौजूदगी न्यूनतम है। इनकी मौजूदगी बढ़ाने के लिए हम सभी को मिलकर कार्य करने की जरूरत है।

अब मूल विषय पर वापस आते हैं। आज भले ही सूचनाएँ हमारी उँगलियों पर मौजूद हैं, लेकिन क्या वे सही और प्रासंगिक हैं? इलेक्ट्रॉनिक माध्यमों से प्राप्त सूचनाओं की विश्वसनीयता, सटीकता और प्रामाणिकता पर एक बड़ा प्रश्नचिह्न लग जाता है। आप कहेंगे कि ये सूचनाएँ बहुत ही तेज और अत्यंत उपयोगी हैं। अतीत में ऐसा कभी सोचा भी नहीं गया था और आपको अच्छी पत्रिकाओं का संदर्भ भी मिल जाता है। लेकिन ध्यान रखिए कि सूचनाओं के इस अंबार के बीच-बीच में गलत सूचनाएँ भी हैं, जिन्हें तकनीकी शक्ति का दुरुपयोग करने के लिए जान-बूझकर घुसेड़ा गया है, ताकि शरारतपूर्ण विचारों को फैलाया जा सके।

पहले की सदियों में भी घटनाओं, वस्तुओं और व्यक्तियों के बारे में अफवाहों के रूप में गलत सूचनाएँ फैलाई जाती थीं। बाद में समाचार-पत्रों, रेडियो और टेलीविजन के माध्यम से भी ऐसी अफवाहें फैलाई गईं। इनके प्रारूपों को कोई भी देख सकता है। हम इनके उद्देश्य और प्रामाणिकता आदि के विषय में अपनी राय कायम कर सकते हैं। पहले की सदियों में, यहाँ तक कि कुछ दशकों पहले तक ऐसी प्रचार सामग्रियाँ अलग से ही नजर आती थीं। केवल राजनीतिक प्रचार ही नहीं बल्कि कंपनी प्रचार, धार्मिक प्रचार और उत्पाद प्रचार आदि। मगर अब प्रचार माध्यमों की उपलब्धता कई गुना बढ़ जाने के कारण इन सूचनाओं को पहचानना कठिन हो गया है। बड़ी मात्रा में गलत सूचनाएँ सर्च मशीनों में डाली जा सकती हैं और उन्हें सुंदर व प्रामाणिक लगनेवाले शीर्षकों से सजाया

जा सकता है। इसलिए वर्तमान सदी में गलत सूचना वास्तव में एक गंभीर समस्या बन गई है। सही और गलत की पहचान करना हमें सीखना होगा; किंतु इसका कोई त्वरित समाधान नहीं है। प्रामाणिक स्रोतों से जाँचना एक तरीका है। प्रामाणिकता के विषय में कुछ विश्लेषण उपयोगी होगा। आजकल सर्च इंजनों में विषय-वस्तु के बारे में प्रश्न करने की सुविधाएँ होती हैं। उनके उत्तर इस बात पर निर्भर करते हैं कि आपने कितने अच्छे ढंग से अपना प्रश्न रखा है। इस समस्या के प्रति सचेत रहें। मुझे विश्वास है कि मानवता की मिली-जुली समझ से समधान मिल जाएँगे।

—— गलती ——

मनुष्य गलतियाँ करता है, न करता तो देवता कहलाता। इसलिए आपने भले ही एकदम त्रुटिहीन योजना बनाई हो, गलती हो जाए तो हड़बड़ाएँ नहीं। कोशिश करना और गलतियों को सुधारना ही प्रगति का पथ है। वैज्ञानिक कार्यों पर भी यही सूत्र लागू होता है। जीवन जटिलताओं से भरा है। इसमें निजी जीवन, सार्वजनिक जीवन, व्यावसायिक जीवन और आध्यात्मिक जीवन सभी शामिल हैं। विकृतियों व जटिलताओं को सीधा करने का कोई सरल उपाय नहीं है। अत: अपनी गलतियों से सीखें, उन्हें सुधारकर आगे बढ़ें। भाग्य आपका साथ देगा।

—— गहराई ——

आधुनिक जीवन में अनेक चीजों से निबटना पड़ता है। यह न मान लें कि आप उनसे सतही तौर पर ही निबट सकते हैं। मैंने 'परिवर्तन', 'तीव्र परिवर्तन', 'भूलने' आदि की चर्चा की है। इसका अर्थ यह नहीं कि आप केवल छिछली समझ से ही आगे बढ़ सकते हैं और फिर परिवर्तन का इंतजार कर इस प्रक्रिया को दोहरा सकते हैं। आधुनिक संसार आर्थिक कुशलता, उत्पादकता, अधिकाधिक मूल्य-संवर्धन की होड़ से भरा है। यहाँ पर जिस चीज़ से आपका वास्ता है, उसकी गहरी समझ आपको होनी चाहिए। आपको आपके गहरे ज्ञान और गहरी कार्य-कुशलता के लिए 'पैसा' व 'आदर' दिया जाता है। यहाँ तक कि साझे ज्ञान में भी अन्य लोगों के साथ आपके रिश्तों की गहराई का सबसे ज्यादा असर होता है। गहरी समझ या कुशलता का अर्थ यह नहीं कि इसमें बहुत ज्यादा समय खर्च किया जाए। अवश्य ही अभ्यास के समय का महत्त्व है। मगर सबसे ज्यादा महत्त्व इस चीज का है कि आप कितने बेहतर ढंग से सीखते हैं। इसी तरह गहरे संबंधों

का मतलब यह नहीं कि रात में घंटों साथ-साथ रहें या खाना-पीना, घूमना-फिरना साथ-साथ हो। अवश्य ही इन सबसे समझने-बूझने में मदद मिलती है। मगर अच्छे पेशेवर संबंधों में गहराई तब आती है जब आप कठिन समय में दूसरों की अपनी जानकारी से या अन्य तरीके से मदद करें। यह दरशाता है कि आप कितने भरोसेमंद इनसान हैं।

—— गुणवत्ता ——

गुणवत्ता की गणितीय परिभाषाएँ बहुत ही संकीर्ण हैं। उपभोक्ता के मन में इसे लेकर बहुत अस्पष्ट अपेक्षाएँ होती हैं। कुछ लोग सोचते हैं कि ऊँची गुणवत्तावाले उत्पाद अजेय हैं और आप चाहे उनका जितना भी दुरुपयोग करें, वे कार्य करते रहेंगे। यह सच नहीं है। हर चीज के कार्य करने की सीमाएँ हैं। आधुनिक उत्पाद डिजाइनर उपभोक्ताओं के अनाड़ीपन को ध्यान में रखकर उत्पाद तैयार करते हैं, जो अनाड़ियों के हाथों में भी सुरक्षित रहें। पर उपभोक्ता के रूप में आप उत्पादों की सीमाओं को जानिए, ताकि अपनी चीजों से उत्कृष्ट सेवाएँ प्राप्त कर सकें। अपने स्वयं के कार्य व जीवन-शैली में गुणवत्ता को अपनी पहचान बनाएँ। इससे आपको अवश्य सफलता मिलेगी।

—— गूँज ——

किसी सतह से टकराकर लौटती ध्वनि गूँज उत्पन्न करती है। जीवन में अनेक चीजें जो हम करते हैं, वे हमारे भीतर गूँजती रहती हैं। वे जीवन से आनेवाले उत्तर हैं, प्रकृति से आनेवाले उत्तर हैं। उन्हें ध्यान से सुनें। आपका जीवन समृद्ध हो जाएगा।

—— गृह-प्रेम ——

इसका अर्थ है, अपने अतीत के बारे में भावात्मक होकर सोचना या घर की याद करना। आधुनिक जीवन की भाग-दौड़ में कार्यालय या व्यापार के तनावपूर्ण जीवन में जब कभी हम अपने निकट व परिजनों को याद करते हैं तो घर की याद आना स्वाभाविक है और जब कभी आप अपने जन्म-स्थान या उस स्थान पर जाएँ, जहाँ आपका बचपन बीता था तो यह भावना कहीं अधिक बढ़ जाती है। घर की याद सताती है तो कभी आप बहुत खुशनुमा महसूस करते हैं और कभी पीड़ा महसूस करते हैं। लेकिन यदि आप गृह-प्रेम का सही इस्तेमाल करें तो अपने लिए

बहुत अधिक सकारात्मक ऊर्जा प्राप्त कर सकते हैं, अतः अपने अतीत से बल प्राप्त करें और अपने वर्तमान व भविष्य को सुखद बनाएँ।

— गौण चीजें —

जितना ज्यादा आप सक्षम होते जाते हैं, जितना आप ज्ञानार्जन करते हैं और जितनी ज्यादा आप प्रगति करते जाते हैं उतनी ज्यादा गौण चीजें महत्त्वपूर्ण होती जाती हैं। इन चीजों की तलाश करें। यह कार्य कठिन हो सकता है; लेकिन जितना आप जीवन के गौण पक्षों को देखते हैं उतना ही सफल होते हैं।

— ग्रंथ —

सभी प्रमुख धर्मों के अपने ग्रंथ हैं। इनमें से ज्यादातर ग्रंथ अब लिखित रूप में उपलब्ध हैं और उनके अन्य भाषाओं में रूपांतरण भी मिलते हैं। कबीलाई और इनसानों के अन्य साधारण समूहों की आस्थाएँ लोकगीतों एवं लोककथाओं के रूप में उपलब्ध हैं। इनमें से अनेक केवल मौखिक रूप से पीढ़ी-दर-पीढ़ी चली आ रही हैं। मानव विरासत के रूप में ये कथाएँ व गीत भी समान रूप से महत्त्वपूर्ण हैं। ग्रंथ उन अनगिनत बिंदुओं को संबोधित करते हैं, जो मनुष्यों के गहनतम अंतर्मन के लिए मूल्यवान् हैं। खुले मन से इन ग्रंथों का अध्ययन कर आप इनमें से आधुनिक संदर्भ में नए अर्थ तलाश सकते हैं।

— घबराना —

संकट के समय में भी घबराहट को अपने पर हावी न होने दें। शांत-भाव से संकट का सामना करें। घबराहट में अपना समय नष्ट न करें।

— घमंड —

यदि आप सफल हैं और सबसे ऊँचे पायदान पर हैं तो भी मन में घमंड न पालें। हाँ, स्वाभिमान जरूर होना चाहिए, वह भी दाल में नमक के बराबर। दूसरी ओर, अगर कभी किसी घमंडी आदमी से पाला भी पड़े तो कोशिश करें कि उसके घमंड को ठेस न पहुँचाएँ। हाँ, यदि वह आपको डराने का प्रयास करे तो बात अलग है। अकसर दुष्ट लोगों का दर्प (घमंड) जब आहत होता है तो बड़े विनाशकारी परिणाम निकलते हैं। इसका सबसे बड़ा उदाहरण है महाभारत की कथा।

— चतुराई —

सफलता के लिए चतुराई एक महत्त्वपूर्ण कारक है। प्रत्येक कार्य में चतुराई का उपयोग करना सीखें।

— चमक —

चमकनेवाली हर चीज सोना नहीं होती। लेकिन आजकल दुनिया में जनसंपर्क और बेचने की कला ने लगभग हर चीज को चमकनेवाला सोना बना दिया है। अत: सावधान रहें, नहीं तो ठग लिये जाएँगे।

— चमत्कार —

वास्तविक जीवन में कोई चमत्कार नहीं होता है, इसलिए अपने चिंतन और वास्तविक कार्यों को सदैव जारी रखें। लेकिन यदि आप आस्तिक हैं तो भगवान् से प्रार्थना भी करते रहें। यदि नास्तिक हैं तो अपने आस-पास किसी सर्वव्यापक शक्ति, जैसे—प्रकृति, ब्रह्मांड या आभासी विश्व इत्यादि का ध्यान करें और उनसे शक्ति प्राप्त करने की कोशिश करते रहें। तब आप देखेंगे कि असंभव लगनेवाले कार्य भी आसानी से हो जाते हैं। सबसे बड़े चमत्कार आप स्वयं हैं।

— चर्चा —

आधुनिक व्यापार और अच्छे समाज की आत्मा है चर्चा। केवल बोले गए शब्दों से ही चर्चा नहीं होती है। आधुनिक ई-मेल तकनीक ने लिखकर चर्चा करने के चलन को जन्म दिया है। समूह चर्चा, वीडियो के साथ चर्चा या गोष्ठियाँ कुछ नए किस्म की चर्चाएँ हैं।

चर्चा में सफलता के लिए अच्छी तैयारी करें, तथ्यों का पता लगाएँ। दूसरे क्या चाहते हैं, यह अनुमान लगाएँ। मन में संभावित प्रश्नों, उत्तरों, टीका-टिप्पणियों, प्रतिक्रियाओं आदि का खाका खींचने से चर्चा की तैयारी में मदद मिलती है। अन्य जानकार लोगों से सलाह लें। कई बार औपचारिकतावश या अहं के कारण आपको कई लोगों से अलग-अलग बात करनी पड़ती है, ताकि चर्चा के दौरान अपने विचारों को सही ढंग से व्यक्त कर सकें। ऐसा करते समय आपको सावधान रहना होगा, अन्यथा चर्चा के दौरान आप अपना ही नुकसान कर बैठेंगे और आपकी साख को बट्टा लग सकता है।

अपने दृष्टिकोण से चर्चा को सफल बनाने के लिए आपके लिए जरूरी हो

सकता है कि किसी विशेष लक्ष्य को प्राप्त कर लें या किसी समस्या को सुलझा लें, ताकि सही परिप्रेक्ष्य में स्वयं को पेश कर सकें। भले ही चर्चा का आयोजन आपने न किया हो, पर आपको सही तैयारी करनी होगी, लोगों को समझना होगा, उनके सोच एवं विचारों को समझना होगा, उनकी वाक्पटुता को समझना होगा। चर्चा के संदर्भ में आपको सही और सपाट रहना होगा, अपने मार्ग से भटकना नहीं होगा, भले ही चर्चा में शामिल लोग आपको भटकाने का प्रयास करें। आपको सभ्य और शालीन रहना होगा, भले ही कुछ मामलों में कठोरता दिखानी पड़े।

आधुनिक संसार में चर्चा की तकनीक में दक्ष होना सफलता की महत्त्वपूर्ण कुंजी है। ध्यानपूर्वक प्रेक्षण द्वारा चर्चा की सर्वश्रेष्ठ तकनीकें सीखें, अपने में सुधार करें और दूसरों से अच्छी बातें ग्रहण करें; लेकिन बहुत अधिक चौकन्ने भी न बन जाएँ। सहज रूप से अपनी बात कहें और दूसरों की सुनें।

दुर्भाग्यवश हमारे स्कूल और कॉलेज बच्चों को इस महत्त्वपूर्ण कार्य की शिक्षा नहीं देते हैं। अधिक-से-अधिक वे पुराने किस्म के वाद-विवाद का आयोजन करते हैं, जिनमें शिक्षक व छात्रों के बीच एकतरफा संवाद होता है। यहाँ तक कि घरों में भी चर्चा करने की शिक्षा नहीं दी जाती। हम सभी या तो चर्चा के मंच पर कब्जा करना चाहते हैं या फिर गिरोह बनाकर किसी लाचार इनसान को घेर लेते हैं। किंतु आज की व्यापारिक चर्चाओं, राजनीतिक, दफ्तरी या शैक्षणिक चर्चाएँ कहीं ज्यादा नपी-तुली होती हैं और उनमें विशेष दक्षताओं की जरूरत होती है। इसलिए शीघ्र-अतिशीघ्र चर्चा करने में कुशलता प्राप्त करें। कुछ टी.वी. चैनलों पर प्रसारित अच्छी चर्चाओं को देखें। उनसे चर्चा की बारीकियाँ सीखने को मिलती हैं। आप और आपके कुछ मित्र समूह बनाकर चर्चा करने का अभ्यास कर सकते हैं।

कुल मिलाकर सफल होने के लिए आपको सक्रिय और सकारात्मक रूप में आक्रामक होना पड़ेगा। यदि किसी संस्थान में या कोई बॉस ऐसी स्थितियाँ पैदा कर दे जिसमें आपको हर समय दब्बू रहना पड़े तो जल्दी-से-जल्दी बदलाव की तलाश करें और उस संस्थान से नाता तोड़ लें।

चालाक

प्रतियोगिता भरे आधुनिक संसार में आप अनेक चालाक लोगों से मिलेंगे, जो जिंदगी की सीढ़ी पर कुछ ज्यादा ही तेजी से ऊपर चढ़ जाते हैं। किसी से धोखाधड़ी करना, उसके भरोसे को तोड़ना, अपने इरादों के बारे में दूसरों को

बहकाना, किसी की पीठ में छुरा घोंपना आदि कार्य चालाकी की श्रेणी में आते हैं, इसलिए चालाकी करना नैतिकता के विरुद्ध है। किंतु चालाक लोगों को पहचानना सीखें और उनके साथ सावधानीपूर्वक बरताव करें। उनके बुने जाल में न फँसें, न ही उनकी चालाकी का शिकार बनें। साथ ही चालाक लोगों से बचने के लिए झूठे भय का शिकार भी न बनें। जीवन चालाकी और भय से कहीं ऊपर है।

— चुनौती —

प्रतियोगिता से भरे आधुनिक संसार में आपको प्रतिदिन नई-नई चुनौतियों का सामना करना पड़ता है। यदि आप सफलता के सबसे ऊँचे पायदान पर हैं तो भी आपको आगे बढ़ने के लिए स्वयं के सामने चुनौती पेश करनी पड़ती है। इलेक्ट्रॉनिक सामान बनानेवाली प्रसिद्ध कंपनी 'सोनी' के चेयरमैन अपने प्रबंधकों और कर्मचारियों को सरल सी सलाह देते रहते हैं—इससे पहले कि प्रतिद्वंद्वी हमारे उत्पादों को बेकार कर दें, हमें उन्हें बेकार कर देना चाहिए। यदि हमें सफल होना है तो आविष्कार करने की यही चुनौती हमें निरंतर अपने सामने पेश करनी चाहिए। किंतु ध्यान रखें कि फिल्मी हीरो की तरह आँखें मूँदकर जाँबाजी दिखाने से कामयाबी नहीं मिलेगी। आपको शांत और संयत होकर काम करने की जरूरत है। अकसर बुद्धिमान जन चुनौतियों को पहले ही भाँप जाते हैं। इसी को दूरदृष्टि कहते हैं। यदि आप में दूरदृष्टि है तो आप समय रहते तीव्र गति से समाधान खोज सकते हैं। आपको समस्या का पक्ष-विपक्ष बारीकी से देखना होगा, मित्रों व दल के सदस्यों से सलाह लेनी होगी, रणनीति बनानी होगी और पूरे साहस के साथ उसपर अमल करना होगा; फिर प्रत्येक चुनौती एक नया अवसर बन जाती है कि बेहतरी के लिए परिवर्तन लाया जाए, कोई आविष्कार किया जाए, सुधार किया जाए और सफल हुआ जाए। वास्तविक जीवन का अर्थ ही है नित नई चुनौतियों का सामना करना। माता के गर्भ से ही भ्रूण को चुनौतियों का सामना करना पड़ता है। अनेक शक्तियाँ उसका खात्मा करने की कोशिश करती हैं, मगर भ्रूण सब चुनौतियों को पार करता हुआ शिशु के रूप में जन्म लेता है और मनुष्य के रूप में बड़ा होने लगता है।

ध्यान रखें कि प्रत्येक चुनौती जीवन में एक नया अवसर लेकर आती है, ताकि बेहतरी की ओर अग्रसर हुआ जाए। जितनी कठिन परीक्षा होती है उतनी ही कड़ी मेहनत करनी पड़ती है उसे पास करने के लिए। प्रत्येक परीक्षा से सफलतापूर्वक गुजरकर आप और बेहतर मुकाम पर होते हैं। असफल होने पर

अपनी कमियों को दूर करते हैं। जरा उन लोगों के बारे में सोचिए जो गरीबी या अन्य कारणों से पढ़ नहीं पाते हैं और कोई परीक्षा पास नहीं कर पाते हैं। कार्यालय में भी नित नई चुनौतियाँ उत्पन्न होती हैं। बॉस हर बार पहले से कठिन काम बताता है। आप सोचते होंगे कि मैं केवल ऊँचे तबके के लोगों की बात कर रहा हूँ। हो सकता है, आपके माता-पिता गरीब हों, आप गरीब हों, ज्यादा पढ़े-लिखे न हों, घर-घर चीजें बेचने का काम करते हों और दिन भर में कमाई से ज्यादा गालियाँ खाने को मिलती हों। मैं समझ सकता हूँ कि आपके लिए स्थितियाँ कितनी कठोर हैं। दुर्भाग्य से हमारे देश में—चाहे वे नीति-निर्माता हों, मीडियावाले हों, नेता हों, अफसर हों या वैज्ञानिक—सभी बड़ी-बड़ी बातें करते हैं, ज्ञान शक्ति की बातें करते हैं, वैश्विक प्रतिस्पर्धा की बातें करते हैं, मानवाधिकारों की बातें करते हैं, जल-दोहन की बातें करते हैं, जैविक भोजन की बातें करते हैं; लेकिन उन 90 प्रतिशत युवाओं की बात कोई नहीं करता, जो इस देश के आधार हैं। इनमें यदि सत्रह वर्ष के युवाओं की बात करें तो पाएँगे कि लगभग 2 करोड़ युवा उच्च शिक्षा को चुनेंगे यानी 10 + 2 से आगे की शिक्षा। इनमें से करीब 2 प्रतिशत इंजीनियरिंग-डॉक्टरी आदि तकनीकी विषयों की पढ़ाई करेंगे और करीब 90 प्रतिशत आपकी तरह बाहर छूट जाएँगे और 70 प्रतिशत यानी लगभग 1.4 करोड़ युवा 10 + 2-तक की शिक्षा भी नहीं ले पाएँगे। उनकी तुलना में आप कहीं ज्यादा भाग्यशाली हैं और यहीं पर हमारे-आपके सामने एक बड़ी चुनौती उठ खड़ी होती है। लाखों-करोड़ों युवा ऐसे हैं, जिनके पास न शिक्षा है, न हुनर; फिर भी वे ऐशो-आराम की जिंदगी जीने के सपने देखते हैं। आपने अपनी उम्र के लोगों को देखा होगा, जो आप जैसे हालातों में पले-बढ़े और कोई ऐसा काम पकड़ लिया जो आपकी नजर में गैर-कानूनी था। पर देखते-देखते वे धनवान् बन गए। अवश्य ही आप गैर-कानूनी काम नहीं करना चाहेंगे। ऐसे में मेरा सुझाव है कि आप अपना ईमानदारी का काम करते रहें, जिससे आजीविका चलती रहे। साथ ही कुछ पैसे भी बचाएँ और कोई अच्छा हुनर भी सीखते रहें। मत सोचिए कि आपको केवल ऊँचे ओहदे पर ही काम करना है। वैसे भी ऐसी नौकरियाँ कम हो रही हैं और संगठित क्षेत्र भी केवल 10 प्रतिशत श्रम-शक्ति को ही खपा सकता है। इसलिए अपनी पसंद के किसी हुनर को सीखिए, पर ध्यान रखें कि उस हुनर की माँग हमेशा बनी रहे। कोई भी काम छोटा नहीं होता है। उद्देश्य है—धन कमाना और जब आप धन कमाने लगते हैं तो आप में आत्मविश्वास व आत्मसम्मान की भावना जाग्रत् होने लगती है। आधुनिक जीवन की चुनौती का सामना करने

के लिए धन कमाना जरूरी है। अत: अपने आपको आर्थिक रूप से मजबूत बनाएँ तथा नए-नए हुनर सीखें, ताकि और धन कमा सकें। हालात चाहे जैसे हों, कभी हिम्मत न हारें। चुनौती यही है कि आप जीवन में क्या प्राप्त करते हैं? चुनौती के बिना तो जीवन व्यर्थ ही बीत जाएगा। हमेशा याद रखें कि—

- प्रत्येक कठिनाई एक चुनौती है।
- प्रत्येक चुनौती एक अवसर है।
- प्रत्येक अवसर सफलता का स्रोत है।
- प्रत्येक सफलता आपको ऊपर ले जाएगी।

— चौराहा —

आज की दुनिया ज्ञान, दक्षता और गतिविधियों की विभिन्न दिशाओं में तेजी से आगे बढ़ रही है, इसीलिए हर दिन जीवन में एक चौराहा बन गया है। आधुनिक जीवन में केंद्रित निर्देशन के साथ-साथ लचीली सुनम्यता की भी आवश्यकता है, ताकि चौराहों पर आकर ऐसी राह पकड़ी जा सके, जिस पर नए-नए अवसर मौजूद हों। इस बात को जीवन भर याद रखें। आज अति विशेषतावाले क्षेत्रों में ज्ञान अत्यंत महत्त्वपूर्ण बन गया है। लेकिन विभिन्न विषयों व उपविषयों के चौराहों पर ढेर सारी नई नवीनताएँ उत्पन्न हो रही हैं। इसका एक उदाहरण है जैव-चिकित्सा उपकरण, जिनमें आज इलेक्ट्रॉनिक्स, नाभिकीय भौतिकी, चिकित्सा विज्ञान, निर्माण-सामग्रियों आदि का अद्‍भुत संगम देखने को मिल रहा है। विभिन्न विषयों के मिलन से यह संभव हो पा रहा है। इसलिए आपको अनेक विषयों में पारंगत होना पड़ेगा, बहुमुखी प्रतिभा से संपन्न बनना होगा। तभी आप निरंतर नवीनता को अपनाते हुए जीवन में सफल हो पाएँगे।

— छाया —

भले ही आप दल में काम कर रहे हों या किसी अच्छे बॉस के अधीन, ज्यादा लंबे समय तक दूसरों की छाया में न रहें। इस तरह आप कभी भी प्रकाश में नहीं आ पाएँगे।

— छिछलापन —

भारत में अनेक लोग हैं, जो केवल छिछले ज्ञान और सतही गतिविधियों से अपना काम चला रहे हैं। लेकिन यह लंबे समय तक चलनेवाला नहीं है। अपने

ज्ञान, कार्य-कौशल व समझ को गहराई तक विकसित करें। जीत आपकी होगी।

—— छोटी-छोटी बातें ——

दक्षता और उत्पादकता पर सर्वाधिक जोर होने के बावजूद अनेक लोग छोटी-छोटी चीजों को करने या छोटी-मोटी बातों में अपना कीमती समय गँवा देते हैं। आप चाहें तो कुछ हद तक छोटी-मोटी चीजों में शामिल हो सकते हैं, परंतु इनसे बचने की आदत डालें।

—— छोटी बातों को अनदेखा करना ——

आमतौर पर किसी भी चीज को अनदेखा करना अच्छी आदत नहीं है; लेकिन व्यावहारिक जीवन में जब परेशान करनेवाले व्यक्तियों और परिस्थितियों से पाला पड़ता है तो उन्हें अनदेखा करना ही सबसे अच्छा है। हो सकता है कि कोई व्यक्ति, जिसकी आप इज्जत करते हों, मजाकिया ढंग से बरताव करने लगे। ऐसे में पहले पता लगाने की कोशिश करें कि वह ऐसा क्यों कर रहा है? यदि कोई सुराग न मिले और ऊपर से उस व्यक्ति का व्यवहार बुरे-से-बुरा होता जाए तो उसकी अनदेखी करना ही सबसे अच्छी नीति है।

आपके पास एक दिन में, एक सप्ताह में, एक महीने में, एक वर्ष में और दरअसल इस जिंदगी में बहुत सीमित समय है। इस सीमित समय को सकारात्मक कार्यों में लगाएँ। अनावश्यक बातों या कार्यों में अपना समय और ऊर्जा बरबाद करने से अच्छा है कि उन्हें अनदेखा करें।

—— जख्म ——

जीवन कोई आसान सी चीज नहीं है। यह आपको कई सदमे और जख्म देता है। आपने भी कई जख्म खाए होंगे। इन जख्मों को कुरेदिए मत, नहीं तो ये और दु:ख देंगे। हरेक जख्म की बुनियाद पर जिंदगी की खूबसूरत इमारत का निर्माण करें। आखिर ताजमहल की बुनियाद में भी तो एक गहरा जख्म है।

—— जनता ——

यह सर्वाधिक अशुद्ध शब्द है, जिसका बीसवीं सदी के उत्तरार्ध में भरपूर उपयोग किया गया। जनता के नाम पर संविधान बनाए गए और तानाशाह फलते-फूलते गए। करों व अन्य साधनों से जनता की सेवा करने के नाम पर धन उगाहा

गया; लेकिन इनसे वही लोग धनी हो पाए, जो सत्ता में थे या सत्ता की दलाली करते थे।

न्याय के समक्ष सभी लोग बराबर हैं, किंतु न्याय के लिए अदालत की शरण में जाना ही भयावह अनुभव कराता है। कागजी कारवाई ही इतनी लंबी-चौड़ी होती है कि अच्छे-अच्छों के छक्के छूट जाते हैं। इन सबके बीच केवल दलाल लोग ही पनपते हैं। केवल कुछ गिने-चुने लोगों को छोड़कर, जो आम लोगों के साथ कार्य करते हैं, जनता की अवधारणा केवल सांख्यिकी के उद्देश्यों के लिए है या भीड़ बनानेवाले आम आदमी के संदर्भ में। मैं भाग्यशाली हूँ कि मुझे इन गिने-चुने लोगों के साथ कार्य करने का अवसर मिला है। मुझे उम्मीद है कि इक्कीसवीं सदी में इस तरह के पाखंड में कमी आएगी।

आज इस बात की अच्छी संभावनाएँ हैं कि भारत के प्रत्येक नागरिक को देश को आर्थिक मुख्यधारा में शामिल किया जा सकेगा। प्रत्येक व्यक्ति को विश्व स्तरीय कार्यकुशलता अथवा 10+2 से ऊपर विश्व स्तरीय उच्च शिक्षा प्राप्त करने का अवसर मिलेगा। प्रत्येक व्यक्ति को अच्छा जीवन, खाना-पीना, घर, कपड़े-लत्ते, कार्य व मनोरंजन उपलब्ध होगा। दूसरे शब्दों में, अधिकांश भारतीय नागरिकों को बेहतर सामाजिक-आर्थिक स्थान मिल सकेगा और उन्हें अपने स्वार्थों की पूर्ति करने के लिए आम आदमी की दुहाई नहीं देनी पड़ेगी।

ऐसी प्रक्रिया में आप में से ज्यादातर का जीवन बेहतर होगा। आम जनता की बात किए बिना हममें से हर एक दूसरे की सेवा करेगा।

जनता के प्रति इस प्रकार के नजरिए को स्थान दें, ताकि आप अपना जीवन बेहतर बना सकें और मानवता के प्रति सही सोच भी रख सकें।

— जरूरतें —

आपको अपनी जरूरतों को घटाकर न्यूनतम स्तर पर नहीं ले जाना है, बल्कि अपनी जरूरतों को बढ़ाते भी न रहें। जब कभी भी आप नई चीजों का आनंद लें तो मर्यादित रहें।

— जल —

इक्कीसवीं सदी में जल दुर्लभ वस्तु बन गया है, हालाँकि कभी यह सबसे ज्यादा सुलभ हुआ करता था। जैसे-जैसे मनुष्य तरक्की कर रहा है, ज्यादा सभ्य बन रहा है वैसे-वैसे निजी स्वच्छता, बनाव-शृंगार, पर्यावरण-संरक्षण, उद्योग,

खेती-बारी के कार्यों में जल का उपयोग बढ़ता जा रहा है। किंतु जल संसाधन सीमित हैं। अब हम केवल वर्षा के जल को ही संचित कर अपना काम नहीं चला सकते, क्योंकि मात्र दो-तीन महीने ही जमकर बारिश होती है। जब कि जल तो हमें वर्ष के बारहों महीने चाहिए। इसलिए भूमिगत जल, अवशिष्ट जल को प्रतिदिन, हर घड़ी पंप करते रहना पड़ता है। इसीलिए जल का बार-बार उपयोग जरूरी है। इसके अलावा ऐसी तकनीकों का विकास करना आवश्यक है, जो जल का कम-से-कम उपयोग करती हों, लेकिन मनोवांछित नतीजे देती हों। इनसे ही इक्कीसवीं सदी में हमारा जीवन सुगमतापूर्वक चल पाएगा।

—— जागना ——

उपनिषद् का एक महान् मंत्र है—'उठो, जागो और लक्ष्य की प्राप्ति होने तक रुको मत!' स्वामी विवेकानंद भारतीय युवाओं का इसी मंत्र के साथ आह्वान किया करते थे। इसे याद रखें। आपके भीतर अथाह शक्ति छिपी है। इसे जगाने के लिए आपको पहले स्वयं जागना होगा।

—— जागरूकता ——

शरीर को तरोताजा रखने के लिए पर्याप्त नींद आवश्यक है। किंतु जीवन में सफलता-प्राप्ति के लिए आस-पास की घटनाओं, संसार में हो रहे परिवर्तनों, उभर रहे नए अवसरों तथा उत्पन्न हो रहे नए खतरों के बारे में जागरूक होना महत्त्वपूर्ण है। इसका यह अर्थ नहीं कि अनावश्यक रूप से उत्तेजित या बेचैन हुआ जाए। सिर्फ जागरूक रहें, सतर्क रहें और शांत भाव से अवलोकन-विश्लेषण करें, चिंतन करें और अपने विकल्पों का चयन करते रहें।

—— जादू ——

भारत में ज्यादातर लोग अनंतकाल तक आलस्यपूर्ण ढंग से चमत्कारों (जादू) के होने का इंतजार करने को तैयार रहते हैं। यदि हर कोई बात ही करता रहे और कोई भी कार्य करने की दिशा में एक कदम भी न उठाए तो इसे बुरा या भयावह नहीं माना जाता है। हम ऐसे समाधान के बारे में बात करते रहते हैं, जो जीवन की सभी समस्याओं को दूर कर दे।

वहीं दूसरी ओर अगर कोई व्यक्ति किसी काम की शुरुआत कर दे तो हम कुछ समस्याओं या विफलताओं को जरा भी बरदाश्त नहीं कर सकते हैं।

हम जादू के होने का इंतजार करते हैं। किसी गाँव में कोई नया विद्यालय या कॉलेज खुला हो तो हम उसकी तुलना ऑक्सफोर्ड या आई.आई.टी. से करने लगते हैं।

जी हाँ, हम जीवन में 'जादू' का होना चाहते हैं और शायद यही कारण है कि ज्यादातर समय हम केवल बातें ही करते रहते हैं और कार्यों तथा दैनिक समय प्रबंधन की ओर जरा भी ध्यान नहीं देते हैं। बस बातें करते रहिए, कोई-न-कोई जादू हो जाएगा। भारत भी रातोरात विकसित देश बन जाएगा और तब हर कोई खुशी-खुशी रह रहा होगा।

परंतु जीवन का कटु सत्य यह है कि इसमें कोई जादू नहीं होता है। परिणाम प्राप्त करने के लिए सावधानीपूर्ण प्रेक्षण, विन्यासित चिंतन, कड़ी मेहनत और अनुभवों के आधार पर अपनी योजना के यथार्थ जीवन में कार्यान्वयन की जरूरत है। यदि कोई चीज जादू की तरह लगती भी है तो उसका कारण यह है कि जब आप केवल बातें कर रहे थे, तभी कोई दूसरा व्यक्ति चुपचाप अपने कार्यों में लगा था और फिर अचानक आपकी आँखें खुलती हैं और जादू के दर्शन होते हैं।

— जिज्ञासा —

जिज्ञासा आपको नई-नई चीजें सीखने को प्रेरित करती है। बच्चों में जिज्ञासा का बेहतरीन नमूना नजर आता है। लेकिन कभी-कभार अत्यधिक जिज्ञासा जोखिम का कारण बन सकती है।

— जीवन —

जीवन एक बहुत ही सुंदर चीज है, बशर्ते कि हम इसे सच्चे अर्थों में जीना सीख जाएँ। जीवन जीते समय हर वक्त अच्छा महसूस नहीं होता, लेकिन कुल मिलाकर जीवन एक महान् शिक्षक है। यह बहुत जटिल है। इससे भयभीत न हों। आप वास्तव में इसका आनंद लेने लगेंगे। आपके चिंतन के लिए यहाँ एक उदाहरण प्रस्तुत है।

महान् रूसी लेखक मैक्सिम गोर्की ने लिखा है—'पुस्तकों में जिस दुनिया की नवीनता और आध्यात्मिक संपदा के नशे में मैं पुस्तकों को ही सबकुछ मान बैठा, पुस्तकें मुझे लोगों से ज्यादा रोचक लगने लगीं। और मैं जिंदगी की सच्चाइयों को पुस्तकों के चश्मे से देखने लगा। लेकिन जिंदगी, जो सबसे समझदार और सबसे कठोर शिक्षक है, ने जल्द ही मेरी आँखों पर पड़े परदे को हटा दिया।'

— जीवन का विज्ञान —

मनुष्य रूप में हम सभी जैविक विकास की एक लंबी प्रक्रिया से उत्पन्न हुए हैं। इसलिए हमारा इस धरती से, महासागरों से, आसमान से, हवा-पानी से और अन्य प्राणियों से गहरा किंतु नाजुक संबंध है। हम अपने शरीर के जीव विज्ञान तथा पेड़-पौधों सहित अन्य प्राणियों के जीव विज्ञान से बहुत कुछ सीख सकते हैं। इस सिलसिले में वैज्ञानिक नियमों व सूचनाओं को जानना अत्यंत लाभदायक होगा। परंतु होता क्या है कि अकसर बहुत ज्यादा पढ़े-लिखे लोग भी स्वास्थ्य संबंधी मामलों में अज्ञानता का प्रदर्शन करते हैं। कई बार तो बेहद गंभीर चर्चाओं में ऊँचे पदों पर आसीन लोग भी एच.आई.वी. एड्स के लिए आधुनिक विज्ञान व प्रौद्योगिकी को जिम्मेदार ठहराते हैं। कुछ लोग कहते हैं कि यदि आप जड़ी-बूटियों, फूल-पत्तियों का प्राकृतिक रूप में सेवन करते रहें तो शरीर को कोई नुकसान नहीं होगा, मगर 'मानव-निर्मित' दवाएँ बुरी होती हैं। कई लोग उम्मीद करते हैं कि उनके डॉक्टर को सबकुछ पता होगा और वह किसी जादूगर से कम नहीं हैं। और यदि कुछ अनहोनी घट जाए तो यही लोग डॉक्टर को दोष देने लगते हैं। ऐसी अज्ञानता से कभी-कभार लोगों को नुकसान होने लगता है। ये लोग 'क्रैश डायटिंग' करने लगते हैं या हर किस्म की जड़ी-बूटियाँ निगलने और मलने लगते हैं।

एच.आई.वी. एड्स रोग एक वायरस (विषाणु) के कारण होता है, जो प्रकृति में पाया जाता है। हमारे चारों ओर हवा-पानी और मिट्टी में करोड़ों-अरबों विषाणु-जीवाणु मौजूद हैं। कब, कौन सा जीवाणु या विषाणु आप पर हमला करने वाला है, यह पहले से नहीं बताया जा सकता है। वैज्ञानिक विधियों से विश्लेषण करने तथा वर्षों के अनुसंधान के पश्चात् हम रोगों के उपचार ढूँढ़ सकते हैं। दशकों तक अनुसंधान करने के बावजूद हमें आज भी कैंसर रोग के मूल कारणों का पूरी तरह पता नहीं चल पाया है। हाँ, किंतु आज हमारे पास बेहतर तकनीकें हैं, जिनसे इस रोग का आरंभिक अवस्था में निदान हो सकता है, ताकि समय रहते इसका उपचार किया जा सके। किंतु हम गारंटी नहीं दे सकते कि इसका इलाज हो चुका है। हो सकता है, किसी दिन हमें इस रोग के मूल कारणों का पता चल जाए। तब कैंसर रोग लाइलाज नहीं रह जाएगा।

जहाँ तक जड़ी-बूटियों और फूलों का संबंध है, तो यह मत सोचिए कि उनमें खतरनाक या हानिकारक रसायन नहीं हैं। उनमें मौजूद तत्त्व भी कार्बनिक या अकार्बनिक रसायनों के यौगिकों के ही रूप होते हैं। एक ही पत्ती में औषधीय

और विषैले गुणोंवाले अवयव मौजूद हो सकते हैं। यहाँ तक कि कुछ खाद्य पदार्थ भी कुछ लोगों में एलर्जी पैदा कर सकते हैं। मगर इस बात की जानकारी अत्याधुनिक परीक्षण विधियों से हो पाती है। इसलिए एलर्जी की शिकायतवाले लोग इन खाद्य पदार्थों से परहेज कर सकते हैं। आज हमारे देश में चारों ओर जड़ी-बूटियों और प्राकृतिक उत्पादों के प्रति एक दीवानगी का-सा माहौल है। ऐसे में व्यापारिक बुद्धिवाले कुछ लोग हर तरह की चीजों को जबरन बेचने पर तुले हुए हैं; किंतु हमें सावधानी बरतनी चाहिए। हमें ध्यान रखना चाहिए कि आयुर्वैदिक, सिद्ध या यूनानी मानक दवाएँ भी किसी योग्य चिकित्सक की देख-रेख में लें। यहाँ तक कि वर्षों की साधना के बाद मानकीकृत वैकल्पिक चिकित्सा-पद्धतियों को भी विशेषज्ञों की देखरेख में ही आजमाना चाहिए। कहने का तात्पर्य यह है कि आपको अपने शरीर के बारे में सावधान रहना चाहिए और सावधानीपूर्वक उसकी रक्षा करनी चाहिए। आपका शरीर बहुत मूल्यवान् और सुंदर है। आपकी सभी सफलताएँ आपके स्वस्थ एवं जीवंत शरीर पर निर्भर हैं।

जीव विज्ञान से अनेक रुचिकर जानकारियाँ भी मिलती हैं। जटिल प्रणालियों की अधिकांश वृद्धि-प्रक्रियाएँ जैविक प्रणालियों से काफी हद तक मिलती-जुलती हैं। गर्भ-शिशु-बालक-किशोर-वयस्क-प्रौढ़-वृद्ध, जहाँ विचारों को जन्म लेने में 'क्लिक' (क्षण मात्र) का समय लगता है (यथा गर्भ में निषेचन प्रक्रिया), पर उसे साकार रूप लेने में कहीं अधिक समय लग सकता है। इसलिए यदि आप कोई आविष्कार करना चाहते हैं तो आप में धैर्य और अथक प्रयास करने की क्षमता होनी चाहिए। विचार की गर्भावस्था के दौरान आपको धैर्यपूर्वक प्रतीक्षा करनी होगी। 'प्रकाश की गति से व्यापार' आँकड़ों के स्थानांतरण पर तो लागू हो सकता है, मगर ज्यादातर अन्य व्यापारों के जमने में समय लगता ही है, चाहे वह बिक्री हो, विपणन हो, ग्राहकों का विश्वास हो या अनुसंधान एवं विकास हो। हमेशा याद रखें—

इलेक्ट्रॉनिक प्रणाली—ऑन/ऑफ करने में सेकंड लगते हैं।

यांत्रिक प्रणाली—ऑन/ऑफ होने में सप्ताह/माह लगते हैं (परिवर्तन पूर्णतः परिवर्तनीय नहीं)।

सामाजिक प्रणाली—परिवर्तन में वर्षों लगते हैं (अपरिवर्तनीय परिवर्तन)।

सफलता हेतु रणनीतियाँ तय करते वक्त समय की इन पाबंदियों को हमेशा याद रखें।

— ज्ञान —

आज हमें 'ज्ञान-आधारित समाज', 'ज्ञान-शक्ति' जैसे शब्द सुनाई पड़ते हैं। हमें ऐसे वक्तव्य भी सुनाई पड़ते हैं—'हमारे देश में जीवन के लिए जरूरी ज्ञान सर्वदा से था और इसलिए हमारे लिए ज्ञान में दक्ष होना आसान है।'

फिर हम 'पारंपरिक ज्ञान' जैसे शब्द भी सुनते हैं। कुछ लोग तो यहाँ तक मानते हैं कि हमारे पुराणों में वर्णित पुष्पक विमान और ब्रह्मास्त्र आज के हवाई जहाज और परमाणु बम ही थे। सभी रोगों के उपचार हमें ज्ञात थे। यदि हम यह पूछें कि ये सभी चीजें कहाँ और क्यों गायब हो गईं? तो कोई संतोषजनक उत्तर नहीं मिल पाता है।

फिर बारी आती है आध्यात्मिक ज्ञान और विवेक की। तो यहाँ भी हमें सभी कुछ ज्ञात था।

आइए, इस सबकी विवेचना की जाए। सबसे पहले अध्यात्म को लेते हैं।

सहस्राब्दियों से केवल भारत में ही नहीं बल्कि संसार के अन्य भागों में भी अध्यात्म की चर्चा होती रही है। भारत की विशेषता यह है कि यहाँ पर उत्कृष्ट साहित्य उपलब्ध था, जिसमें अध्यात्म को गहराई से समझाया गया है और आध्यात्मिक ज्ञान की परंपरा भारत में आज भी कायम है। आध्यात्मिक ज्ञान प्राप्त करने के विभिन्न मार्ग बताए जाते हैं। सूफी जैसे अन्य धर्मों और संस्कृतियों के संपर्क में आने पर यहाँ अनेक नए परीक्षण भी किए गए। रामकृष्ण परमहंस ने इसलाम व ईसाई धर्मों तथा भारत में प्रज्वलित विभिन्न संप्रदायों के मार्गों के साथ भी परीक्षण किए। श्रीअरविंद ने नई अवधारणाओं का प्रतिपादन किया और आज भी अनेक पंथ सक्रिय हैं।

मेरी तुच्छ बुद्धि में यही समझ आता है कि आध्यात्मिक ज्ञान व्यक्ति के भीतरी अंतरिक्ष को जानने का नाम है—अर्थात् स्वयं के बारे में जानना और ब्रह्मांड के संदर्भ में स्वयं को देखना। इस समझ के विभिन्न पक्ष हैं, जिनका विभिन्न पंथ अनुसरण करते हैं।

लेकिन यह कहना कि ऐसे आध्यात्मिक ज्ञान से संपन्न व्यक्ति सभी कुछ जानता होगा; उसे भौतिकी के नियमों, चिकित्सा विज्ञान, अर्थशास्त्र, कानून, संगीत आदि सभी विषयों की जानकारी होगी, हास्यापद लगता है। जहाँ तक मुझे जानकारी है, अध्यात्म के किसी भी महान् गुरु ने सर्वज्ञाता होने का दावा कभी नहीं किया। हो सकता है कि उनके चारों ओर मिथक बनते गए और ऐसी कहानियाँ बुनी जाने लगीं। इन गुरुओं को मानव मन और चेतना तथा ब्रह्मांड के साथ इनके संबंध का

गहरा ज्ञान था। उनका ज्ञान जीवन की दैनिक बारीकियों से परे था। शायद इसमें जीवन और उसके अस्तित्व का अर्थ समझाया गया था। वैदिक साहित्य में हम 'अपरा ज्ञान' और 'परा ज्ञान' जैसे शब्द पाते हैं। परा ज्ञान आध्यात्मिक था; जबकि कृषि, कला इत्यादि जैसे सांसारिक ज्ञान अपरा की श्रेणी में आते हैं। इनका इस दुनिया में जीने और शरीर व इंद्रियों के माध्यम से सांसारिक सुखों को भोगने से संबंध है, क्योंकि परा ज्ञान मिल गया। इसका अर्थ यह नहीं कि अपरा ज्ञान अपने आप आ जाएगा।

वेदों में कुछ श्लोकों का अर्थ है कि केवल अपरा ज्ञान प्राप्त करनेवाले लोग अंधकार में जाते हैं और केवल परा ज्ञान प्राप्त करनेवाले तो और भी अंधकार में जाते हैं।

हमारे पूर्वजों ने इस संसार में अच्छे जीवन को आदरपूर्ण स्थान दिया है। साथ ही आध्यात्मिक ज्ञान के भीतरी संसार को टटोलने पर भी जोर दिया है, ताकि संतुलन कायम हो सके। इसीलिए धर्म, अर्थ, काम और मोक्ष को समग्र रूप में प्रस्तुत किया गया है।

आइए, अब पारंपरिक ज्ञान की चर्चा करें। प्राचीन भारत में जीवन का आनंद लेने और इससे ऊपर उठने के बीच संतुलन कायम करना सीख लिया गया था। साधारण लोगों के पास भी काफी अच्छा व्यावहारिक ज्ञान था। यहाँ के लोग बढ़ईगिरी, धातु-विज्ञान, बुनाई, प्राकृतिक रसायनों, औषधियों आदि के निर्माण में दक्ष थे। किंतु हमें यह अहं या वहम नहीं पाल लेना चाहिए कि केवल भारत में ही ऐसा पारंपरिक ज्ञान था। ज्यादातर प्राचीन लोगों ने समृद्ध ज्ञान व दक्षता आधारों को विकसित किया था और उनका आपस में आदान-प्रदान भी करते थे। अवश्य ही कुछ ज्ञान व दक्षता कबीले या समूहों के भीतर गोपनीय रखे जाते थे और गोपनीयता की कड़ी शर्तों पर ही नई पीढ़ी को दिए जाते थे। उनमें से कुछ आज भी जीवित परंपरा के रूप में शेष हैं। लेकिन ज्यादातर नष्ट हो गए। आज जो कुछ भी पारंपरिक ज्ञान उपलब्ध है, वह आधुनिक ज्ञान और दक्षता आधारों के कारण लुप्त होता जा रहा है; क्योंकि दुनिया व मानव समाजों पर इसी आधुनिक ज्ञान और दक्षता का वर्चस्व है।

उन्नीसवीं सदी के दौरान आधुनिक विज्ञान व तकनीकी ने प्राचीन ज्ञान-प्रणालियों को जबरदस्त चुनौती दी। आधुनिक विज्ञान व तकनीकों तथा उन्हें फैलानेवाले दार्शनिकों व लेखकों को प्राचीन प्रणालियों से चिढ़ भी थी, जिन्हें वे वैज्ञानिक विधियों पर आधारित नहीं मानते थे। विज्ञान व तकनीकी का नारा था—

हम दुनिया को बदल डालेंगे।

विज्ञान व तकनीकी तथा इसके कारण आनेवाली संपन्नता की बढ़ोतरी का मानव इतिहास में कोई सानी नहीं है। विज्ञान, तकनीकी व आधुनिक अर्थशास्त्र के परिणाम हर व्यक्ति तक पहुँचे। लोगों की महत्त्वाकांक्षाएँ बढ़ीं और उनकी पूर्ति भी हुई।

मगर अफसोस, मानव ज्ञान के घातक पक्षों ने भी अपना बदनुमा चेहरा दिखाया है। द्वितीय विश्वयुद्ध और अगस्त 1945 में जापान के हिरोशिमा व नागासाकी नगरों पर गिराए गए परमाणु बम ज्ञान के दुरुपयोग की कथा कहते हैं और अब तो मिसाइलों के, परमाणु बमों के और परमाणु बम लगी मिसाइलों के अंबार लगे हुए हैं। संसार के कई हिस्सों में छोटी-मोटी लड़ाइयाँ आज भी चल रही हैं।

सबसे बुरा पक्ष यह है कि अब प्राकृतिक पर्यावरण भी पलटवार कर रहा है। प्रदूषण, जलवायु-परिवर्तन के दुष्प्रभाव यहाँ-वहाँ प्रकट हो रहे हैं। अनेक पुरानी बीमारियों पर काबू पा लिया गया है; लेकिन कैंसर, हृदय रोग, तनाव, एड्स, बर्ड फ्लू जैसी नई लाइलाज बीमारियाँ सिर उठा रही हैं।

मनुष्य जीवन-शैली को आधुनिक बनाने की दौड़ में लगा है। प्रकृति के अनुकूल विधियों को खोज रहा है और इसी प्रयास में पारंपरिक ज्ञान-स्रोतों को खँगाला जा रहा है। ऐसा नहीं है कि हम प्राचीन कालीन जीवन-शैली को अपना लेंगे, लेकिन अपने पूर्वजों से कुछ सीख तो जरूर सकते हैं। अपने स्वभाव में कुछ विनम्रता तो अपना सकते हैं। कुछ अतिवादी लोग आधुनिक विज्ञान व तकनीकी का मजाक उड़ाने लगे हैं। वे जरूर झूठे सिद्ध होंगे।

आधुनिक संदर्भ में पारंपरिक ज्ञान को समझने और मानव-कल्याण में उनका उपयोग करने का अच्छा अवसर है। इनका उपयोग कर अच्छे व्यापार व रोजगार के नए अवसर पैदा किए जा सकते हैं। प्राचीन लोगों के ज्ञान के दोहन के नवीन तरीकों का पता लगाएँ, ग्रामीण क्षेत्रों का दौरा करें। अपने अनुभवों को डिजिटल कैमरे और टेपरिकॉर्डर में दर्ज करें। उन्हें ज्ञान के रूप में संचित करें।

ज्ञान के आधुनिक स्वरूप ज्यादातर वैज्ञानिक विधियों पर आधारित हैं। अर्थशास्त्र में गणित और वैज्ञानिक सूत्रों से विश्लेषण किया जाता है। राजनीति-विज्ञान में भी भौतिकी की भाँति मॉडल विकसित किए जा रहे हैं। जीव-विज्ञान के क्षेत्र में विस्फोटक गति से भी भौतिकी की भाँति मॉडल विकसित किए जा रहे हैं। जीव-विज्ञान के क्षेत्र में विस्फोटक गति से प्रगति हो रही है। इन नए ज्ञान व दक्षता

आधारों में महारत हासिल करना जरूरी है। लेकिन विडंबना है कि भारत में इस ज्ञान तक केवल मुट्ठी भर लोगों की पहुँच है।

लगभग 1.5 प्रतिशत भारतीय छात्र उच्च व्यावसायिक शिक्षा प्राप्त कर पाते हैं। 8-9 प्रतिशत डिग्री या डिप्लोमा जैसी मध्यम दर्जे की शिक्षा पाते हैं। लगभग 40 प्रतिशत युवक कार्य करते हुए व्यावसायिक ज्ञान अर्जित करते हैं। यदि उन्हें आधुनिक समाज में सही भूमिका निभाने का अवसर मिले तो वही भारत को गरीबी से छुटकारा दिलाने और आर्थिक संपन्नता दिलाने के लिए काफी होगा।

आधुनिक ज्ञान व दक्षताओं को हासिल करने में ध्यान दें। इसका अर्थ केवल बेतरतीब अध्ययन करना या इंटरनेट सर्फिंग ही नहीं है। इसके लिए एकाग्र अध्ययन करना होगा, जो आधुनिक वैश्वीकृत समाज के लिए प्रासंगिक हो। आपको ऐसा ज्ञान प्राप्त करना चाहिए और आप जीवन भर ज्ञान एवं दक्षता हासिल करने के प्रयास करते रहें। आपको शैक्षणिक संस्थाओं की ज्यादा स्वायत्तता के लिए संघर्ष करना होगा, ताकि भारतीय युवक-युवतियाँ वास्तविक आविष्कारक व रचनात्मक ज्ञान तथा दक्षता प्राप्त कर सकें।

— ज्योति —

अपने भीतर केवल दीपक ही न रखें, बल्कि ज्योति भी प्रज्वलित करें। ज्योति का अर्थ है—जीवन से प्यार, सीखने से प्यार और सफलता के लिए प्यार। यह आपके भीतर की ज्योति है, जो आपको सफलता-प्राप्ति के लिए प्रेरित करती है। आपके भीतर की ज्योति दूसरों के लिए भी प्रकाश करती है और इस तरह उन्हें भी सफलता दिलाती है। अपनी इस ज्योति को विनाशकारी उद्देश्य से इस्तेमाल न करें। अपने जीवन को बेहतर व गतिशील बनाने के लिए इसका उपयोग करें।

— झपकी —

मनुष्य ने अपने पूरे इतिहास में इतनी भाग-दौड़ नहीं की जितनी उसे आज करनी पड़ती है। तन-मन और मस्तिष्क को आराम देने के लिए आज व्यक्ति के पास समय ही नहीं है। ऐसे में जहाँ कहीं अवसर मिलता है, लोग झपकी लेने लगते हैं; जैसे—बस, ट्रेन या हवाई जहाज से यात्रा कर रहे हैं या ड्राइवर द्वारा चलाई जानेवाली अपनी कार में हों। आज कई कमउम्र युवा भी अपनी कारें चलाने के लिए ड्राइवर रख रहे हैं, पर जब भारत सच्चे अर्थों में विकसित बन जाएगा तब यह सुख उपलब्ध नहीं रहेगा, क्योंकि तब ड्राइवर रखना महँगा सौदा हो जाएगा।

फिर भी, जहाँ भी अवसर मिले, झपकी ले लेना अच्छा होता है। लेकिन यदि किसी मीटिंग में बैठे हों तो झपकी लेना हितकर नहीं होगा। इसमें अगर नींद का झोंका आए तो बाहर जाकर ठंडे पानी से मुँह धो लें। लेकिन चाहे आप बहुत ऊँचे पद पर पहुँच जाएँ तो भी मीटिंग में झपकी लेना खतरनाक होगा। लेक्चर हॉल, सेमिनार, कार्यशालाओं में भी झपकी लेना अच्छी बात नहीं है और आजकल तो सभी जगह छिपे कैमरे लगे रहते हैं। ऐसे में आपको अटपटी स्थिति का सामना करना पड़ सकता है। अत: बाहर जाकर ताजा हो लेना बेहतर होगा। नींद से बचने के लिए कॉफी या अन्य उत्तेजक पदार्थों का सहारा लेना भी ठीक नहीं है। यदि आप अकसर उनींदापन महसूस करते हैं तो इसका कारण पर्याप्त नींद की कमी हो सकता है। अपने शरीर की जरूरतों के अनुसार नींद लें। घड़ी की सुइयों के हिसाब से अपनी नींद तय न करें। अगर आपके तन को पूरा आराम मिलता है तो आप उनींदापन नहीं महसूस करेंगे।

— टीम वर्क —

आज फिल्म जैसे प्रचार माध्यमों में नायक-नायिका की छवि को इतना बढ़ा-चढ़ाकर पेश किया जाता है कि लगता है कि वे सुपरमैन या सुपरवीमेन हैं। मगर असल जिंदगी में कोई भी ऐसा क्षेत्र नहीं है, जिसमें कोई अकेला आदमी बेड़ा पार लगा दे। विश्व में ज्यादातर उपलब्धियाँ 'टीम वर्क' या मिल-जुलकर काम करने से मिली हैं। सदियों पहले जब वैज्ञानिक कार्यों या व्यापार की गति आज जितनी तेज नहीं थी, तभी सर आइजक न्यूटन ने कहा था, "मैं दूसरों के कंधों पर चढ़कर इतना ऊँचा देख पाया हूँ।" आधुनिक युग में भी मिल-जुलकर कार्य करने का कोई विकल्प नहीं है। आपने रथयात्रा के दौरान सैकड़ों लोगों को एक साथ रथ खींचते देखा होगा। आपने गौर किया होगा कि रथ को गति देने में उनके कार्यों के बीच कितना अच्छा समन्वय होता है। ऐसा लगता है जैसे पानी की लहर चली आ रही हो। ऐसा ही समन्वय तब देखने को मिलता है जब लोग कीचड़ में धँसी गाड़ी को निकालने की कोशिश कर रहे हों। ऐसा ही समन्वय व्यापार में भी दिखना चाहिए। मान लीजिए, आप कोई नया उत्पाद बनाने जा रहे हैं। यहाँ उत्पाद को बाजार में पेश करने तक कई सारे कार्य एक साथ निबटाने होंगे, जैसेकि बाजार के चलन का अंदाजा लेना, धन जुटाने हेतु प्रस्ताव तैयार करना, लोगों को काम पर लगाकर उत्पाद तैयार करवाना आदि। उन सभी कार्यों के बीच एकदम सही तालमेल होना चाहिए।

किंतु दुर्भाग्य है कि स्कूल-कॉलेजों और घरों में भी हम मिल-जुलकर कार्य करने पर जोर नहीं देते हैं। हर किसी को नेता बनने की शिक्षा दी जाती है और हर कोई नेता बनना चाहता है। आधुनिक दलगत कार्य किसी नेता व उसके अनुयायियों के समान नहीं है। किसी दल में शामिल होने के लिए आपके पास सही और पर्याप्त हुनर होना चाहिए। अपनी-अपनी क्षमता में हर व्यक्ति नेता है, मगर सभी संपर्क में हैं। आपके दल के सभी सदस्य आपके सहकर्मी हैं। कॉलेजों में विद्यार्थी आपस में मिलकर किसी विषय पर चर्चा करते हैं और नोट्स मिल-बाँटकर पढ़ते हैं, ताकि सभी विद्यार्थी एक ही स्तर का ज्ञान प्राप्त कर सकें। आपको अपने सहकर्मियों का सम्मान करना चाहिए। नैतिक मानकों की समझ विकसित करें। सदा काम-ही-काम नहीं, कुछ-कुछ व्यक्तिगत संवाद की आवश्यकता भी पड़ती है। अवश्य ही कुछ लोग आपके गहरे मित्र भी होंगे, जो हो सकता है, आपके संगठनात्मक दल के सदस्य न हों। अच्छे सहकर्मी होना, उनके साथ ज्ञान बाँटना, कार्य-कौशल बाँटना तथा संगठनात्मक व्यवहार के गौण तत्त्व आपकी अपनी सफलता के लिए अनिवार्य हैं। अब तो बड़ी-बड़ी कंपनियाँ भी इस बात को लेकर चिंतित रहती हैं कि कैसे अपने प्रतिभावान् कर्मियों को अपने यहाँ रोक के रखा जाए। इसके चलते पुराने जमानेवाला ढाँचा छिन्न-भिन्न हो रहा है, जब नौकरियाँ कम थीं और कर्मचारी सरकारी कायदे-कानूनों से बँधे रहते थे और सरकारी महकमों में जमे रहते थे। आज के ज्ञान-दक्ष समाज में केवल हाथ-पैरों से काम करना ही काफी नहीं है। आप किसी चक्के की तीली मात्र नहीं हैं। हालाँकि काम और समय की पाबंदियों के चलते आपको किसी नौकरी में रोजाना एक ही कार्य करते रहना पड़ता है, लेकिन फिर भी आधुनिक समाज में ऊँचे दर्जे के हुनर और ज्ञानवाले व्यक्ति की कद्र है। कार्य की सफलता के लिए प्रत्येक व्यक्ति महत्त्वपूर्ण है। उत्पादकता और आर्थिक कुशलतावाले नए मंत्र बन गए हैं। कार्य-प्रक्रियाएँ ऐसी हैं कि उन्हें निबटाने के लिए बहुत लोगों की जरूरत नहीं पड़ती है। इसलिए बहुत सावधानी से लोगों को नियुक्त किया जाता है और कम-से-कम लोगों को रखा जाता है, इसलिए प्रत्येक व्यक्ति बहुमूल्य है। ज्यादातर संस्थानों में कार्मिक प्रबंधन तेजी से बदलता जा रहा है, कर्मियों की देखभाल और उन्हें थामे रखने पर ज्यादा ध्यान दिया जा रहा है। इन सबके बावजूद आधुनिक तकनीक—व्यापार के चक्र—ऐसे हैं कि कुछ लोगों को ताउम्र एक ही संगठन में रहना पड़ता है। ज्यादातर लोग कुछ वर्षों में ही नौकरी बदल लेते हैं। यहाँ तक कि स्वरोजगारी भी अपने व्यापार

को बदल लेते हैं। अनेक कम पूँजी से शुरू किए गए व्यापार को ऊँची कीमत पर बेचा जाता है। जब भी कोई उद्यमी नया व्यापार करता है तो उसे अपने दल में नए विशेषज्ञों की जरूरत पड़ती है। इसलिए नई दुनिया में आपको हमेशा नए सहकर्मियों के साथ कार्य करने के लिए तत्पर रहना पड़ता है, जो नई पृष्ठभूमि और संस्कृतियों से संबंध रखते हैं। पुराने जमाने में आप बाईस-पच्चीस वर्ष की उम्र में नौकरी में लगते थे, नए सहकर्मियों को देखते-भालते थे, काम सीखते थे और तबादला होने के पश्चात् भी उसी संगठन में कार्य करते रहते थे। जब आपका पद बढ़ता है और आप नए स्थान पर जाते हैं तो नए सहकर्मियों से मिलते हैं। अकसर लोगों के पद नियत होते हैं। इस तरह कि आप अपने मातहत लोगों से अपने आदेश आसानी से मनवा सकते हैं। किंतु आधुनिक जमाने में व्यापार जगत् में दल का संगठनात्मक ढाँचा ऐसा होने जा रहा है, जिसमें वेतन भले ही कम-ज्यादा हो, पर ओहदों में ज्यादा ऊँच-नीच होगी। निश्चित ही आप अपने जीवन में विभिन्न पड़ावों पर नए-नए लोगों से मिलेंगे। बहरहाल, आप अधिकारी से ज्यादा सहकर्मी के रूप में कहीं ज्यादा प्रभावी होंगे—अर्थात् आपको निरंतर अच्छा सहकर्मी बने रहना होगा। मगर इसका अर्थ यह नहीं कि आप चापलूस बन जाएँ। तभी आप अपना व अपने संगठन का भला कर पाएँगे।

— टेलेक्स —

आजकल अनेक चीजें दूर से ही हो जाती हैं। कह सकते हैं कि घर बैठे-बैठे ही हो जाती हैं। केवल टेलीफोन और टेलीविजन ही नहीं, आज टेलीकॉन्फरेंसिंग, टेलीमेडिसिन, टेलीबुकिंग, टेलीबैंकिंग आदि शब्द भी आम हो गए हैं। सूचना व संचार तकनीकों (आई.सी.टी.) के विकास ने इसमें उत्प्रेरक की भूमिका निभाई है। आप इन तकनीकों में दक्षता प्राप्त करें।

— डटना —

अपने कार्य में डटना सीखें। विफलताओं के बावजूद डटे रहें। अवश्य ही यह विश्लेषण करना भी जरूरी है कि विफलता कार्य में उपस्थित कमियों के कारण मिली या परिस्थितियों को समझने में चूक हुई। इसी के अनुसार आपको कार्ययोजना के बीच-बीच में सुधार भी करना होगा तथा फिर प्रयास जारी रखना होगा। यह अक्लमंदी के साथ डटने के लिए जरूरी है। इस तरह टिककर कार्य करने से सफलता अवश्यंभावी है।

— डर —

कुछ लोग डरावनी कहानियाँ पढ़ना चाहते हैं, कुछ लोग डरावनी फिल्में देखना चाहते हैं; लेकिन चाहते हैं कि डर केवल कल्पना-लोक तक सीमित रहे।

हम इस अर्थ में भाग्यशाली हैं कि हमें लड़ाई और आतंकवाद, गृहयुद्ध और यहाँ तक की प्राकृतिक आपदाओं के डर का रोज-रोज सामना नहीं करना पड़ता है। ऐसे देशों में जहाँ लड़ाई छिड़ी हो, आतंकवाद या गृहयुद्ध चल रहा हो वहाँ लगातार डरकर जीना पड़ता है। मनुष्य में अद्भुत क्षमता है कि ऐसी विकट परिस्थितियों में भी वह अपनी आशाओं पर कायम रहता है और जब सामान्य स्थिति बहाल होती है तो अपने मन से डर को निकालकर नए सिरे से जिंदगी शुरू करता है।

मैंने गुजरात में भूकंप के बाद तथा नागापट्टीनम में सुनामी के बाद लोगों को देखा है। उन लोगों के घर-बार तबाह हो गए और प्रियजन मौत के शिकार हो गए थे, लेकिन उन्होंने जिस तरीके से नए सिरे से अपना जीवन शुरू किया, वह आश्चर्यजनक रूप से सराहनीय है।

वास्तविक जीवन में भय की सबसे बड़ी काट है—आशा। भगवान् न करे कि आपको कभी डर का सामना करना पड़े; लेकिन यदि कभी ऐसा होता है तो आशा का दामन कभी न छोड़ें। जीत आपकी होगी और आप फिर दूसरों की मदद भी कर सकेंगे।

— तकनीकी —

यह कुछ जटिल शब्द है, मगर सूचना तकनीकी के अलावा भी कई और तकनीकें हैं, जो हमारे जीवन का अंग हैं। इन तकनीकों की क्षमताओं और सीमाओं के बारे में भी जानें। जीवन में अधिकाधिक लाभ लेने के लिए सर्वश्रेष्ठ तकनीकों का उपयोग करना सीखें। आपको प्रत्येक तकनीक के अनुसार अपने जीवन में फेर-बदल करना होगा, अपनी जीवन-शैली और काम करने के ढर्रे को बदलना होगा। यदि आप स्वयं को ढाल नहीं सकते हैं तो मनचाहे परिणाम भी नहीं प्राप्त कर सकते हैं।

— तत्परता —

आपको कार्य करने के लिए हमेशा तत्पर रहना होगा; मगर हर काम में और हरेक व्यक्ति के लिए अपनी ऊर्जा को व्यर्थ न करें। अपने लक्ष्य पर केंद्रित

हों। उनके भीतर ही नए उत्तरदायित्वों को लेने में तत्परता दिखाएँ। आप हमेशा ऊपर उठेंगे।

— तनाव —

तनाव भी आधुनिक जीवन का अंग है। समय पर काम खत्म करने का दबाव एक प्रमुख तनाव है। समय मूल्यवान् है। इसे सही ढंग से इस्तेमाल करने का दबाव सदैव बना रहता है और फिर जीवन में प्रत्याशाओं व महत्त्वाकांक्षाओं का दबाव हमें आगे बढ़ने के लिए प्रेरित करता है। कई तरह के डर भी हमें सताते रहते हैं। इनके अलावा हममें से अनेक लोग अनियमित आदतों के शिकार बने रहते हैं। न समय पर खाना, न सोना—कुछ भी नियमित नहीं। कुछ लोग जबरन व्यायाम करने का दबाव अपने ऊपर डाले रहते हैं, जैसे कि इसे नियत समय में पूरा करना हो। कुछ लोग खाने-पीने में अति कर देते हैं। आधुनिक जीवन के तनाव को कम करने का यही उपाय है कि स्वयं को ज्यादा-से-ज्यादा संतुलित रखा जाए। इसका सबसे अच्छा नियम है—निडर बनो, सकारात्मक बनो और नियमित आदतें डालो।

— तरंग —

समुद्र की सतह पर तरंगें खाली प्लास्टिक की बोतल को ऊपर-नीचे तैराती रहती हैं। समुद्र बिलकुल अशांत है और अपनी तरंगों को आगे-पीछे चलाता रहता है। वास्तविक जीवन में भी फैशन और सनक की तरंगें आती-जाती रहती हैं। हो सकता है कि आपको कोई फैशन अपनाना पड़े या किसी सनक पर विचार भी करना पड़े, ताकि आप आधुनिक जीवन का अंग लग सकें। किंतु उनकी रौ में बह मत जाइए। फैशन या तरंग जीवन का अंत नहीं है।

— तर्क —

जीवन में प्रश्नों के उत्तर तलाशने में तर्क सबसे शक्तिशाली औजार है। आपका अनेक ऐसी चीजों से सामना होगा, जो तर्क से परे लगती हैं। तर्क में स्थिर होते हुए भी जीवन में संतुलन स्थापित करना सीखें।

— तर्कशीलता —

तर्कसंगत सोच और विधियाँ वैज्ञानिक विधि के निकट हैं। दरअसल तर्कवाद

के दार्शनिक समूहों ने ही आधुनिक विज्ञान को जन्म दिया है। आधुनिक विज्ञान और मानव ज्ञान व कार्यों के अनेक क्षेत्रों में इसका विस्तार अतीत में प्रचलित तर्कवाद मात्र से कहीं आगे पहुँच गया है। इस विस्तार ने अतीत में प्रचलित तर्कवाद को काफी पीछे छोड़ दिया है। लेकिन अभी भी तर्कशीलता का उतना ही महत्त्व है। पर भारत जैसे अनेक देशों में तर्कशीलता को प्रबल प्रतिरोध झेलना पड़ता है। यह भी आवश्यक है कि तार्किक विश्लेषण से परे भी मानव मन के अनेक आयाम हों। इसलिए 'तार्किक दृष्टिकोण' के प्रति आप संकीर्ण रुख न अपनाएँ। वास्तविक जीवन की जटिलता और विविधता को समझें।

—— तिकड़में ——

प्रतियोगी संसार में लोग एक-से-एक तिकड़में करते हैं। ऐसे तिकड़मबाज लोगों से आप बच नहीं सकते हैं; लेकिन सतर्क रह सकते हैं, ताकि उनके जाल में न फँसें। दूसरों के साथ तिकड़म करने से बचें। इससे लंबे समय में आपको काफी लाभ होगा।

—— तुरंत ——

तुरंत सीखने की आदत डालें, तुरंत गतिशील बनें। किसी के प्रश्नों का तुरंत उत्तर न दें, सिवाय कुछ विशेष परिस्थितियों के, जहाँ जल्दी उत्तर देने जरूरी हों और जब कोई व्यक्ति बोल रहा हो तो तुरंत प्रत्युत्तर के लिए उसे बीच में न टोकें, भले ही वह अपनी बातों को दोहरा रहा हो। अकसर लोग—विशेषकर खाते-पीते भारतीय लोग—बोलने का अवसर चाहते हैं। उन्हें स्वयं को व्यक्त करने की संतुष्टि प्रदान करें।

—— तौर-तरीके ——

जीवन में सफलता के लिए अच्छे तौर-तरीके बहुत महत्त्वपूर्ण हैं। मगर अच्छे तौर-तरीके क्या हैं, जटिलताओं से भरी आज की जिंदगी में जानना मुश्किल है, जहाँ विविध संस्कृतियों का संगम होता है। बहुराष्ट्रीय कंपनियाँ तौर-तरीकों के लिए सर्वश्रेष्ठ मानदंड अपनाती हैं। विभिन्न देशों में तौर-तरीकों में फर्क हो सकता है। भारत जैसे बड़े देश में तो ये विभिन्नताएँ स्पष्ट दिखती हैं। यदि आपकी प्रेक्षा-शक्ति तीक्ष्ण है तो आप जान सकते हैं कि क्या अच्छे तौर-तरीके हैं। यदि आपका दिल-दिमाग खुला है तो आप उन्हें तुरंत सीख सकते हैं।

— दक्षता —

जो कार्य आपको करने हैं, उन सभी में दक्षता हासिल करने की कोशिश करें, उसे अपने जीवन का अंग बना लें। स्वयं अपने मालिक बनें, तब वह 'सबका मालिक' हमेशा आपके साथ होगा।

— दब्बू —

अनेक स्कूलों और कार्यालयों में छात्र या कर्मचारी से दब्बू बने रहने की आशा की जाती है; पर इसे अपना स्वभाव न बना लें, क्योंकि यदि आप दब्बू बन गए तो या तो आपको अनदेखा कर दिया जाएगा या कुचल दिया जाएगा। आज यह भी जानना चाहिए कि दुनिया का वैश्वीकरण हो रहा है और बहुसांस्कृतिक माहौल में चर्चाएँ होती हैं। ऐसे में अंग्रेजी बोलने-समझने का महत्त्व अपनी जगह कायम है। वहीं अगर आप चर्चा में शामिल किसी अन्य संस्कृति के व्यक्ति की भाषा के कुछ शब्द या मुहावरे बोल सकें तो उसकी दृष्टि में आपका सम्मान कई गुना बढ़ जाएगा। पर इसे अपना एकमात्र ध्येय न बना लें। यह भोजन में मसाले की तरह है। चर्चा में इसे आजमाने से रवानी आ जाती है और अंततः आपकी सफलता सुनिश्चित होती है।

— दम-खम —

सफलता के लिए दम-खम जरूरी है। आंशिक तौर पर यह आपके शरीर से आता है, पर ज्यादातर यह मानसिक शक्ति से आता है। लेकिन अपने शरीर का पूरा ध्यान रखें, क्योंकि दम-खम का यही आधार है।

— दया —

अन्य लोगों व जीव-जंतुओं के प्रति दयालु होना अच्छी बात है। यह आपको आनंददायक प्रसन्नता देता है। लेकिन जब आप जीवन में समस्याएँ झेल रहे हों, दूसरे आपके प्रति दयालु न हों, बल्कि क्रूर भी हों तो ऐसे में दूसरों के प्रति दयालु होना आसान नहीं है।

जो लोग आपके प्रति क्रूर हैं, उनके लिए भले ही आप मन में दया-भाव न ला पाएँ, लेकिन अन्य लोगों के प्रति दयालु बने रहिए। यह एक अच्छी शुरुआत होगी और जो लोग आपके प्रति दयालु हैं, उनके प्रति आपको और ज्यादा दयालु होना चाहिए।

—— दुःख ——

जीवन में अनेक अवसरों पर दुःख का सामना करना पड़ता है। कोई विपदा, किसी मित्र या रिश्तेदार की मौत या अन्य कोई दुःख का कारण बन सकता है। दुःख से गुजरना मानव परिस्थिति है। लेकिन दुःख के गुलाम न बनें और न ही इसे अपने जीवन में गहरा जख्म छोड़ने दें।

—— दुर्भाग्य ——

कई बार चमत्कारों का नकारात्मक पक्ष भी आपके जीवन में घटित हो सकता है। छोटी-छोटी बुरी घटनाओं की शृंखलाएँ जुड़कर अंत में बड़े दुर्भाग्य में बदल जाती हैं। ऐसी परिस्थिति का सामना करना कठिन है। आपने जो सोचा था, आपकी जो आशाएँ थीं उसके विपरीत परिणाम आपको झेलने पड़ रहे हैं। ऐसे में कभी भी अपना साहस न खोएँ, अपने आपको दोष न दें और न ही कभी अने मन में दीनता का भाव लाएँ। अपने भीतर की परम शक्तियों को जाग्रत् करें। दुर्भाग्य से उबरने के लिए किसी चमत्कार की आशा न करें। इसके लिए आपको स्वयं प्रयास करने होंगे। इनमें दूसरों से सही तरह की मदद प्राप्त करना भी शामिल है। आंतरिक शक्ति प्राप्त करने के लिए ईश्वर या अन्य किसी परम सत्ता से प्रार्थना भी करते रहें। आप अपने भीतर से भी महान् शक्ति प्राप्त करते हैं, वहाँ पर शक्ति का अनंत स्रोत छिपा हुआ है। इनसे शक्ति प्राप्त करते ही सौभाग्य की बाढ़-सी आ जाएगी, जिसमें सारा दुर्भाग्य बह जाएगा।

—— दृष्टि ——

जीवन में लक्ष्य की प्राप्ति व सफलता के लिए दीर्घकालिक दृष्टि आवश्यक है। पर दृष्टि के लिए ठोस आधार चाहिए। केवल खयाली पुलाव पकाने से काम नहीं चलेगा। अनुभव के आधार पर आपको नई-नई वास्तविकताओं के प्रति व्यापक दृष्टि विकसित करनी चाहिए।

—— दृष्टिकोण ——

आपकी सफलता के लिए आपका दृष्टिकोण अत्यंत महत्त्वपूर्ण है। सकारात्मक दृष्टिकोण जीवन में हमेशा सहायक रहता है। हो सकता है कि आप दृष्टिकोण की परवाह किए बिना शिक्षा व परीक्षा में सफलता प्राप्त करते रहे हों; मगर जीवन या आजीविका में सफल होने के लिए सही दृष्टिकोण अत्यंत महत्त्वपूर्ण

है। सही दृष्टिकोण से ही सकारात्मक 'आक्रामकता' और आपसी सहयोग जैसे गुण उत्पन्न होते हैं। सही दृष्टिकोण जानने के लिए यह साधारण नियम याद रखें—अपने हितों को दूसरों के तथा संगठन के हितों के साथ संतुलित करें। बहुत ज्यादा स्वार्थी न बनें, न ही अपने हितों की बलि चढ़ाएँ।

— देखभाल —

खुद की देखभाल करना, दूसरों की देखभाल करना, उनकी भावनाओं और जरूरतों को समझना अत्यंत महत्त्वपूर्ण है। आधुनिक व्यवसाय बहुत हद तक ग्राहकों की देखभाल करने पर निर्भर है। उन्हें केवल चीजें बेच देना ही काफी नहीं है। इसलिए किसी उत्पाद या सेवा का विकास करते समय ही तय कर लें कि उसके ग्राहक कौन होंगे? उन ग्राहकों की तमाम जरूरतों के बारे में विचार करें। यदि जरूरत समझें तो सर्वेक्षण करें, ग्राहकों से चर्चा करें। इस तरह शुरुआत में ही ग्राहकों की देखभाल करने की यह प्रक्रिया आपके उत्पाद के साथ लंबे समय तक चलती रहेगी और आपके लिए ख्याति अर्जित करेगी। यदि आप किसी दल या संगठन के मुखिया हैं तो अपने कार्मिकों, सहकर्मियों का जितना ध्यान रखेंगे उतनी ही अच्छी तरह उनसे काम ले सकेंगे। आप चाहे बॉस हों या किसी दल के मात्र सदस्य, आप जितना दूसरों का ध्यान रखेंगे उतनी आपकी कार्य-कुशलता बढ़ेगी। यदि आपका कोई सहकर्मी चिड़चिड़ा या चालबाज है तो उससे भी सहयोग करें; किंतु उसपर बहुत ज्यादा समय बरबाद न करें। अधिकांश जगहों पर ज्यादातर लोग अच्छे या औसत दर्जे के होते हैं। उनकी देखभाल करें। स्वयं आप में असीम शक्ति का निर्माण होगा। मेरी पत्नी गोमती अकसर छोटी-छोटी कविताएँ लिखती हैं। उन कविताओं में व्यावहारिक जीवन का अथाह ज्ञान समाया होता है। प्रस्तुत है एक उदाहरण—

प्यार बिन देखभाल कुछ भी नहीं,
देखभाल बिन प्यार कुछ ही सही,
प्यार संग देखभाल सबकुछ यही!

— देशभक्ति —

यह एक ऐसी चीज है, जिसे आज भुला दिया गया है। देशभक्ति की याद तभी आती है जब सत्ता का स्वाद चखना हो। आपने यह कहावत भी सुनी होगी कि 'बदमाशों-लुच्चों का आखिरी हथियार है देशभक्ति'। हमारे समय का यह

दु:खद भाग है। अपने दिल में उन लोगों के लिए प्रेमभाव रखें, जिनके साथ आप बड़े हुए हैं। समाज के प्रति भी प्यार रखें, पर आज के वैश्वीकरण के दौर में आपको दूसरे देश में, समाजों में जाकर बसना होता है। उन्हें भी प्यार करना पड़ेगा। आप अपनी कानूनी नागरिकता भी बदल सकते हैं। तब आपकी वफादारी उस देश के प्रति होनी चाहिए, जिसे आपने अपना घर बनाया है। शायद यह कहना आसान है। वैश्वीकरण के दौर में आपके सामने अनेक चुनौतियाँ भी खड़ी होती हैं। आपका जीवन कई देशों के साथ गहराई से जुड़ जाता है। अवश्य ही अधिकांश प्रतिभाशाली लोगों के लिए देशभक्ति ने इक्कीसवीं सदी में नए अर्थ ग्रहण कर लिये हैं। इन नए एहसासों के साथ जीना सीखें।

—— दौड़ ——

आधुनिक जीवन—चाहे वह आर्थिक हो, सामाजिक हो या निजी—किसी बड़ी दौड़ की तरह लगता है। आपको जिंदगी की दौड़ में जीतना सीखना होगा। लेकिन आपको हमेशा दूसरों द्वारा तय संकीर्ण नियमों को स्वीकार करने की जरूरत नहीं है। हाँ, कुछ मामलों में समझौता करना पड़ सकता है, जैसे—जीविकोपार्जन में और समाज का अंग बने रहने में। जीवन में अनेक दौड़ ऐसी हैं, जो अति सुंदर हैं, जैसे—एकल दौड़, जो आप अपने आप दौड़ते हैं। ऐसी दौड़ आपकी क्षमताओं को निखारती है, आपको प्रतियोगी बनाती है, रचनात्मक बनाती है और आपकी आविष्कार-वृत्ति को निखारती है। कुछ गंदी दौड़ भी हैं। आप उनसे बचकर रहें। कुछ दौड़ों में असफलता आपको मानसिक तौर पर परेशान कर सकती है। किंतु कोई आसान हल नहीं है, क्योंकि वे गंदी दौड़ें हैं और आपके मूल्य आपको गंदा होने की इजाजत नहीं देते हैं। आपको ऐसी भावनाओं से उबरना सीखना होगा और नए रास्ते तलाशने होंगे। स्वयं में विश्वास रखें। इस तरह जिंदगी की ज्यादातर दौड़ों में आप ही विजेता बनेंगे।

—— धन ——

मानव जाति की भलाई और उत्थान के लिए धन अनिवार्य है। धन और खाने-पीने आदि जैसे अन्य सुखों के लिए लालच बुरी बला है। लेकिन जब तक आप कमा सकते हैं तब तक अच्छा जीवन जीने, दैनिक आवश्यकताओं की पूर्ति के लिए, बच्चों के पालन-पोषण के लिए तथा वृद्धावस्था में अपने आपको सहारा देने के लिए खूब कमाएँ। धन कमाने को लेकर शर्म या अपराध महसूस न करें।

अनेक लोग, जिनमें विद्यार्थी भी शामिल हैं, सोचते हैं कि उनके धन कमाने से देश को कोई लाभ नहीं होगा और इसकी बजाय उन्हें समाज-सेवा करनी चाहिए। बेशक समाज-सेवा की भावना काबिले तारीफ है। लेकिन याद रखें, यदि आप धन नहीं कमाते हैं तो आप समाज पर बोझ हैं। यदि आप में ज्ञान है, हुनर है और कड़ी मेहनत करने की इच्छाशक्ति है तो इनका धन अर्जित करने में भरपूर उपयोग करें। आपके धन कमाने से देश का सकल घरेलू उत्पाद बढ़ता है, जो देश की संपन्नता का सूचक है। वैध तरीकों से कमाया गया धन जीवन में सभी अच्छी चीजों का स्रोत है।

— धन का उपयोग —

आधुनिक दुनिया में प्रसन्नता और भलाई के लिए धन का बहुत अधिक महत्त्व है। वैध तरीकों से धन कमाने और बचाने का भी बड़ा महत्त्व है। जरूरत के समय दूसरों की मदद करने के लिए धन का उपयोग करना एक अच्छा गुण है। पैसा पास रखने को लेकर मन में अवहेलना का भाव न लाएँ और साथ ही केवल धन को ही अपने जीवन का एकमात्र लक्ष्य न बना लें।

— धनी —

वर्तमान समाज में पहले की अपेक्षा कहीं ज्यादा धनी लोग हैं। कई देशों में तो कुछ लोग अनेक देशों और सरकारों से भी कहीं ज्यादा धनी हैं। लेकिन इस शानदार उपलब्धि के बावजूद गरीब लोगों की संख्या भी अरबों में है। अवश्य ही अतीत में भी घोर गरीबी थी। दवा-उपचार के अभाव में सैकड़ों-हजारों लोग मर-खप जाते थे; पर वर्तमान विश्व में महामारियाँ दुर्लभ हैं। आधुनिक चिकित्सा व औषधियों का नतीजा है कि दुनिया की आबादी पाँच गुना से भी ज्यादा अकेले बीसवीं सदी में ही बढ़ गई है। नतीजतन गरीबों की संख्या भी बहुत अधिक बढ़ी है, हालाँकि अमीरों का तुलनात्मक प्रतिशत भी बढ़ा है।

मध्यम वर्ग भी बहुत अधिक बढ़ा है। अमीर बनने की इच्छा करना कोई पाप नहीं है, न ही इसे लेकर कोई अपराध-बोध होना चाहिए। किंतु केवल वैध साधनों को अपनाएँ। धन कमाने के लिए अवैध तरीकों के ज्यादा-से-ज्यादा इस्तेमाल से हमारा देश पहले ही काफी पीड़ित है। इस बात की अच्छी संभावना है कि आज मध्यम वर्ग का कोई व्यक्ति, जो बीस वर्ष का है, लगभग बीस वर्ष में काफी अमीर बन जाए; क्योंकि अर्थव्यवस्था बढ़ रही है। यह जरूरी नहीं

है कि सभी भारतीयों की आमदनी एक समान हो जाए। लेकिन यदि मुट्ठी भर लोग भी घोर गरीबी में रह गए तो यह असहनीय होगा। यह प्रत्येक भारतीय का अधिकार है कि वह अच्छी जिंदगी जीए, भले ही उसे कुबेर का खजाना न मिले।

मानवता के लिए इक्कीसवीं सदी की शुरुआत में जो लोग तीस वर्ष से कम उम्र के हैं, उन्हें ऐसे उपाय खोजने होंगे, जिनसे भारत और विश्व में हरेक इनसान का जीवन-स्तर ऊपर उठे। यदि ऐसे उपाय मिल सकें तो दुनिया में अमीरों की तादाद बढ़ती जाएगी और प्रत्येक व्यक्ति सुखी बन सकेगा, अर्थव्यवस्था को गति मिलेगी और समाज में संपन्नता आएगी।

—— नकारात्मक ——

जीवन में सकारात्मक चीजों के साथ-साथ नकारात्मक चीजें भी हैं। जीवन के नकारात्मक पहलुओं से आप पूरी तरह छुटकारा नहीं पा सकते हैं। ये नकारात्मक पक्ष आपको प्रभावित करने का प्रयास करते रहेंगे। आपको सावधान रहना है कि उनके जाल में न फँसें और न ही उन्हें अपनी आदत बना लें। नकारात्मक व्यक्तियों के कार्यों से भी सावधान रहें। उदाहरण के तौर पर—मन से नकारात्मक भावनाओं को निकालने का प्रयास करें; लेकिन यह कहना कि जीवन में कुछ भी नकारात्मक नहीं है, स्वयं को धोखा देने के समान है।

—— नकारात्मक विचार ——

अकसर नकारात्मक विचार और भाव हमारे मन में घुसकर दानवों का रूप ले लेते हैं। यदि आपके साथ भी ऐसा है तो चिड़िया की कर्णप्रिय चहचहाहट आपको कानफाड़ू शोर प्रतीत होगा। नीला आसमान, हरी-भरी घास, पेड़-पौधे और प्रकृति की अद्‌भुत सुंदरता बेकार, बेमानी लगेगी। आपका दिमाग उस एक मच्छर पर लगा रहेगा, जो आपको काट सकता है या आपके कान में भिनभिनाता रहता है। कार्यक्षेत्र में यह दानव निरर्थक मीन-मेख, स्थायी निराशावाद, भय, लालच (अच्छे नतीजों से संतुष्ट न होना), ईर्ष्या और 'इसमें बड़ा क्या है?' जैसी भावनाओं के रूप में प्रकट होता है। वास्तव में प्रसन्नता के सबसे बड़े शत्रु यही दानव हैं, जिन्हें आप अपने मन में पाल लेते हैं। आप पूछ सकते हैं कि कहाँ तो मैं मन के खिड़की-दरवाजे खुले रखने की सलाह देता हूँ, क्या इससे मन में दानवों का प्रवेश नहीं होगा? यदि आप मन के खिड़की-दरवाजों को भी मकान

के खिड़की-दरवाजों की तरह मानेंगे, तो आपका सोचना ठीक है। आपको अपने मन को साधना होगा कि वह सुंदरता को देख सके और नकारात्मक भावों को दूर भगा सके। हालाँकि यह आसान नहीं है, पर इसके लिए कड़ी मेहनत न करें। बिना किसी विशेष प्रयास के कोशिश करते रहें, सफलता मिलेगी। आपके मन की खिड़कियाँ अच्छे-बुरे की पहचान करना सीख जाएँगी। अपने अंदर आत्मविश्वास रखें, प्रसन्नता का अनुभव करें। नकारात्मक भावनाएँ अपने आप दूर भाग जाएँगी।

— नरक —

मैं नहीं जानता कि मनुष्य के मस्तिष्क में नरक की कल्पना कहाँ से आई। अधिकांश धार्मिक विश्वासों और लोककथाओं आदि में नरक का स्वर्ग के समान ही महत्त्वपूर्ण स्थान है। यहाँ तक कि नास्तिक लोग भी नरक की कल्पना में विश्वास रखते हैं। तार्किक दृष्टि से नरक स्वर्ग का उलटा है। अगर कहीं स्वर्ग है तो नरक भी जरूर होगा।

पर मैं मानता हूँ कि हमें नरक की कल्पना को अपने मन से निकाल देना चाहिए। स्वर्ग है तो प्रसन्नता भी अवश्य ही है। लेकिन इन्हें पाने के लिए हमें असफलताओं, संघर्षों, हताशा आदि के अँधेरों से गुजरना पड़ा है। यही वास्तविकता है। इसी को हम नरक कह सकते हैं। जब हम अच्छी जिंदगी पाने के लिए संघर्ष के दौर से गुजर रहे होते हैं तो हम नरक में होते हैं। लेकिन यह नरक अस्थायी है और हमारा जीवन के उस दौर में पहुँचना तय है, जिसे हम 'प्रसन्नता से भरा स्वर्ग' कहते हैं।

— नव-निर्माण —

इस शब्द को आप अकसर सुनते हैं। कुछ वैज्ञानिक और तकनीशियन समझते हैं कि नव-निर्माण पर केवल उनका ही हक है। कुछ सी.ई.ओ. तथा प्रबंधन गुरु भी ऐसा ही मानते हैं। मगर हम सभी नव-निर्माण कर सकते हैं। खाना पकाने, बागबानी, गाड़ी चलाने और अन्य दूसरे कार्यों में भी आप नए-नए तरीके खोज सकते हैं। विज्ञान, संगीत, नाटक, नृत्य, तकनीकी आदि उच्च कौशलपूर्ण कार्यों का तो खोज से चोली-दामन का साथ है। नव-निर्माण का अर्थ है—किसी कार्य को बेहतर ढंग से करना। इसके लिए वर्तमान प्रक्रियाओं और उनके परिणामों के तीक्ष्ण प्रेक्षण की जरूरत है।

उसके बाद अंतर्दृष्टिपूर्ण कल्पना चाहिए कि इन प्रक्रियाओं में क्या बदला जा सकता है और फिर अपने अंतर्ज्ञान के आधार पर कुछ अलग हटकर सोचने और काम में जुट जाने की जरूरत होती है। इस तरह आप नव-निर्माण के रास्ते पर तेजी से आगे बढ़ने लगते हैं। जब भी आप कुछ नया करते हैं तो आपको कुछ परेशानियाँ झेलनी पड़ती हैं, मगर उन परेशानियों को हल करें। तभी आप अपने नव-निर्माण को लंबे समय तक चला सकते हैं।

नव-निर्माण के बारे में एक चीज और। सिर्फ एक चीज का नव-निर्माण कर आप आराम से नहीं बैठ सकते हैं। आपको हर पल नए-नए नव-निर्माण करने होंगी, तभी आप आज की होड़ भरी दुनिया में अपनी सफलता सुनिश्चित कर सकते हैं।

—— नशीली दवाएँ ——

नशीली दवाएँ अल्कोहल के मुकाबले कहीं अधिक खतरनाक हैं। ये आपके शरीर में अनेक ऐसे बदलाव पैदा कर देती हैं, जिन्हें ठीक करना संभव नहीं है। आधुनिक, समृद्ध लेकिन तनावपूर्ण जीवन-शैली ने नशीली दवाओं के अनगिनत लतियों को पैदा किया है। दवाओं का अवैध कारोबार भी फल-फूल रहा है। ताकतवर लोग नशीली दवाओं के कारोबार को विश्व स्तर पर फैलाने में लगे हैं। उनकी थाह पाना कठिन है।

भूलकर भी दवाओं के साथ आजमाइश न करें। भूलकर भी उनका स्वाद चखने की कोशिश न करें। पहली बार भी और हर बार दवाओं को 'ना' बोलें। आपकी सेहत व सुरक्षा सर्वोपरि है। एक बार भूलकर भी नशीली दवाओं का शिकार बने, उनके मकड़जाल में फँसे तो छूट नहीं पाएँगे। नशीली दवाओं की लत छुड़ाने में कई बार तो जान पर बन आती है। यदि आपको नशीली दवाओं की लत है तो तुरंत चिकित्सकीय सहायता लें। नशा-मुक्ति केंद्रों की शरण में जाने में जरा भी संकोच न करें।

—— नहाना-धोना ——

अपने कपड़ों को, बरतनों को धोइए और अपने शरीर को भी धोइए—अर्थात् नहाइए। अच्छे स्वास्थ्य व अच्छे व्यक्तित्व के लिए यह महत्त्वपूर्ण है। तकनीकों ने धोने की प्रक्रिया को सरल कर दिया है। उनका अच्छी तरह इस्तेमाल करें।

— निमग्न रहें —

जब आप किसी कार्य में लगते हैं तो आपको जानना चाहिए कि उसमें कैसे मन लगाया जाए, निमग्न रहा जाए। निमग्न या डूबने का अर्थ यह नहीं कि आप अपना दम घोंट लें। नहाने के टब में बैठकर जिस तरह स्नान का आनंद लिया जाता है, उसी तरह कार्य का आनंद लें या जिस तरह से नदी में नहाते हैं, नाक को बंद कर पानी में डुबकी लगाते हैं, अपने शरीर पर पानी के स्पर्श एवं दबाव को महसूस करते हैं और फिर बाहर निकलकर कुछ साँसें लेते हैं तथा यह प्रक्रिया बार-बार दोहराते हैं। कहने का अर्थ यह है कि कार्य के बीच-बीच में भी अपने मन और शरीर को विश्राम देते रहें।

– निम्नतर (कमतर) मानना (नीचा दिखाना) –

कभी भी स्वयं को नीचा न दिखाएँ, अर्थात् कभी भी अपने आपको किसी से कम न मानें। यह सच्चे अर्थ में विनम्रता नहीं है। आप महान् हैं। आपमें ऊर्जा का अनंत भंडार छिपा है। इसलिए कभी भी अपने कार्य को नीचा न समझें, भले ही आप उससे ऊब चुके हों और आपने उसे छोड़ने का मन बना लिया हो। अगर आप अपने कार्य को नापसंद करते हैं और उसे बदलने का अवसर आपके सामने उपस्थित होता है तो अवश्य ही अपने कार्य का परिवर्तन करें; परंतु कभी भी दूसरों के सामने अपने कार्य को नीचा न दिखाएँ, क्योंकि ऐसा करने का अर्थ है कि आप स्वयं को ही नीचा दिखा रहे हैं, अपने स्तर को स्वयं ही गिरा रहे हैं। ऐसा करना स्वयं आपके ही विरुद्ध जाएगा।

अलबत्ता आप में कभी-कभार स्वयं का मजाक बनाने का साहस भी होना चाहिए। मगर ध्यान रहे, हमेशा ऐसे संवेदनशील व संतुलित लोगों के सामने ही स्वयं का मजाक बनाएँ, जो स्वयं भी अपने ऊपर हँसते हों। साथ ही यह भी जरूरी है कि आप मन-ही-मन अपने आपको नीचा न समझते हों, अन्यथा आपके मन में हीन-भावना स्थायी रूप से घर कर जाएगी। अगर कभी आपके मन में खयाल या विचार आता है कि आप अपने कार्य के योग्य नहीं हैं या कार्य आपके योग्य नहीं है और आप अपना कार्यक्षेत्र बदलना चाहें तो उसमें कोई बुराई नहीं है। यहाँ आप सही कार्य के लिए अपनी मूल शक्तियों का मिलान करना चाहते हैं। परंतु आप हर बार और बार-बार यही दोहराते रहें कि आप कई कार्यों को करने के योग्य नहीं हैं तो आप स्वयं को नीचा दिखा रहे होते हैं और यदि आप अपने मन में भी स्वयं को नीचा नहीं दिखाते हैं तो बहुत

जल्द अपनी भीतरी शक्तियों को पा लेंगे।

—— नियंत्रण ——

दुर्भाग्यवश भारत में लंबे समय तक तमाम सामाजिक-आर्थिक गतिविधियों पर सरकारी नियंत्रणों का बोलबाला रहा है। अब जाकर उद्योग, दूरसंचार, विद्युत् उत्पादन व वितरण आदि क्षेत्रों को सरकारी नियंत्रणों से मुक्त किया जा रहा है। इनके साथ ही भारतीय शिक्षा क्षेत्र को नियंत्रण-मुक्त करने, उदार और स्वायत्त बनाने की आवश्यकता है। किंतु अभी भी नियंत्रणों की वकालत करने में कुछ बुद्धिजीविता झलकती है। हम चाहते हैं कि कोई केंद्रीय प्राधिकरण हमारा नियंत्रण करे। नियामक एजेंसी के नाम पर हम नियंत्रणों को मान लेते हैं या फिर निरीक्षण अथवा जनहित में गुणवत्ता सुनिश्चित करने के नाम पर विभिन्न नियंत्रण प्रक्रियाओं की रचना कर डालते हैं। यह तर्कसंगत भी प्रतीत होता है, जैसे—आज अनेक लोग स्कूल खोल रहे हैं, किंतु मानदंडों को लेकर हम निश्चित नहीं हैं। इसलिए इन्हें नियंत्रित करनेवाला कोई केंद्रीय प्राधिकरण होना चाहिए। परीक्षा नियंत्रण करनेवाला प्राधिकरण होना चाहिए, पर ऐसे एकाधिकारपूर्ण संस्थानों द्वारा ली जानेवाली परीक्षाएँ हमें वास्तविक जिंदगी का सामना करने के लिए तैयार नहीं करतीं। पर स्वायत्तशासी स्कूल जीवन की विभिन्न परिस्थितियों की अवधारणा तैयार कर सकती हैं और विभिन्न पाठ्यक्रमों के जरिए विद्यार्थियों को अपनी ओर आकर्षित करने में एक-दूसरे से होड़ कर सकती हैं। जो स्कूल छात्रों को बेहतर ढंग से तैयार करते हैं, वही जीतेंगे। अवश्य ही सभी नियंत्रण बुरे नहीं होते हैं, पर नौकरशाहीवाले नियंत्रण निश्चित तौर पर बुरे हैं। जीवन में मुश्किलों का सामना करने के लिए आपका अपना आत्मनियंत्रण अच्छा है। भोजन के मामले में भी आत्मनियंत्रण अच्छा है। आज की सूचना व संचार तकनीकों पर आधारित प्रणालियों के साथ संस्थानों, संगठनों व व्यवसायों को जन-उत्तरदायित्व, गुणवत्ता, ईमानदारी, नैतिक प्रथाओं आदि के आकलन के बारे में जानकारी उपलब्ध कराई जा सकती है। इस प्रक्रिया में विशेषज्ञों की सहभागिता जरूरी है। तब फिर संस्थान अपनी गतिविधियों के बारे में तीसरे पक्ष से प्रमाण-पत्र हासिल कर सकते हैं और ये सभी सूचनाएँ वेबसाइट पर डाली जा सकती हैं, ताकि सभी देख सकें। यदि ऐसा किया जाता है तो अच्छे संस्थान व अच्छी प्रथाएँ फलेंगी-फूलेंगी। केंद्रीयकृत नियंत्रणों से ऐसे परिणाम नहीं प्राप्त किए जा सकते हैं। इस प्रकार का सामाजिक नियंत्रण वांछनीय है और यह प्रत्येक

को प्रतियोगी-जगत् में ढलने में मदद कर सकता है।

—— नियम ——

जीवन व समाज के लिए नियम अनिवार्य हैं। लेकिन बहुत सारे बोझिल तथा अव्यावहारिक नियम होंगे तो लोग उन्हें तोड़ने में अधिक उतावली दिखाएँगे। भारत में हर कदम पर नियम हैं। यही कारण है कि लोगों ने उन्हें तोड़ने में महारत हासिल कर ली है। नियमों को सरल करना सीखें और इन नियमों का पालन करें, जिनसे हम सभी का जीवन और बेहतर बन सके।

—— नियमित ——

अपनी आदतों में नियमित बनें। सोने-जागने, खाने-पीने एवं अन्य गतिविधियों में नियमितता बरतें। नियमितता आपको असीम शक्ति प्रदान करती है।

—— निरंतर ——

निरंतर कार्य सफलता की ओर ले जाता है। साथ ही रफ्तार का भी ध्यान रखें। सुस्त न बनें।

—— निरर्थक ——

आपके चारों ओर अनेक ऐसी चीजें होती हैं, जो निरर्थक हैं या निरर्थक प्रतीत होती हैं। कई बार आपको निरर्थक चीजों को झेलना पड़ता है या ऐसे कार्यों को करना पड़ता है, जिन्हें आप निरर्थक मानते हैं। मगर निरर्थक चीजों में डूब न जाएँ और न ही सभी निरर्थक चीजों के प्रति अतिवादी रवैया अपना लें, नहीं तो आपका जीवन कठिन हो जाएगा, इसलिए मध्यम मार्ग पर विचार करें।

—— निरापद ——

किसी कार्य को करने में कुछ समस्याएँ और खतरे भी जुड़े होते हैं। आपको इनसे अवगत होना चाहिए। लेकिन हार या असफलता के विचारों को अपने मन में न आने दें। अपनी मानसिक प्रणाली को नकारात्मक और निराशावादी विचारों से निरापद बनाएँ। इसी तरह अपने शरीर को बीमारियों से निरापद बनाएँ। इसके लिए आपको सही प्रतिरोधक उपाय खोजने होंगे। सफलता के लिए बीमारियों से निरापद तन और निराशाओं से मुक्त मन जरूरी है। हो सकता है कि

व्यावहारिक जीवन एकदम अलग हो; किंतु निरंतर अभ्यास द्वारा आप आदर्श स्थिति के निकट पहुँच सकते हैं। किसी भी रूप में स्वयं को लेकर चिंता न करें।

—— निराशा ——

आप इस शब्द को इन दिनों अकसर सुनते हैं। उन गरीबों के मुँह से नहीं, जो दो जून की रोटी के लिए सुबह से शाम तक खटते रहते हैं। सिर्फ ऐसे व्यक्ति जो सफल हैं और खाते-पीते घरों के हैं, वही निराशा या उदासी की बात करते हैं। उदाहरण के तौर पर वे छात्र-छात्राएँ, जो अच्छे मेडिकल या इंजीनियरिंग कॉलेजों अथवा सामान्य कॉलेजों में दाखिले पा सके हैं, वे भी अवसाद की बात करते हैं।

इसका कारण है कि वे एक-एक सोपान कर शीर्ष पर पहुँचते हैं और वहाँ पहुँचकर 'उच्च भय' से ग्रस्त हो जाते हैं—अर्थात् उन्हें ऊँचाई से डर लगने लगता है। आइए देखें कि इस अवस्था में लड़के-लड़कियों के साथ क्या होता है? प्रत्येक छात्र-छात्रा की इच्छा होती है कि जीवन में बेहतरीन प्रदर्शन किया जाए। उनके चारों ओर के लोग कहते हैं कि इसके लिए बेहतरीन कॉलेजों में प्रवेश पाना अनिवार्य है और इसके लिए बोर्ड तथा अन्य प्रतियोगी परीक्षाओं में सर्वोच्च स्थान पाना चाहिए। अब ऐसी परीक्षाओं में लाखों छात्र-छात्रा बैठते हैं, लेकिन केवल कुछ हजार को हो 'सर्वश्रेष्ठ' या 'बेर्हतरीन' फल मिल पाता है।

माता-पिता अपने बच्चों से कहते हैं कि वे उनकी हर तरह से मदद करने को तैयार हैं, ताकि परीक्षाओं में सबसे ज्यादा अंक आ सकें। वे ट्यूशन लगवाते हैं, अच्छी-अच्छी पुस्तकें उपलब्ध कराते हैं, कंप्यूटर लेते हैं, अतिरिक्त कक्षाओं में भेजते हैं, अच्छा पौष्टिक खाना देते हैं—यानी उन उपायों का कोई अंत नहीं है, जो माँ-बाप अपनाते हैं—केवल इस आशा में कि उनका बच्चा पढ़-लिखकर बड़ा आदमी बन जाएगा। अकसर बच्चा जानता है कि उसके माँ-बाप अपने सुखों की कुरबानी कर रहे हैं। कई बार माँ-बाप निराशा या हताशावश बच्चों को अपनी कुरबानी का एहसास दिलाते रहते हैं। वे पास-पड़ोस के बच्चों से उनकी तुलना करने से भी नहीं चूकते। परंतु इन सबका नतीजा होता है कि बच्चों पर भयंकर दबाव बनने लगता है और उनकी सहज वृत्तियाँ नष्ट होने लगती हैं। उनकी नींद उड़ जाती है। सिर दर्द होने लगता है, तनाव रहने लगता है। जीवन में हर चीज नीरस लगने लगती है। कई बार सिर दर्द या नींद की गोलियाँ भी लेनी पड़ती हैं; मगर कोई लाभ नहीं होता। डॉक्टर से सलाह-मशविरा लेने से भी

काम नहीं चलता। हताशा में कुछ लोग तो आत्महत्या जैसे कदम भी उठा लेते हैं।

कहने का मतलब यह है कि निराशा एक आधुनिक महामारी है, जिसे आज की होड़ भरी और तथाकथित दुनिया ने गले लगा रखा है। माँ-बाप बच्चों से झूठी आशाएँ पाल लेते हैं, यह जाने बिना कि बच्चा उनकी आशाओं को पूरा कर पाएगा या नहीं। भारत में भी आधुनिक सोच यही बन गई है कि घंटों तक पढ़ाई करो, रात की कोचिंग कक्षाओं में जाओ, अपने आपको लगाए रखो, ताकि बोर्ड की परीक्षाओं में अच्छे अंक आ सकें और आगे चलकर प्रतियोगी परीक्षाओं में उत्तीर्ण हो सकें, व्यावसायिक पाठ्यक्रमों में दाखिला मिल सके—यानी कुल मिलाकर सारा ध्यान जिंदगी को धकियाने में लगा रहता है। आज यह एक सरल सिद्धांत बन गया है कि जितना जोरदार धक्का होगा उतना भारी लाभ मिलेगा।

पर जीवन वक्र गति से आगे बढ़ता है और विचित्र अवसरों से भरा पड़ा है। ऐसा नहीं है कि कड़ी मेहनत से अच्छा नतीजा न मिले, परंतु इसमें अनेक व्यतिक्रम भी हैं। जो लोग आज चोटी पर हैं, उन्हें वहाँ तक पहुँचने में अनेक विषम मार्गों से चलना पड़ा। कोई भी सीधी सीढ़ी चढ़कर वहाँ तक नहीं पहुँचा। उनके कैरियर में भी अनेकानेक उतार-चढ़ाव आए। कई बार तो वे धड़ाम से नीचे गिर पड़े, लेकिन फिर वे पहले से कहीं ऊपर पहुँचे। नीचे गिरने और ऊपर चढ़ने का खेल तो हमारे राजनेताओं के जीवन में लगातार चलता रहता है। हर व्यक्ति का जीवन ऐसा ही है। गिने-चुने लोग ही ऐसे होंगे जिन्हें सबकुछ आसानी से मिल जाता है।

अवसरों से चलनेवाली दुनिया में एक लक्ष्य रख लेना आपके लिए खतरनाक हो सकता है। किसी विद्यार्थी के लिए दिन-रात आई.आई.टी., मेडिकल, आई.ए.एस. या एम.बी.ए. का जाप करते रहना उसके जीवन को बरबाद कर सकता है। वास्तविक जिंदगी केवल आई.आई.टी., मेडिकल, आई.ए.एस. या एम.बी.ए. से ही नहीं बनी है। मैं अनेक आई.आई.टी. वालों को जानता हूँ, जो असफलता के उदाहरण बन गए हैं। अनेक आई.ए.एस. अफसर मेरे परिचित हैं, जो दिन-रात रोते रहते हैं।

इसलिए आप चाहे विद्यार्थी हों या कैरियर की शुरुआत करनेवाले प्रतिस्पर्धी, अपने आपको एकल लक्ष्यों के बोझ तले न दबा लें। हर तरह से महत्त्वाकांक्षी बनिए, कड़ी मेहनत करिए और प्रतियोगिता में उतरिए; पर किसी भी परिणाम का सामना करने के लिए तैयार रहिए। नतीजों को लेकर व्यर्थ का तनाव न पालें। हरि इच्छा, इंशा अल्लाह या गॉड बिलिंग जैसे मूल मंत्रों पर विश्वास रखें। प्रयास

करते रहें, अगर एक क्षेत्र में सफलता नहीं मिली तो ईश्वर आपके लिए अनेक नए रास्ते खोल देता है। कहने का अर्थ यह नहीं कि कोशिश करना छोड़ दें। वास्तव में यह सफलता को लेकर मन में घर कर चुका एक बोझिल भाव है, जो आपको अवसाद की ओर ले जाता है। यदि अपने साथी को डेट पर ले जाना हो तो इस भाव को त्याग दें।

'गीता' का एक श्लोक है, जो इस संबंध में आपका मार्गदर्शन कर सकता है। ज्यादातर लोग इसकी केवल पहली पंक्ति ही उद्धृत करते हैं और इस तरह से जीवन में दोषदर्शी नकारात्मक भावना को प्रकट करते हैं। वास्तव में इस श्लोक की दूसरी पंक्ति ज्यादा महत्त्वपूर्ण है—

कर्मण्येवाधिकारस्ते मा फलेषु कदाचन।
मा कर्मफलहेतुर्भूर्मा ते सङ्गोऽस्त्वकर्मणि॥

(गीता, 2/47)

—तुम्हारा अधिकार कर्म पर है, इसके फलों पर ध्यान मत दो। न ही कर्म-फल को अपनी प्रेरणा बनाओ और न ही अकर्मण्यता से नाता जोड़ो।

वास्तव में आपको ऐसे कार्यों की योजना बनानी चाहिए, जो आपके तथा अन्य लोगों के लिए अच्छे फल देनेवाले हों, न कि अनुपयोगी कार्य को करते हुए या कुछ भी न करते हुए अपने जीवन को व्यर्थ करें। मगर अपने कर्म-फल से मोह न करें कि वही आपका लक्ष्य बन जाए। कर्म पर ध्यान रखें, कर्म करते रहें।

ऐसी केंद्रित कर्म-प्रक्रिया और कर्म-फलों से अमोह ही आपको असफलता व कठिनाइयों से उत्पन्न होनेवाले अवसाद से छुटकारा दिला सकता है। यहाँ पर आपको नमक-रहित भोजन की सलाह नहीं दी जा रही है, बल्कि ज्यादा नमक डालने से बचने को कहा जा रहा है। प्राकृतिक स्वाद के निकट अच्छे भोजन का आनंद लेने का प्रयास करें। यही कर्म का जीवन है।

अवसाद के अन्य कारण भी हैं, जैसे—शारीरिक व मानसिक कमियाँ। कई बार आनुवंशिक कारणों से भी अवसाद उत्पन्न होता है। बचपन में घटी दुर्घटनाएँ एवं दुर्व्यवहार भी जीवन भर मन के किसी कोने में जमे रहते हैं और यदा-कदा अवसाद उत्पन्न करते रहते हैं। कई बार शराब या नशीली दवाओं की लत छोड़ते या छुड़ाते समय व्यक्ति अवसाद से ग्रस्त हो जाता है। जब कभी आप गहरे अवसाद में हों तो किसी भरोसेमंद व्यक्ति या चिकित्सक के साथ अपनी भावनाओं को बाँटने में संकोच न करें। सच्चाइयों को छुपाएँ नहीं। आधुनिक निदान प्रक्रियाओं

और दवाओं के साथ अवसाद को दूर किया जा सकता है।

इस विचार से कि सबकुछ मन में है या मन सब पर भारी है, से अवसाद को भोगते न रहें। यहाँ तक कि इस पुस्तक में दिए गए अनेक अच्छे सुझावों के साथ भी अकेले अवसाद से लड़ते न रहें। अगर शारीरिक व मानसिक कारणों से अवसाद है तो आधुनिक चिकित्सा उपायों की जरूरत होती है। प्रसन्न रहें, जीवन में सभी समस्याओं के हल भी उन्हीं में मौजूद हैं।

— निराशावाद —

अनेक लोग हैं, जो जीवन में हर चीज के प्रति निराशावादी हैं। तथ्यों के आधार पर कह सकते हैं कि अकसर वे सही हो सकते हैं; लेकिन कुछ लोग तो जन्मजात निराशावादी होते हैं। ऐसा नहीं है कि निराशावाद किसी काम का नहीं है। कई बार निराशावादी लोगों के विचार समस्याओं को गहराई से समझने में हमारी मदद करते हैं। ऐसे में हमारा कार्य आसान हो जाता है। निराशावादी दृष्टिकोण से सोचने पर समस्याओं के बारे में पूर्व चेतावनियाँ मिल जाती हैं, जिनसे नीतियों में फेर-बदल कर सकते हैं।

कई बार समय की माँग होती है कि आप निराशावादी विचारों को अपने मन से निकाल दें और आगे बढ़ जाएँ, तभी आप सफलता का वरण कर सकते हैं, अन्यथा खेल शुरू होने से पहले ही आपको हारा हुआ मान लिया जाएगा। अत: बहादुर बनें, आशावादी बनें और जोश के साथ आगे बढ़ें।

— निर्भरता —

जब हम पैदा होते हैं तो अपनी माँ व अन्य लोगों पर निर्भर होते हैं। बचपन के दौरान कई वर्षों तक हमें पनपने के लिए दूसरे के सहारे की जरूरत होती है, जिनसे हम सीखते-समझते और बढ़ते हैं। जीवन की संध्या तक अनेक लोगों के लिए दूसरों पर निर्भर होने की संभावना बनने लगती है। किशोरावस्था की शुरुआत से ही हम निर्भरता से घृणा करने लगते हैं, क्योंकि यह हमारी स्वतंत्रता पर अंकुश लगाती है। भले ही बड़े-बूढ़े अच्छे हों, आपको मनचाही चीजें करने की इजाजत देते हों और रुपए-पैसे भी देते हों; लेकिन फिर भी उनसे पूछने, आग्रह करने या उन्हें बताने का कष्ट तो करना ही पड़ता है। अनेक किशोर इतना कष्ट भी नहीं उठाना चाहते हैं। जरा उस व्यक्ति की दुर्दशा की कल्पना करें जिसे अपने अभिभावकों से याचना करनी पड़ती हो या काम कराने के लिए

कोहराम मचाना पड़ता हो। माता-पिता की अपनी कुछ समस्याएँ हो सकती हैं, पर किशोरों के लिए उनका कोई महत्त्व नहीं है। किंतु वहीं ऐसे संवेदनशील किशोर भी हैं, जो इन समस्याओं को समझते हैं और आत्मविश्वास महसूस करते हैं कि वे जल्द ही बड़े होकर कमाना शुरू कर देंगे। ऐसे किशोर भी होते हैं, जो कुछ भी पूछना या बताना नहीं चाहते। ऐसे लोग किसी को कुछ बताना नहीं चाहते और गुमसुम नाराजगी को पाले रहते हैं। ऐसी गुमसुम नाराजगी आपके लिए ही हानिकारक है। इससे केवल आपका ही नुकसान होता है। जिससे नाराजगी है उसका कुछ नहीं बिगड़ता है।

आप में से जो लोग किशोरावस्था पार कर चुके हैं, पढ़ाई पूरी कर चुके हैं, उनके लिए नौकरी तलाशना एक समस्या बन चुकी है। ऐसे में निर्भरता का दंश बहुत बुरा लगता है। उन युवतियों की दशा भी अत्यंत पीड़ादायक है, जो पढ़-लिख चुकी हैं और घर बैठी हैं, जिनका विवाह नहीं हो पा रहा है।

पुराने जमाने में भारतीय समाज में संयुक्त परिवार प्रणाली का प्रचलन था। ऐसे परिवारों में कुछ सदस्यों की ऊँची क्षमताओं और कार्य-निष्पादन से अन्य सदस्यों की कमी या तंगी पूरी हो जाती थी। उस समाज में परस्पर निर्भरता को बढ़ावा दिया जाता था। अपने बचपन में मैंने स्वयं ऐसे संयुक्त परिवार देखे हैं। उनमें से कुछ परजीवियों, धौंस जमानेवालों, ठगों को बढ़ावा देते हैं; जबकि कुछ सदस्यों को पूरे परिवार की भलाई के लिए हाड़-तोड़ मेहनत करनी पड़ती है।

ऐसे परिवारों में अकसर महिलाओं का हद दर्जे तक शोषण किया जाता है। विशेषकर यदि वह कुंवारी या विधवा हो तो उसकी दुर्दशा का कोई अंत नहीं होता, क्योंकि वह केवल घरेलू काम करना जानती है और उसमें इतनी शिक्षा व दक्षता नहीं होती है कि वह कुछ पैसे कमा सके। मैंने जीवन में एक महत्त्वपूर्ण चीज सीखी है। अत्यधिक निर्भरता किसी भी व्यक्ति के लिए दीर्घकालिक दृष्टि से अच्छी नहीं है, चाहे यह पति पर पत्नी की निर्भरता ही क्यों न हो। आधुनिक जमाने में तो खासतौर पर प्रत्येक व्यक्ति को अपनी दक्षता विकसित करनी चाहिए या इतना पढ़ा-लिखा होना चाहिए कि जरूरत पड़ने पर अपना स्वतंत्र जीवन व्यतीत कर सके। व्यक्ति का यह सशक्तीकरण निर्भरता के दंश को कम करता है और बेहतर संबंध विकसित करने में मदद करता है। इस पुस्तक में मैंने अनेक बार जोर देकर कहा है कि मिल-जुलकर काम करना व्यक्तिगत प्रयासों से बेहतर है। मगर दल का गठन वास्तव में तभी होता है जब इसमें शामिल सभी सदस्य

स्वतंत्र रूप से कार्य करने में सक्षम हों।

बचपन अवश्य ही इस मामले में एक अपवाद है। किशोरावस्था में माता-पिता के लिए अनिवार्य है कि वे बच्चों को समझें। लेकिन इसमें ऐसे तरीके न अपनाएँ जो किसी धौंस जमानेवाले किशोर या किशोरी को बढ़ावा देते हों, जो इन चालाकियों से स्वयं को निर्भर बना रहा हो। निर्भरता कम करने के लिए किशोरों को तैयार करना अनिवार्य है। लेकिन इसके लिए स्वयं प्रयास करना चाहिए, जैसे कि अनुचित समय पर कोई चीज पकाने के लिए माँ या नौकरों पर जोर डालने से अच्छा है कि स्वयं ही उस चीज को पका लें। इससे माँ को भी आराम मिलेगा या जब कभी आपके माता-पिता आपकी फीस चुकाने में असमर्थ हों तो आप खाली समय में कुछ कार्य करके अपने लिए पैसों का बंदोबस्त कर सकते हैं।

वृद्धावस्था में रोजगार की गतिशीलता और अन्य आर्थिक दबावों के चलते हमेशा यह संभव नहीं हो सकता कि आप अपने बेटे या बेटी के परिवार के साथ रह सकें। यदि माता-पिता और बच्चों (और उनके जीवन साथियों) के बीच परस्पर निर्भर संस्कार विकसित हो चुका है तो उनके बीच स्वस्थ व प्रसन्नतादायक संवाद कायम करना संभव है। लेकिन फिर भी, यदि लोग अपनी वृद्धावस्था के लिए पूर्ण स्वतंत्र या अनिर्भर योजना बनाते हैं तो इस बात की संभावना ज्यादा है कि अपने बच्चों से उनके संबंध सुखद और प्रसन्नतापूर्ण होंगे।

इसलिए निर्भरता व्यक्ति के लिए अच्छी नहीं है। अपने आपको आवश्यक आर्थिक व सामाजिक दक्षताओं से सशक्त बनाएँ, ताकि कभी भी जरूरत पड़ने पर आप निर्भरता के दुश्चक्र से छूट सकें। अकसर यह सशक्तीकरण सुनिश्चित करता है कि जब कभी परिस्थितिवश निर्भरता को स्वीकार करना हो, जैसे पढ़ी-लिखी महिला को बच्चे होने पर नौकरी से छुट्टी लेकर बच्चे सँभालने पड़ते हैं तो ऐसी निर्भरता उसके आत्मसम्मान को ठेस न पहुँचाए, न ही ऐसे आदमी को नीचा देखना पड़े, जो अपनी पत्नी को स्थापित करने के लिए नौकरी छोड़कर बच्चों की देखभाल करने लगता है। निर्भरता को पूरी तरह खत्म करना जीवन का लक्ष्य नहीं है। लक्ष्य है व्यक्ति को इतना सशक्त बनाने का कि वह स्वतंत्र होकर निर्भरता के जंजाल से छूट सके। जीवन में महान् उपलब्धियाँ तभी प्राप्त हो पाती हैं जब समान क्षमतावाले लोग मिल-जुलकर किसी एक लक्ष्य की ओर कार्य करें।

निवेश

निवेश के बिना जीवन में कोई चीज नहीं बढ़ सकती है। निवेश सिर्फ पैसे का ही नहीं होता, बल्कि समय और प्रयासों का भी होता है। इनमें सबसे महत्त्वपूर्ण पूँजी निवेश है। कुछ लोग कहते हैं कि आपकी प्रतिबद्धता, एकाग्रता और कड़ी मेहनत ही पर्याप्त है। बेशक इनकी जरूरत पड़ती है, लेकिन किसी विचार को सफल उपक्रम में बदलने के लिए पूँजी निवेश सबसे महत्त्वपूर्ण है। खिलाड़ी—खासकर क्रिकेट खिलाड़ी—पूँजी कम है, जानते हैं, इसीलिए विज्ञापनों व प्रायोजनों में लगे रहते हैं। कला के क्षेत्र में भी किसी संघर्षरत कलाकार से पूँजी के महत्त्व के बारे में पूछकर देखिए। इसलिए सोच-समझकर निवेश करें और अपने निवेश का सही उपयोग करें। मूल्यवान् संसाधनों को बरबाद न करें। जितना ज्यादा निवेश करेंगे उतनी अधिक सावधानी से आप उसका उपयोग करेंगे और उतना ही आपका मुनाफा बढ़ेगा।

निष्पादन

भारत में हम नेताओं को बड़े-बड़े वायदे करते सुनते हैं। हर कोई भारत की क्षमता, हमारे युवाओं की क्षमता, ज्ञान की क्षमता आदि की बात करता है; किंतु वास्तव में कुछ अपवादों को छोड़कर हम भारतीय कार्य-निष्पादन के मामले में अत्यंत पिछड़े हैं, खासकर निरंतर और लंबे समय तक चलनेवाले कार्यों में। पर आप बेहतरीन अपवादों में शामिल होने का लक्ष्य रखें। कार्य करते समय प्रसन्न रहें। कार्य पूरा होने पर जश्न मनाएँ। दूसरों का उनके कार्यों के आधार पर आकलन करें। यदि एक साथ कई लोग बेहतर कार्य करने की ठान लें तो भारत संपन्न, शक्तिशाली और महान् बनेगा।

नींद

जीवन के लिए नींद अनिवार्य है। स्वयं को तरोताजा रखने और रचनात्मक ऊर्जा के संरक्षण के लिए भी नींद जरूरी है। आधुनिक जीवन-शैली के शिकार न बनें, जिसमें देर से सोना और कम सोना फैशन बन गया है, ताकि मौज-मस्ती की जा सके अथवा अतिरिक्त कार्य या अध्ययन कर सकें। दूसरी चीजों में कटौती करें, नींद में नहीं। हरेक व्यक्ति की नींद की जरूरत अलग-अलग होती है। लेकिन छह से आठ घंटे की नींद पर्याप्त है।

जब कभी आपको कार्यभार के कारण नींद में कटौती करनी पड़े तो अन्य

दिन एक-आध घंटा अतिरिक्त सोकर इस कमी को पूरा कर लें। कार की सीट पर या हवाई जहाज में ऊँघने से यह कमी पूरी नहीं हो सकती है। नींद में ऐसी कमी खतरनाक है।

— नीम-हकीम —

नीम-हकीम खतरे-जान। यदि आप गुणवत्ता के ग्राहक हैं तो नीम-हकीमों से सावधान रहें। विशेषकर चिकित्सा के क्षेत्र में नीम-हकीम बहुत खतरनाक होते हैं। आज की दुनिया में अगर कोई पुस्तक बहुत ही खूबसूरती से लिखी गई हो और छपी हो या इंटरनेट से उतार लिया गया हो तो अनेक लोग उसे वैज्ञानिक रूप से प्रामाणिक मान लेते हैं। लेकिन केवल बाहरी सुंदरता ही कपोल-कल्पना को वैज्ञानिक सत्य या यथार्थ नहीं बना सकती है। इसलिए नीम-हकीमों और अधकचरे लोगों से सावधान रहें, अलबत्ता उन्हें पहचानने में आपको कष्ट उठाना पड़ सकता है।

— नृत्य —

भारत में नृत्य-संगीत की अनूठी परंपरा है। केवल भरतनाट्यम, कुचिपुड़ी, कत्थक, मोहिनीअट्टम, ओडिसी इत्यादि ही नहीं, पूरे देश में लोक-नृत्यों की समृद्ध परंपरा भी है। आधुनिक जीवन में नृत्य व संगीत अधिकांश सी.डी. एलबमों में घुल-मिल गए हैं। ब्याह-शादी हो या लंबी-लंबी व्यापारिक बैठकें, सभी के अंत में या साथ नृत्य के कार्यक्रमों का आयोजन किया जाता है। इनमें अनेक युवक-युवतियाँ भाग लेते हैं। अगर आप भी नाचना सीख सकें तो उससे आपको सामाजिक स्तर पर नेटवर्क बनाने में मदद मिलेगी। जिस प्रकार ऊँचे ओहदेवाले लोग व्यापारिक मामलों पर चर्चा करने के लिए गोल्फ खेलते हैं, उसी प्रकार अगर आप डांस फ्लोर पर उतर पाएँ तो लोग आप में ज्यादा रुचि लेने लगेंगे। धीरे-धीरे आप कुछ भारतीय लोक-नृत्यों में भी रुचि लें। इन नृत्यों को आप अपने साथियों-सहकर्मियों को भी सिखाकर अपनी आविष्कारक-वृत्ति का परिचय दे सकते हैं।

— नेतृत्व —

आजादी के बाद भारत में 'नेता' शब्द का अर्थ ही बदल गया। केवल उन्हीं लोगों को नेता माना जाने लगा, जो ऊँची राजनीतिक कुरसियों पर बैठे हों, जिनके

पास राजनीतिक सत्ता हो, जो लोग प्रशासन में ऊँचे पदों पर हों या जिन लोगों के पास अकूत संपत्ति हो। आजकल उन लोगों को भी 'नेता' कहा जाने लगा है, जो मीडिया की ताकत का उपयोग-दुरुपयोग करते हों।

यह एक बड़ा कारण है कि एक अरब से ज्यादा की आबादीवाला हमारा देश कुछ लाख लोगोंवाले देश की भाँति कार्य कर पाता है। विश्व व्यापार हो अथवा प्रति व्यक्ति आय और उपभोग सूचकांक—सभी में हम पिछड़े हुए हैं।

दरअसल, हम सभी को अपने जीवन में नेतृत्व के गुण विकसित करने चाहिए अर्थात् अपने जीवन की बागडोर स्वयं सँभालनी चाहिए। हमारे आस-पास जो कार्य हो, उसे सफलतापूर्वक संपन्न कराने में मदद करनी चाहिए। भविष्य की दृष्टि में विश्वास रखना चाहिए, इसे दूसरों के साथ बाँटना चाहिए और दल में सामंजस्य पैदा करना चाहिए। आजकल ऊँचे पदों पर बैठकर फरमान जारी करने या मीन-मेख निकालने को ही नेतृत्व समझा जाता है; लेकिन इन तरीकों पर चलनेवाले लोग सच्चे नेता नहीं होते, वे नियंत्रक या प्रशासक ज्यादा होते हैं।

वास्तविक नेतृत्व ऊँचे पदों या विधायी शक्तियों से नहीं आता। नेतृत्व वह है जो सबके साथ चले और सबको साथ लेकर चले। एक अच्छे नेता को दल का एक अच्छा खिलाड़ी भी होना चाहिए। इसलिए उसे अच्छा अनुयायी भी होना चाहिए। ऐसा व्यक्ति जो अपने ऊँचे पद के बावजूद अपने सहकर्मियों को प्रेरित कर सके।

आपको आश्चर्य हो रहा होगा कि ढेर सारे अहंकारी और स्वार्थी लोगों को नेता क्यों कहा जाता है ? इस दिखावे से विचलित न हों। ये सब वास्तव में इतिहास में विभिन्न मोड़ों पर उत्पन्न विकृतियाँ हैं। मीडिया द्वारा फैलाया गया पागलपन है, जो दुर्भाग्यवश आज अच्छी अवस्था में नहीं है और पैसे के बल पर हासिल की गई सस्ती लोकप्रियता है।

लेकिन अंत में सच्चाई की जीत होगी। हमारी पीढ़ी ने स्वतंत्रता के पश्चात् पहली पीढ़ी द्वारा स्थापित गलत मूल्यों को भुगता है। किंतु आज परिणामों पर प्रश्न किए जा रहे हैं। नई पीढ़ी अपने मानक स्वयं तय कर सकती है।

अपने नेता स्वयं बनें। नए मानक तय करें। अपनी और दूसरों की मदद करें। भारत को आगे ले जाएँ।

—— पक्ष ——

'अगर आप मेरा पक्ष लें तो मैं भी आपकी सहायता करूँगा।' आजकल

ज्यादातर लोग इसी मानसिकता के साथ कार्य करते हैं। विद्रोही तेवरोंवाले नौजवान यह कहते हुए मिल जाएँगे—'मुझे किसी का सहयोग नहीं चाहिए। मैं अकेला ही काफी हूँ।' अकसर वे अपने अभिभावकों तथा मित्रों की मदद को भी ठुकरा देते हैं।

वास्तव में आधुनिक दुनिया और विशेषकर भारत में—जहाँ आजादी के साठ वर्ष बाद भी अर्थव्यवस्था कछुए की चाल से चलती रही है और सामाजिक व आर्थिक अवसर सीमित हैं, जबकि लोगों की महत्त्वाकांक्षाएँ आसमान छू रही हैं—पक्षपात करना या पक्षपात पाना अवरोधों को तोड़ने का आसान माध्यम बन गया है।

यदि आप कुछ पक्षपात चाहें और कोई आपका पक्ष ले तो शैक्षिक संस्थाओं में आपका दाखिला आसान हो जाएगा। आपको आसानी से काम मिल जाएगा और बैंक से कर्ज भी मिल जाएगा। मगर दुर्भाग्य से पक्षपात को सीधे भ्रष्टाचार से जोड़ दिया गया है। यदि आप घूस दें तो आपका काम भी बन जाएगा और किसने आपका साथ दिया, यह पता भी नहीं चलेगा। सिफारिश के अन्य स्वरूप भी हैं। राजनीति हो, नौकरी हो, शिक्षा हो, विज्ञान व तकनीकी हो या वित्तीय प्रणालियाँ—हर जगह 'मठाधीश' बैठे हैं। आपको इन्हें पहचानना है और उनका साथ देना है। तब आपकी सफलता की राह आसान हो जाएगी।

मेरी सलाह है, अपने मन में संतुलन कायम रखें। सहायता या सहयोग पाने की चाह में अपने आपको छोटा या कमजोर न करें। दूसरी ओर, विद्रोही तेवर भी न अपनाएँ कि मुझे किसी का पक्षपात भी नहीं चाहिए, अन्यथा हो सकता है कि आपको सफलता न मिले।

—— पतंग ——

भारत के कई भागों में पतंग उत्सव बहुत लोकप्रिय है। विशेषकर गुजरात में तो दो सप्ताहों तक सभी लोग पतंग उड़ाने का आनंद लेते हैं।

पतंग ऊँचे दर्जे की उपलब्धियों के लिए एक खूबसूरत रूपक है। पतंग उड़ाने की प्रक्रिया को देखें। कैसे पतंग उड़ानेवाला व्यक्ति डोर को खींचता है। दूसरा आदमी कन्नी देता है। पतंग थोड़ा ऊपर उठती है, लड़खड़ाती है, इधर-उधर झूमती है, टकराती है और फिर हवा के बहाव में ठुमके लगाती हुई आकाश में ऊपर चढ़ जाती है। पतंग हमेशा हवा के रुख की ओर ही उड़ान भरती है। इस बात को हमेशा याद रखें। अगली बार जब भी पतंग उड़ते हुए देखें या उड़ाएँ तो इसके

विभिन्न पहलुओं पर चिंतन करें। आपको जीवन में उच्च लक्ष्य रखने और उसे प्राप्त करने की प्रेरणा मिलेगी।

— पतन —

जो चीज ऊपर जाती है, नीचे जरूर गिरती है। जिसका उत्थान होता है उसका पतन भी होता है। अकसर लोग ऐसे व्यक्ति के पतन की कामना और प्रतीक्षा करने लगते हैं, जिसने असाधारण प्रगति की हो या अपने संगठन में ऊपर उठा हो। अवश्य ही जीवन में उतार-चढ़ाव लगे रहते हैं। तेज चढ़ाव हो तो उतार भी तेजी से हो सकता है। अंत में यह आप पर निर्भर है कि आप जीवन में क्या चाहते हैं। यदि आपको लगता है कि आपको जल्दी ऊपर चढ़ना है और अवसर मिलता है तो जरूर इसे दोनों हाथों से पकड़ लें।

— परंपरा —

ज्यादातर लोग परंपरा की बात करते हैं, लेकिन परंपरा है क्या, नहीं जानते। क्या केवल अपने माता-पिता या पूर्वजों की तरह रहना ही परंपरा है? मगर यहाँ तो हर पीढ़ी में बदलाव आ रहे हैं। आज के जमाने में तो ये परिवर्तन इतने तीव्र हैं कि इन्होंने हमारी जीवन-शैली को ही बदलकर रख दिया है। फिर भी कुछ चीजें हैं, जिन्हें करना हमें अच्छा लगता है, जैसे—त्योहार व उत्सव मनाना, मिल-जुलकर पारिवारिक आयोजन करना, ईश्वर की आराधना करना या विशेष तरह के व्यंजनों व पकवानों का आनंद उठाना। यही चीजें तो हमारी सांस्कृतिक विरासत हैं, यही हमारी परंपराएँ हैं। परंपरा का अध्ययन करना, उनसे आधुनिक जीवन के लिए उपयोगी तत्त्वों को खोज निकालना अच्छे विचार हैं। जैसे—आज दुनिया में अनेक लोग ध्यान लगाने की तकनीकों से लाभ उठा रहे हैं। आधुनिक युग के अनेक तनावों को कम करने के लिए कुछ निश्चित पारंपरिक मूल्यों को दोबारा खोजना होगा। मगर यह विचारधारा न अपना लें कि सभी अच्छी वस्तुएँ केवल अतीत में होती थीं—और न ही सभी पारंपरिक चीजों को अनुपयोगी समझकर कूड़ेदान में डाल दें। आपको अपनी परंपराओं में सर्वश्रेष्ठ चीजों को चुनकर अपने जीवन में शामिल करना होगा।

— परजीवी —

भारत में आज दुर्भाग्यवश अनेक लोग परजीवियों के रूप में जीवन-यापन

कर रहे हैं और फल-फूल रहे हैं। वे कोई उत्पादक कार्य नहीं करते हैं। आलोचना करना, विरोध करना, गप्पबाजी करना, गिरोह बनाना, डराना-धमकाना आदि ही उनका काम है। अब अपना जीवन चुनना हरेक स्त्री-पुरुष का अपना अधिकार है; पर आपको मेरी यही सलाह है कि आप परजीवी बिलकुल न बनें। उत्पादक कार्य करें। जीवन में सकारात्मक योगदान करें।

— परिधान —

सही परिधान, जो किसी स्थान व संदर्भ में वर्तमान चलन से मेल खाता हो, आपके व्यक्तित्व का महत्त्वपूर्ण अंग है। एक तरह से परिधान के बिना व्यक्ति अधूरा है। आजकल सही परिधान काफी महँगे हैं, मगर अपनी आर्थिक सीमा के भीतर अच्छे व सही परिधान व जूते-चप्पल खरीदें। आपको परिधानों का रख-रखाव भी करना पड़ता है। फैशन के अनुसार परिधानों में बदलाव करते रहें। आधुनिक जीवन व सफलता के लिए यह महत्त्वपूर्ण है। अवश्य ही आपकी केश-सज्जा, चेहरे के मेकअप आदि का भी परिधानों के समान ही महत्त्व है। अगर आपको परिधानों का फैशन नापसंद हो तो सही ड्रेस कोड को समझें और अपनाएँ।

— परिवर्तन —

संसार में यदि कोई चीज तय है तो वह है परिवर्तन। आप और हम बदलते हैं, हमारे विचार बदलते हैं और हमारे आस-पास का सारा माहौल बदलता है। इस विषय में दार्शनिक होने की आवश्यकता नहीं है। यह हमारे जीवन का सरल सत्य है। आधुनिक विश्व में नित नई वैज्ञानिक खोजों के चलते तकनीकें बदलती रहती हैं, व्यापार बदलता रहता है, लोग बदलते रहते हैं। कोई भी क्षेत्र उठाकर देख लीजिए, पाँच-छह वर्ष के भीतर अनेक नई वस्तुओं का आगमन होता है। यदि हम इसे समझते होते और अपने चारों ओर चल रहे परिवर्तनों पर नजर रखते तो परिवर्तन की प्रक्रियाओं को बेहतर ढंग से समझ सकते, परिवर्तनों से भौचक नहीं होते और हमें स्वयं को परिवर्तनों के अनुरूप ढालना नहीं पड़ता। हम परिवर्तनों को प्रभावित कर सकते हैं और फिर परिवर्तनों के मालिक भी बन सकते हैं; लेकिन तब भी आप परिवर्तनों को रोक नहीं सकते हैं। जो लोग परिवर्तनों को रोकने की कोशिश करते हैं, भयावह परिणामों को भुगतते हैं। किंतु जब आप भावी परिवर्तनों के लिए

स्वयं को ज्ञान, दक्षता, क्षमता व सामर्थ्य के साथ तैयार कर लेते हैं तो आप परिवर्तन के मार्ग को अपने हित में प्रभावित कर सकते हैं। अमेरिका में परिवर्तन के साथ चलने का अद्‌भुत तरीका है। उन्होंने परिवर्तन की प्रक्रिया को आत्मसात् कर लिया है। अनेक पुरानी वस्तुओं को तेजी से बदल दिया जाता है। हर जगह नवीनता का बोलबाला है। एशिया में जापान, कोरिया और चीन ने भी तकनीकी व बाजार उन्मुख व्यापार द्वारा प्रेरित परिवर्तनों में महारत हासिल कर ली है। पर भारत में परिवर्तनों की रफ्तार बहुत सुस्त है। किसी नए परिवर्तन को अपनाने में हमें बहुत समय लगता है। यह सुस्ती किसी काम की नहीं है, इसलिए परिवर्तनों के स्वामी बनने से पहले स्वयं को परिवर्तित करें।

— पवित्रता —

जीवन पवित्र है, प्रकृति पवित्र है, ज्ञान पवित्र है, कौशल पवित्र है, धरती पवित्र है, ब्रह्मांड पवित्र है और आप पवित्र हैं।

— पहचान —

हमारे कार्यों की जब पहचान बनती है तो हम सभी को स्वाभाविक आनंद का अनुभव होता है। पहचान हमें आत्मसम्मान प्रदान करती है, इसलिए पहचान बनाने का प्रयास करें। इसमें कोई शर्म की बात नहीं है। लेकिन हमारे देश में इतनी विचित्र परिस्थितियाँ हैं कि आप चाहे कितने भी हुनरमंद क्यों न हों, आपकी पहचान नहीं बन पाती है। लेकिन गुमशुदा पहचान होने से अफसोस न करें। दूसरों द्वारा आपकी पहचान हो, यही जीवन का अंत नहीं है। ऐसी पहचान बनाने में अपना समय नष्ट न करें। अपने साथियों के समूह को देखें, जो अपने आप में उत्कृष्टता की मिसाल हों। यदि वे आपकी पहचान करते हैं तो आप वास्तव में महान् हैं। इसके अलावा और कुछ मिले तो वह आपका पुरस्कार है।

— पहाड़ —

पहाड़ हमें हमेशा से प्रेरणा देते रहे हैं। दूर से पहाड़ छोटे दिखते हैं, पास जाने पर ही उनकी ऊँचाई, आकार और महानता का पता चलता है। पहाड़ों का अद्‌भुत नजारा कभी-कभी आपको भयभीत भी करता है।

पहाड़ हर तरह से महानता के पथ को प्रदर्शित करते हैं। वह पथ, जो सफलता की ओर ले जाता है। जब आप समय के पथ पर दूर से किसी स्वप्न

को देखते हैं तो सफलता का लक्ष्य सुंदर और मनभावन दिखता है। जब आप इसे प्राप्त करने के लिए कार्य प्रारंभ करते हैं तो पता चलता है कि जितनी आपने सोची थी, उससे कहीं कड़ी मेहनत करनी पड़ेगी। कई बार तो लक्ष्य आपसे दूर जाता दिखता है और अकसर कोई मार्ग भी दिखाई नहीं देता। आपको काँटों और नुकीले पत्थरों के बीच अपना मार्ग तलाशना पड़ता है।

किंतु याद रखें, हर पहाड़ पर चढ़ा जा सकता है। इसकी चोटी पर पहुँचा जा सकता है। जी हाँ, सफलता पहाड़ की चोटी पर पहुँचने के समान है। यदि आप ऊँचाई से घबराते नहीं हैं और हिम्मत नहीं हारते हैं तो सफलता अवश्य प्राप्त करेंगे। पहाड़ के बारे में एक और कहावत है कि जो लोग पहाड़ की चोटी से उतरना नहीं चाहते, वे हमेशा सबसे छोटी चोटी पर रह जाएँगे। कल्पना करें कि किसी पर्वत-शृंखला में अनेक ऊँचे-नीचे पहाड़ हैं—वे सभी अपने आप में अलग-अलग पहाड़ नहीं होंगे। उनमें से अनेक एक-दूसरे से जुड़े होंगे। इसलिए सबसे ऊँची चोटी पर पहुँचने के लिए आपको पहले छोटे पहाड़ पर चढ़ना होगा, फिर घाटी में उतरना पड़ेगा और इस तरह ऊँचे-नीचे पहाड़ों को पार करते हुए सबसे ऊँची चोटी पर पहुँचना पड़ेगा। यदि आप किसी छोटे पहाड़ पर चढ़ जाएँ और वहाँ से सबसे ऊँची चोटी को निहारते रहें और नीचे घाटी में जाकर ऊँची चोटी पर जाने का रास्ता तलाशने की हिम्मत न जुटा पाएँ तो आप हमेशा छोटे से पहाड़ पर बैठे रहेंगे। इसलिए उतार-चढ़ावों का सामना करने के लिए तैयार रहें। ऊँचा लक्ष्य रखें, निरंतर मेहनत करते रहें।

पात्रता

आधुनिक विश्व में बहुमुखी क्षेत्रों, तीव्र परिवर्तनशील ज्ञान और दक्षता आधार का महत्त्व अत्यंत बढ़ गया है। सीखने की प्रक्रिया निरंतर जारी है। व्यक्तिगत परिस्थितियों के लिए बहुत कम गुंजाइश बचती है। अधिकांश परिस्थितियों का पूर्वानुमान कर लिया जाता है और उत्पाद तथा सेवा की डिजाइन, उत्पादन एवं वितरण में ही उनके समाधान प्रस्तुत कर दिए जाते हैं। इसलिए कार्मिकों व प्रबंधकों के लिए नई दक्षताओं और ज्ञान आधार में औपचारिक रूप से प्रशिक्षित होना जरूरी है, ताकि वे अपने कार्य के योग्य बन सकें। आधुनिक विश्व में केवल एक बार पात्रता हासिल कर लेना ही पर्याप्त नहीं है। अल्पकालिक, व्यावहारिक और सैद्धांतिक प्रशिक्षणों के जरिए आपको बार-बार पात्र बनना पड़ता है। इन प्रशिक्षणों से वंचित न रहें। कई मामलों में आप पूर्वानुमान लगाकर स्वयं

को लायक बना सकते हैं। तब आपको दूसरों का नेतृत्व करना होता है।

— पालतू —

आजकल मध्यम व उच्च वर्ग के लोग भी घर में कुत्ते-बिल्ली जैसे जानवर पालने लगे हैं। गरीबों के घरों में तो पालतू जानवर सदियों से रहते आए हैं। कई सेवानिवृत्त लोग पालतू जानवरों के रूप में साथी पाल लेते हैं।

पालतू जानवर रखने के लिए अच्छा-खासा प्रयास करना पड़ता है, उनके खान-पान और साफ-सफाई का ध्यान रखना पड़ता है। जानवरों के अलावा भी कई पालतू चीजें हैं। अनेक लोग जिनमें अकसर मैनेजर, नेता आदि शामिल हैं, उनके पालतू विचार होते हैं, पालतू सिद्धांत होते हैं। ऐसे लोग किसी समस्या के बारे में वैज्ञानिक दृष्टिकोण रखने, सोचने या राय लेने की बजाय अपने पालतू सिद्धांतों पर ज्यादा भरोसा करते हैं। ये लोग सैकड़ों व्यक्तियों से बातचीत करेंगे, जैसे—सलाह-मशवरा कर रहे हों, मगर उनके मन में घुसे हुए पालतू विचार बाहर से किसी विचार या सिद्धांत को घुसने ही नहीं देते हैं।

आज के ज्ञान-आधारित समाज में पालतू विचारोंवाले लोगों का हश्र बुरा ही होना वाला है, इसलिए अपने मस्तिष्क को खुला रखें और अपने मन में किन्हीं पालतू विचारों या सिद्धांतों को न पलने दें; पर ध्यान रखें कि कई बार आपको जो आभास होता है, वह पालतू सिद्धांतों से अलग है।

— पीड़ा —

पीड़ा तो हमारे जीवन का अभिन्न अंग है। अगर सभी कुछ अच्छा चल रहा हो तो भी पीड़ा को जीवन से अलग करना असंभव है। आपको बड़े साहस से पीड़ा का सामना करना होगा। पीड़ादायी पलों में हमेशा याद रखें कि पीड़ा सहनेवाले आप अकेले व्यक्ति नहीं हैं। सभी लोग पीड़ा झेलते हैं, आज नहीं तो कल। अगर आप धैर्य व दृढ़ता से पीड़ा के दौर को बिता लेते हैं, कठोर परिश्रम से कठिनाइयों को पार कर जाते हैं तो आप सफलता का स्वाद चखते हैं और आनंद भोगते हैं। याद रखें, पीड़ा रूप बदल-बदलकर आती है। व्यर्थ की चिंता न करें, जीवन को अच्छी तरह जीना सीखें।

जीवन में रचनात्मक पीड़ा के पल भी आते हैं। गणित के कठिन प्रश्न को हल करने का प्रयास, किसी प्रतियोगी परीक्षा में बैठने की तैयारी, नई तसवीर बनाने या नया व्यापार शुरू करने की तैयारी ऐसी ही रचनात्मक पीड़ाओं के उदाहरण

हैं। कुछ लोग इन्हें 'तनाव' का नाम देते हैं। आपका 'हृदय' भारी लगने लगता है, लेकिन जब आपके प्रयास सफल होते हैं तो यही पीड़ा आनंदातिरेक को जन्म देती है।

—— पुराना ——

पुराना चावल ज्यादा खिलता है। हर पुरानी चीज सोना है। बुजुर्गों का आदर व सम्मान करें। बहुत पुरानी चीजों को फेंक दें। इन सभी कथनों का अपने-अपने संदर्भों में सही अर्थ है।

—— पूजा ——

यदि ईश्वर में आपकी आस्था है तो पूजा आपके जीवन का अंग है। आपकी पूजा चाहे कैसी हो, दूसरों की विविध पूजन-विधियों का आदर करें। कुछ लोग ऐसे हैं, जो ईश्वर में आस्था नहीं रखते। दरअसल उनकी अपनी अलग पूजन-विधियाँ हैं। पूजा-उपासना मानव-मन का एक अंग है। आप अपनी पूजन-विधि चुनिए और अपनी पूजा से शांति प्राप्त करिए।

—— पैदल चलना ——

जीवन एक लंबा मार्ग है, जिस पर आपको पैदल चलना है। इसके लिए धैर्य चाहिए; लेकिन इस चलने का आनंद लीजिए। बीच-बीच में दौड़ भी लगाएँ। अपनी रोजाना की दिनचर्या में कुछ देर पैदल चलने की आदत भी डालिए। अपने कार्यालय के भीतर भी पैदल चलिए, सीढ़ियाँ चढ़कर उतरिए-चलिए। पैदल चलना एक अच्छा व्यायाम है, जो आपके शरीर को मजबूत बनाता है।

—— पोषण ——

अपने पोषण का ध्यान रखना जरूरी है। पोषण का अर्थ केवल कैलोरी, प्रोटीन, कार्बोहाइड्रेट आदि नहीं है। इसमें अनेक सूक्ष्म पोषक भी शामिल हैं। जहाँ तक संभव हो, पारंपरिक प्रथाओं का पालन करें, जो समय की कसौटी पर खरी उतरी हैं। आधुनिक वैज्ञानिक तरीकों पर आधारित पोषण का भी सहारा ले सकते हैं। मगर फैशन और इश्तहारों के शिकार न बनें। इससे आपके स्वास्थ्य को नुकसान हो सकता है। अपने पोषण का ध्यान रखें। अथर्ववेद में मानव आकांक्षाओं को अभिव्यक्त किया गया है। इसमें एक प्रार्थना है—'पश्चेम शरदः शतम्'—अर्थात् हमारा जीवन

सौ साल का हो, मुझे सौ वर्षों के लिए पोषण मिले। स्पष्ट है कि पोषण अच्छे पोषक भोजन को खाने से कहीं अधिक है। यह आपके शरीर की प्रणालियों को सही रखता है, ताकि आप पोषक भोजन को पचा सकें तथा अपने शरीर व मन की क्रियाओं के लिए ऊर्जा में बदल सकें, जो सौ वर्ष तथा अधिक लंबे जीवन के लिए भली-भाँति पोषित हो।

—— प्रकाश ——

अपना प्रकाश स्वयं बनें। दूसरों के लिए भी प्रकाश बनें। जीवन प्रकाश से भरपूर है। निर्भर इस बात पर है कि आप कैसे प्रकाश फैलाते हैं। यहाँ तक कि अंधकार में भी प्रकाश करने का अवसर छिपा रहता है। इसपर विचार करें, इसकी तलाश में रहें और दीप प्रज्वलित करें।

—— प्रकृति, प्राकृतिक ——

'प्रकृति' शब्द के विविध अर्थ हैं। हम सभी प्रकृति की देन हैं। हम प्रकृति के नियमों को झुठला नहीं सकते। सहज बनें। जो आप हैं वही रहें। आपका मूल स्वभाव क्या है ? बेशक इन प्रश्नों के उत्तर तलाशना कठिन है।

बीसवीं सदी की अंतिम चौथाई में मानवता ने एक बहुत बड़ा सबक सीखा। प्रकृति की ओर से मनुष्य जाति को एक बहुत कड़ी चेतावनी मिली। यह मत सोचो कि तुम प्रकृति से ज्यादा चालाक हो। मत सोचो कि प्रकृति व प्राकृतिक नियमों को समझ लेने मात्र से तुम प्रकृति के साथ खिलवाड़ कर सकते हो। प्रकृति पर शासन करने के खयाल को अपने मन से निकाल दो।

प्रकृति का एक पहलू है—पर्यावरण, अर्थात् हमारे आस-पास का वातावरण और वह वातावरण, जो अदृश्य है या जिसका हमारे संवेदनशील अंग अनुभव नहीं कर सकते, पर जिसका हमारे ऊपर दीर्घकालिक प्रभाव पड़ता है। आप पर्यावरण को केवल जमीन, हवा और पानी में नहीं बाँट सकते और 'प्रदूषण नियंत्रण' जैसे शब्दों का ही प्रयोग नहीं कर सकते।

यदि आप अन्य पक्षों की परवाह किए बिना केवल जमीन को साफ करने लगें तो पाएँगे कि पानी प्रदूषित होने लगा। जैसे ज्यादातर लोग अपने आस-पड़ोस को झाड़-बुहारकर गंदगी पानी में डालने लगते हैं और अपने अवशिष्ट पदार्थों को नदी-तालाबों में छोड़ने लगते हैं। इससे शहरों-गाँवों की गलियाँ तो साफ-सुथरी हो जाती हैं, पर तालाब गंदे हो जाते हैं तथा बीमारियाँ फैलाते हैं। शहरों से

गुजरनेवाली अनेक सुंदर सरिताएँ गंदे नालों में तबदील हो चुकी हैं, क्योंकि शहरों का कचरा और सीवर उनमें गिरता है।

कुछ लोग कीटनाशक जैसे जहरीले पदार्थों को जमीन में दबा देते हैं। उनका मानना है कि इन्हें जलाने से हवा में जहरीला धुआँ घुल जाएगा। मगर क्या वह जहरीला कचरा जमीन में रहता है? नहीं, यह जहरीला कचरा जमीन के भीतर फैलता है, जीव-जंतुओं का नाश करने लगता है, प्राकृतिक प्रक्रियाओं में रुकावट डालता है और अंततः वर्षा के पानी के साथ मिलकर भूमिगत जल-स्रोतों में मिल जाता है, तो इस तरह प्रदूषण का चक्र चलता रहता है।

सौभाग्य से आज ज्यादा-से-ज्यादा लोग मनुष्य के ज्ञान की सीमाओं को समझने लगे हैं। इसीलिए कोई भी नया तकनीकी समाधान हाथ में लेने से पहले पर्यावरण व अन्य जैव प्रणालियों पर उसके संभावित असर का अध्ययन किया जाता है। पारिस्थितिकी जैसे नए विषय विज्ञान में शामिल हो गए हैं और जैव विज्ञान अनुसंधान में नीतिशास्त्र एक महत्त्वपूर्ण अध्याय के रूप में जुड़ गया है।

'कबाड़ से जुगाड़' नया व्यापार मंत्र बन गया है। तकनीकी व व्यापारिक प्रक्रियाओं में हर चरण पर शून्य बरबादी और उप-उत्पादों के अधिकतम उपयोग पर जोर दिया जाता है। ज्यादा-से-ज्यादा आविष्कार-वृत्तिवाले लोग इन क्षेत्रों को आजीविका के रूप में अपना रहे हैं। मानव जीवन-शैलियों में हरित व्यापार, हरित इमारत इत्यादि धारणाएँ अपनी पैठ बना रही हैं। विकसित देशों में मोटरगाड़ियों के ज्यादातर पुरजों का पुनःचक्रण किया जाता है। जल का भी पुनःचक्रण करने के पश्चात् निरंतर उपयोग किया जाता है।

हमें प्रकृति का सम्मान करना सीखना होगा। हमें स्वयं को प्रकृति के अंग के रूप में समझना आएगा, न कि इसके स्वामी के रूप में। मगर यहाँ एक महत्त्वपूर्ण बात आपको याद रखनी होगी। कई लोग सोचते हैं कि आधुनिक विज्ञान व तकनीकी ने जो कुछ किया, बुरा किया और अब हमें वापस प्रकृति की ओर लौट जाना चाहिए। किंतु··· ?

किंतु हमें नहीं भूलना चाहिए कि धरती की आबादी 2 हजार वर्ष या 10 हजार वर्ष पहले की तुलना में आज लाखों गुना ज्यादा है, जब कृषि की शुरुआत हुई थी। इतनी बड़ी आबादी का पेट भरने के लिए बहुत अधिक मात्रा में अन्न उपजाना होगा और इसके लिए भारी मात्रा में रासायनिक उर्वरक भी खेतों में डालने होंगे। कम-से-कम अगले कुछ दशकों तक तो ऐसा करना ही होगा। हो सकता है, तब तक कोई नया तरीका विकसित हो जाए। इसके अलावा व्यापक महामारियों

को रोकने के लिए आधुनिक औषधियाँ भी जरूरी हैं। इस तरह हम हरे-भरे खेतों, खूबसूरत पहाड़ों को देखकर केवल कल्पना मात्र से ही वापस प्रकृति की शरण में नहीं जा सकते हैं। बेशक ये सभी अच्छे हैं। हमें जंगलों का क्षेत्रफल बढ़ाना चाहिए; नदियों, तालाबों, झीलों और सागरों को साफ करना चाहिए। लेकिन प्रकृति के साथ होने का तभी मजा है जब आधुनिक विज्ञान व तकनीकी को तथा आधुनिक व्यापार सिद्धांतों को साथ लेकर चला जाए और यह ध्यान में रखा जाए कि मनुष्य भी इस प्रकृति का एक अंग है। प्रकृति की एक जटिल अनुकूलन प्रणाली होती है, पर विज्ञान का उपयोग करना होगा। मगर उपयोगों के विकल्प भी तलाशने होंगे, जिनका प्रकृति पर कम-से-कम प्रभाव पड़े।

साथ ही इस धारणा में भी न बहें कि हरेक जड़ी-बूटी या पौधा आधुनिक दवाओं से बेहतर है। प्रकृति हमारी समझ से कहीं ज्यादा जटिल है। कुछ पत्तियाँ जहरीली भी हो सकती हैं। हमें प्रकृति को इसके विविध रूपों में समझना होगा तथा इसका सम्मान करना होगा। इसके नियमों का अपनी सहायता में उपयोग करें, पर इतने विनम्र रहें कि प्रकृति के अन्य पक्षों को न भुला दें। सरलतावादी या अतिवादी विचारों में न बहने लगें। विज्ञान व प्रकृति को देखने का यही नया तरीका है, जो इक्कीसवीं सदी में उभर रहा है। प्रकृति के साथ रहें और सहज रहकर जीवन में इसके बारे में और ज्यादा जानें व समझें।

— प्रगति —

यदि आपका मन-मस्तिष्क खुला है तो आप जानते हैं कि प्रगति की राह कौन सी है, दिशा कौन सी है। अपने व मानवता के प्रति प्रगतिशील रवैया अपनाएँ। तथाकथित सिद्धांतों से न बँधे रहें।

— प्रज्वलन —

कार व मोटरगाड़ियों में प्रज्वलन कुंजी होती है, जिसे घुमाकर कार स्टार्ट की जाती है। अंतरिक्ष यान को उड़ान भरने के लिए प्रज्वलित किया जाता है। दुर्भाग्यवश बम को फटने के लिए भी प्रज्वलित किया जाता है।

अपने मन-मस्तिष्क को बेहतर कार्यों के लिए प्रज्वलित करें, बेहतर लक्ष्यों के लिए प्रज्वलित करें, न कि विनाश व घृणा के लिए।

अपने जुनून, अपनी ऊर्जा को किसी व्यक्ति या वस्तु के खिलाफ भड़काने की बजाय उसे किसी सकारात्मक उद्देश्य, सफलता आदि के लिए प्रज्वलित

करें। अपने भीतर की ऊर्जा को मुक्त करने के लिए आपको अपने मन को प्रज्वलित करना होगा। हम सभी के भीतर ऊर्जा का असीम भंडार है, पर यह ऊर्जा निष्क्रिय रहती है, बिलकुल स्थिर खड़ी कार या रॉकेट की तरह। एक बार प्रज्वलित होने पर यह तेज रफ्तार के साथ चलने लगती है।

इंतजार न करें कि दूसरे लोग आकर आपको प्रज्वलित करेंगे। आप सर्वश्रेष्ठ लोगों को सुन सकते हैं, उनके बारे में पढ़ सकते हैं, उनके लिखे को पढ़ सकते हैं या उन्हें देख भी सकते हैं; पर मैं आपको बता दूँ कि स्वत: प्रज्वलन ही सर्वश्रेष्ठ है।

—— प्रतिज्ञा ——

आपने महाभारत के भीष्म पितामह का नाम सुना होगा। वह भीषण प्रतिज्ञा करने के कारण 'भीष्म' कहलाए थे। युद्ध के दौरान वे बाणों से छलनी हो गए और अपने अंतिम दिन उन्हें शर-शय्या पर बिताने पड़े। पर चूँकि उन्हें इच्छा-मृत्यु का वरदान प्राप्त था, इसलिए वे युद्ध का परिणाम देखने के लिए अंत तक जीवित रहे। जब उन्होंने पांडवों को जीतते हुए देख लिया (कौरव-पांडव दोनों उनके प्रपौत्र थे) तो उन्होंने उन्हें जीवन के बारे में बहुत ही उपयोगी एवं गंभीर उपदेश दिए। उनका एक उपदेश था कि कभी भी ऐसी कोई प्रतिज्ञा न करो, जो तुम्हारे हाथ-पैर बाँध दे। वास्तव में वह स्वयं ऐसी कई प्रतिज्ञाओं से बँधे हुए थे, जिनके कारण उन्हें कई ऐसे कार्य करने पड़े जिन्हें वह कदाचित् नहीं करते या करने से बचते। इस पक्ष को पूरी तरह से समझने के लिए महाभारत का अध्ययन करें और अपने विश्वासों पर दृढ़ रहें, जिनमें आप प्रतिज्ञा करना चाहें, लेकिन कोई भी बंधनकारी प्रतिज्ञा न करें। जीवन अत्यंत गतिशील व परिवर्तनशील है। आपको परिवर्तनों के अनुसार ढलने के लिए तैयार रहना होगा।

—— प्रतिभा ——

प्रतिभा मात्र प्रशंसा की वस्तु नहीं है। आधुनिक प्रतियोगी संसार में केवल व्यक्तिगत प्रतिभा ही व्यक्ति को जीवन में सफलता दिलाती है। जरूरी नहीं है कि केवल लिखने-पढ़ने या गुणा-भाग करने में ही प्रतिभा को आँका जाए। डिग्रियाँ (उपाधियाँ) प्राप्त करने के अलावा शारीरिक व मानसिक तौर पर अनेक ऐसे श्रमसाध्य कार्य हैं, जिनमें दक्षता व प्रतिभा की महत्त्वपूर्ण भूमिका है। इन कार्यों में दक्ष लोगों की भी हजारों-लाखों की संख्या में जरूरत पड़ती है। शैक्षणिक क्षेत्रों की बात करें तो पढ़-लिखकर परीक्षाएँ पास करना और अच्छे अंक प्राप्त करना

केवल प्रवेश स्तर तक ही उपयोगी है। उसके बाद अनेक बारीक दक्षताओं की आवश्यकता भी पड़ती है, जैसे—संवाद स्थापित करने की क्षमता, प्रस्तुतीकरण की क्षमता, नेटवर्क बनाने की क्षमता, व्यक्ति से व्यक्ति तक संपर्क स्थापित करने की क्षमता। इन सब दक्षताओं व क्षमताओं को विकसित करने पर ही आप प्रतिभाशाली व्यक्ति बन पाते हैं। जब आप किसी नौकरी में लगते हैं या अपना व्यापार शुरू करते हैं, तभी इन दक्षताओं में अपनी कमियों को जान पाते हैं। कारण स्पष्ट है। हमारे शिक्षण संस्थान इन दक्षताओं को विकसित नहीं कर पाते, क्योंकि वे साल-दर-साल एक ही ढर्रे पर काम करते हैं। इसलिए आज से ही अपनी दक्षताओं को विकसित करना आरंभ कर दें। यदि आप माता-पिता हैं तो ध्यान रखें कि अपने बच्चों को अच्छे अंक लानेवाली मशीन नहीं बनाना है, बल्कि उन्हें बेहतर दक्षता विकसित करने में मदद करें।

—— प्रतिमान ——

शताब्दियों या सहस्राब्दियों पहले क्या हालात थे, मैं नहीं जानता; परंतु वर्तमान युग में भारत में अनगिनत प्रतिमान दिखाई देते हैं। अचानक कोई व्यक्ति सेलेब्रिटी बन जाता है। कोई व्यक्ति, जो अपने क्षेत्र में दक्ष हो, अचानक विज्ञान, राजनीति, अध्यात्म जगत् का सितारा बन जाता है। अखबार, रेडियो, टी.वी. पर उसके साक्षात्कार, तसवीरें प्रकाशित-प्रसारित होने लगती हैं और बच्चे-बूढ़े-जवान सभी उसके दीवाने बनने लगते हैं।

ज्यादातर लोग अपने भीतर सत्य की तलाश करने की इच्छा को मारने के लिए प्रतिमानों का उपयोग करते हैं। इस तरह वह तर्कसंगत हल तलाशने तथा ईश्वरप्रदत्त सोचने-समझने की शक्तियों से भी छुटकारा पा जाते हैं। हममें से ज्यादातर लोग अपने सुंदर 'आत्म' को छोड़कर दूसरों के मानसिक गुलाम बने रहना चाहते हैं। प्रतिमानों का यही स्रोत है।

कहने का अर्थ यह नहीं कि आप किसी व्यक्ति और उसके कार्यों की प्रशंसा न करें। लगातार अच्छा खेल खेलनेवाले खिलाड़ी, विश्व स्तरीय परीक्षण करनेवाले वैज्ञानिक और कलाकार आदि सभी प्रशंसा के पात्र हैं। केवल अंधों की तरह उनका अनुसरण नहीं करना चाहिए।

मेरी दृष्टि में तो वह किसान नायक है, जो खेत जोतता है और अच्छी फसल उगाता है। चाहे देश के बाहर-भीतर जंग चल रही हो या वह मजदूर या वैज्ञानिक नायक है, जो पुरस्कारों की परवाह किए बगैर अपने काम में लगा हो। इस तरह

के तमाम लोग, जो किसी भी क्षेत्र से हों, निस्स्वार्थ भाव से अपना कार्य कर रहे हों तो वे सही अर्थों में नायक हैं।

—— प्रतियोगिता ——

पृथ्वी पर जीवन के विकास की संपूर्ण प्रक्रिया प्रतियोगिताओं से भरी पड़ी है। जगह के लिए प्रतियोगिता, जोड़ीदार के लिए प्रतियोगिता, संसाधनों के लिए प्रतियोगिता। वे जीव, जो स्वयं को परिवर्तनों के अनुसार ढालने में समर्थ होते हैं, ऐसी प्रतियोगिता भरी प्रक्रियाओं में भी फलते-फूलते रहते हैं। एक प्रजाति के भीतर भी जो सदस्य प्रतियोगिता में अच्छे होते हैं, फलते-फूलते हैं। मनुष्यों के प्रादुर्भाव और विकासात्मक वृद्धि के आधुनिक जीवन की ओर अग्रसर होने के साथ मनुष्य ने इस प्रतियोगिता में कई नए आयाम जोड़ दिए। परिणामस्वरूप बीसवीं सदी के उत्तरार्ध और इक्कीसवीं सदी के आरंभ में प्रतिस्पर्धात्मकता, विश्व प्रतियोगिता आदि मंत्र बन चुके हैं। यहाँ तक कि बहुत छोटे बच्चों को भी खेलने-खाने की उम्र में ही कठोर प्रतियोगी परीक्षाओं का सामना करना पड़ता है। एक समय था, जब तमाम आर्थिक गतिविधियों पर लाइसेंस-परमिट-कोटा राज की शक्ल में सरकारी नियंत्रण रहता था। उस समय बाहरी प्रतियोगिता लगभग शून्य थी, पर भीतर-ही-भीतर सारी व्यवस्था सड़ चुकी थी। लाइसेंस लेने या किसी को न लेने देने के लिए कड़ी प्रतियोगिता होती थी। इन सबके चलते भ्रष्टाचार चरम पर पहुँच चुका था; पर अब व्यापारिक अवरोध हटाए जा रहे हैं। सरकारी नियंत्रण कम हो रहे हैं तो प्रतियोगिता अपने बेहतर स्वरूप में उभर रही है। विविध आर्थिक सुधार और सरकारी सुधार हमें सही दिशा में ले जा रहे हैं। अपने नए स्वरूपों में प्रतियोगिता, ज्ञान, दक्षता तथा संपर्क साधने की क्षमता व्यापार और अन्य अनेक आर्थिक गतिविधियों में सफलता के अवयव बन चुके हैं। इसलिए आपको प्रतियोगी बनना सीखना होगा। क्षमता-निर्माण, चुनौतियों का सामना करने, परिवर्तनों को पहले से ही भाँपने और उन परिवर्तनों के अनुकूल लगातार ढलने की क्षमता किसी प्रतियोगिता में जीतने के लिए अनिवार्य हैं। प्रश्न उठता है कि क्या आधुनिक जीवन सिर्फ प्रतियोगिता से ही भरा है? हो सकता है, कुछ लोग जीवन को केवल संघर्ष मानते हों; पर मैं मानता हूँ कि संघर्ष या प्रतियोगिता की भी एक सीमा होती है। विकास की प्रक्रिया स्वयं दरशाती है कि प्रजातियों की सफलता केवल प्रतियोगिता पर ही नहीं टिकी थी, बल्कि इसमें आपसी सहयोग का भी बड़ा हाथ था। आज फिर सहयोग

प्रतियोगिता की भाँति महत्त्वपूर्ण भूमिका निभाने जा रहा है। इस बात को जीवन की कड़ी प्रतियोगिता में कूदते समय भी ध्यान में रखें।

—— प्रबंधन ——

आज की जटिल दुनिया में चीजों, लोगों, प्रक्रियाओं का प्रबंधन बहुत महत्त्वपूर्ण है। सबसे बढ़कर व्यक्ति को अपने स्वयं के स्वास्थ्य का प्रबंधन करना पड़ता है, ताकि वह बीमार न पड़े और आर्थिक-सामाजिक तौर पर सक्रिय रहे। इसीलिए आज की दुनिया में आत्म-प्रबंधन अत्यंत महत्त्वपूर्ण है। जहाँ बृहत्तर परिवार की धारणा परंपरा की दृष्टि से अच्छी है, संयुक्त परिवार का संरक्षण, बुजुर्गों के निर्णय आदि जैसे मूल्य आज की दुनिया में कारगर विकल्प नहीं लगते हैं, जो तेजी से चल रही है, ज्ञान व दक्षता आधारित है तथा प्रतियोगिता से भरी है।

—— प्रभावी ——

आपके लिए चीजों को जानना या करना ही पर्याप्त नहीं है। आपको अपने कार्यों में प्रभावी भी होना चाहिए। दल के अन्य सदस्यों व ग्राहकों को आपके प्रभावी कार्यों का एहसास भी होना चाहिए। सफलता के लिए यह महत्त्वपूर्ण है। दूसरों की प्रतिक्रियाओं व भावनाओं को भाँपने के लिए भी विशेष कौशल की आवश्यकता है। आप दूसरों से पूछ भी नहीं सकते हैं कि 'मैं कितना प्रभावी हूँ?' ऐसा पूछने पर लोग समझेंगे कि आपको अपनी क्षमताओं पर पूरा भरोसा नहीं है—और फिर हरेक को अपने निर्णय पर कुछ-न-कुछ संदेह तो रहता ही है। जब लोग आपसे सहायता या सुझाव माँगने लगें तो समझिए कि आप वास्तव में प्रभावी हैं। अपनी प्राभाविकता को जताने के लिए अपने कार्यों का चुपचाप विज्ञापन भी करें। याद रखें, प्रभाव को मापने का पैमाना है कार्य-निष्पादन, पर इसे दैनिक कार्यों से मापने की परवाह न करें। यदि आपको इसकी जरूरत का एहसास है तो स्वयं सीख जाएँगे।

—— प्रयास ——

आपकी सफलता आपके प्रयासों पर निर्भर करती है। अपना लक्ष्य पाने के लिए निरंतर प्रयास करें। यदि एक बार प्रयास असफल भी हो जाए तो नए तरीकों से दोबारा प्रयास करें। कार्य और प्रयास जीवन के यही दो रास्ते हैं। 'मा ते

सङ्गोऽस्त्वकर्मणि' अर्थात् अकर्म से नाता न जोड़ें। सफलता व प्रसन्नता का एकमात्र मंत्र है—अथक प्रयास।

—— प्रयासरत ——

जब तक आप अपने लक्ष्य को प्राप्त न कर लें, अपनी मंजिल तक न पहुँच जाएँ, निरंतर प्रयासरत रहें।

—— प्रलोभन ——

आधुनिक जीवन में अनेक प्रलोभन हैं। जहाँ इनमें से कुछ आनंददायक हो सकते हैं वहीं अनेक खतरनाक हो सकते हैं। हो सकता है, उनका असर तत्काल न पता चले, पर लंबे समय में उनसे काफी नुकसान हो सकता है। प्रलोभनों से निबटना सीखें। आपको संतुलन करना सीखना होगा।

—— प्रशंसा ——

बचपन से ही आप किसी व्यक्ति विशेष की प्रशंसा करते होंगे। अगर आप अपने माता-पिता, रिश्तेदार, शिक्षक या अन्य किसी परिचित की प्रशंसा या आदर करते हैं तो इसे करते रहें। उनसे सीखते भी रहें। परंतु ऐसा न हो कि अन्य लोगों की अनदेखी करें या उन्हें ठेस पहुँचाएँ। यह उचित व्यवहार नहीं है। हर व्यक्ति में कुछ-न-कुछ गुण होते हैं, जिनकी प्रशंसा की जा सकती है। हमेशा याद रखें कि हम सभी इनसान हैं। हममें गुण भी हो सकते हैं और अवगुण भी। आपका कोई शिक्षक धैर्य से आपकी बात सुन सकता है, पर हो सकता है कि वह पढ़ाने में अच्छा न हो। इसी तरह अच्छा पढ़ानेवाला शिक्षक कठोर भी हो सकता है। जरूरी नहीं कि आप हर उस व्यक्ति की नकल करने लगें, जिसकी आप प्रशंसा करते हैं। प्रशंसा से आप में आत्मविश्वास आता है, आपको एक आदर्श भी मिलता है।

अकसर युवा लड़के-लड़कियाँ किसी सफल व्यक्तित्व पर मोहित होने लगते हैं। इन हस्तियों में बड़े खिलाड़ी, फिल्म अभिनेता व अभिनेत्रियाँ आदि हो सकते हैं; किंतु उन हस्तियों को निकट से देखते का अवसर कितनों को मिलता है? इसलिए उनकी कमजोरियों का पता आपको नहीं चल पाता है। इसी अंतर के कारण महान् हस्तियों को मीडिया द्वारा इतना महिमामंडित किया जाता है। इसीलिए लोग अकसर उन गुणों की प्रशंसा करने लगते हैं, जिनका सच्चाई से कोई लेना-

देना नहीं होता है, जैसे—फलाँ केवल फल खाता है, केवल दो घंटे सोता है, कभी गुस्सा नहीं होता है आदि। अकसर ये मिथ्या बातें लड़के-लड़कियों के दिमाग पर इस कदर हावी हो जाती हैं कि वे अपने आस-पास भले लोगों को भी भुला देते हैं। व्यक्तित्व विकास के लिए यह हरगिज ठीक नहीं है। इससे आत्मविश्वास कमजोर होता है और अवसाद छाने लगता है। अवश्य ही महान् हस्तियों की प्रशंसा करें, मगर मीडिया द्वारा बुने गए इंद्रजाल से भ्रमित न हों। अपने नजदीकी लोगों को अनदेखा न करें। आपको अपने आस-पास भी प्रशंसा के योग्य महान् व्यक्तित्व मिल जाएँगे।

—— प्रशंसा का उपयोग ——

झूठी प्रशंसाओं के शिकार न बनें। आपको ऐसे लोग भी मिल जाएँगे, जो अपनी प्रशंसा सुनकर फूलने लगते हैं। यदि आपको लगे कि कोई व्यक्ति आपसे अपनी प्रशंसा सुनकर खुश हो जाएगा तो उसकी प्रशंसा करने में कंजूसी न करें; किंतु फिर भी झूठी प्रशंसा न करें। खाने में मसाले की तरह जीवन में प्रशंसा का उपयोग करें—थोड़ा-थोड़ा लेकिन जायकेदार।

—— प्रश्न ——

मनुष्य का ज्ञान प्रश्नों व उनके उत्तर पाने के प्रयासों से उपजा है। प्रश्न दूसरों के द्वारा या स्वयं के द्वारा खड़े किए जाते हैं। जितना ज्यादा रचनात्मक मस्तिष्क होगा उतने ज्यादा प्रश्न वह खड़े करेगा। प्रश्नों के उत्तर तलाशने के प्रयास में हम सत्य के विविध प्रश्नों को खोज निकालते हैं। उनमें से अनेक महान् खोज बन जाते हैं। कला में इनसे महान् कलाकृतियों का निर्माण हो जाता है। जरूरी नहीं है कि प्रत्येक प्रश्न के उत्तर सही हों। उनसे और प्रश्न उठ खड़े होते हैं और उत्तर मिलते हैं। मानव ज्ञान की यही वास्तविक प्रक्रिया है। प्रश्नों से भयभीत न हों। उनका आनंद लें। जब आप प्रश्नों के उत्तर तलाश रहे हों तो जीवन की स्वाभाविक गति को नहीं रोक सकते हैं। आपको अपने अर्जित ज्ञान के साथ रहना होगा, पूरे आत्मविश्वास के साथ रहना होगा। बस, प्रश्नों और उत्तरों के खेल को खेलते रहिए।

—— प्रसन्नचित्त ——

यदि आप परिवर्तनों के स्वामी हैं, शांतचित्त हैं, निडर हैं; कमियों, असफलताओं या आपदाओं से घबराते नहीं हैं; निरंतर चुनौतियों का सामना करते हैं तो आप

स्वयमेव प्रसन्नचित्त व्यक्ति हैं। जिंदगी आपको हर दिशा से खुशियाँ प्रदान करती है। लेकिन यदि आप इन सभी चीजों से वंचित हैं तो भी चिंता करने की जरूरत नहीं, न ही मुँह लटकाकर बैठने की। जिंदगी में नकारात्मक परिस्थितियों से इनकार नहीं किया जा सकता है, पर यदि आप अपने नकारात्मक विचारों को मन से निकाल बाहर कर सकते हैं और जीवन के सकारात्मक पहलुओं को देख सकते हैं तो आप खुद-ब-खुद खुशमिजाज बन सकते हैं। किंतु इसके लिए जान की बाजी लगाने की जरूरत नहीं है। प्रसन्नचित्त रहने में जैविक, मानसिक और सामाजिक कारण मिल-जुलकर कार्य करते हैं। हो सकता है कि परिवर्तनों की रफ्तार कुछ धीमी हो, लेकिन यदि आप में आत्मविश्वास है तो सकारात्मक परिवर्तन जरूर आएँगे।

— प्रसन्नता —

स्वयं प्रसन्न होना और दूसरों को प्रसन्न करना जीवन के बहुत ही सुंदर लक्ष्य हैं। सामान्यतया भय, लालच, कड़वाहट, क्रोध आदि जैसे नकारात्मक भावों से प्रसन्नता का प्रभाव कुछ कम हो जाता है। इसलिए यदि आपने कड़ी मेहनत के बाद सफलता और प्रसन्नता का स्वाद चखा है तो तमाम नकारात्मक विचारों-भावों को मन से निकाल बाहर करने का प्रयास करें, ताकि अपनी उपलब्धियों, अपने प्रियजनों व मित्रों की उपलब्धियों और अपने संगठन की उपलब्धियों का जश्न मना सकें। जब आप अच्छी भावनाओं में प्लावित होते हैं, तभी जीवन की प्रसन्नता का आनंद ले सकेंगे। जितना ज्यादा आप ऐसे पलों का आनंद लेंगे उतना ही यह आपकी आदतों में शामिल होता जाएगा। जीवन में अनेक पल ऐसे भी होते हैं जब आपको अपने लक्ष्य प्राप्त करने के लिए कड़ा संघर्ष नहीं करना होता या कोई विशेष उपलब्धि हासिल नहीं करनी होती है तब आप प्रकृति के खुशनुमा पहलुओं का आनंद ले सकते हैं। बर्फ से ढके ऊँचे पहाड़, नीला आसमान, सूर्योदय या सूर्यास्त, रंग-बिरंगे पक्षी, फूल, हरियाली, प्रसन्नचित्त मनुष्य, बच्चे आदि सभी आपको असीम प्रसन्नता दे सकते हैं। जरूरत है तो सिर्फ खुले दिल-दिमाग से देखने व महसूस करने की। इस तरह से आप नाच-गानों, कविता-कहानियों आदि का भी आनंद ले सकते हैं। ऐसी प्रयासहीन प्रसन्नता आपको तभी मिल सकती है जब उसे ग्रहण करने को तैयार हों। प्रसन्नता की तरंगें आपके चारों ओर हवा में छितराई हुई हैं। किसी अच्छे रेडियो की तरह आपको इन्हें अच्छी तरह पकड़ना सीखना होगा। हम अकसर खिड़की-दरवाजे बंद कर लेते हैं और कृत्रिम प्रकाश

से स्वयं को आलोकित करने का प्रयास करते हैं। अपने चारों ओर बिखरी सुंदर प्रसन्नता को ग्रहण करने के लिए तत्पर बनें। जीवन चलाने के लिए आपको कार्य करने की जरूरत भी है। अकसर लोग इन कार्यों को बोझ समझ लेते हैं। लेकिन यदि इन कार्यों को आनंद के साथ किया जाए तो उनसे मिलनेवाली सफलता अकल्पनीय प्रसन्नता का अनुभव कराएगी। प्रसन्नता के अन्य क्षेत्र भी हैं, जैसे—रचनात्मक शोध-कार्य, कलाकृतियाँ, साहित्य, रोमांच, बागबानी इत्यादि। आध्यात्मिक क्षेत्र में भी जब आप ईश्वर की पूजा करते हैं, प्रार्थना करते हैं तो जीवन प्रसन्नता से भरा-पूरा लगने लगता है। जरूरत है केवल इसे देखने, समझने और ग्रहण करने की।

—— प्रसन्नता क्या है ——

प्रत्येक व्यक्ति के लिए प्रसन्नता का अलग अर्थ है। यहाँ तक कि एक ही व्यक्ति के लिए अलग-अलग समय पर प्रसन्नता के मायने बदल जाते हैं। कुछ दिन पहले, कुछ सप्ताह पहले या कुछ महीनों पहले जिस चीज से आपको प्रसन्नता मिली थी, हो सकता है, अब उससे प्रसन्नता न मिले।

कहने का अर्थ यह है कि प्रसन्नता का विषय भी विविध है और प्रसन्नता होती भी क्षणिक है; लेकिन फिर भी ज्यादातर लोग प्रसन्नता की तलाश में रहते हैं। किसी भी भाषा में प्रसन्नता का जिक्र किया जाए तो हम सभी में एक सुखद अहसास दौड़ जाता है।

तो वास्तव में प्रसन्नता क्या है? मूल रूप से जरूरतों की पूर्ति एवं संतुष्टि होना ही प्रसन्नता है। हमारी शारीरिक और मानसिक जरूरतें होती हैं। शारीरिक जरूरतों को पहचानना और शांत करना अपेक्षाकृत आसान है। आप कितना खा सकते हैं, कितना पी सकते हैं, कितना इत्र लगा सकते हैं और कितना सहवास कर सकते हैं—इन सबकी सीमा है।

और ऐसा तब है जब हम न्यूनतम शारीरिक जरूरतों पर विचार करते हैं जैसे—पोषण, शारीरिक सुख, पीड़ा-रहित शरीर, अच्छा शारीरिक स्वास्थ्य इत्यादि। इन न्यूनतम जरूरतों को पूरा करना अपेक्षाकृत आसान है। मैं इस बात से अनभिज्ञ नहीं हूँ कि हमारे देश में गरीब तबके के करोड़ों लोगों की न्यूनतम जरूरतें भी पूरी नहीं हो पाती हैं। अगर सही नीतियाँ बनाई जाएँ और लागू की जाएँ तो एक-दो दशकों में इस देश की ज्यादातर गरीबी लगभग दूर हो जाएगी। पूर्व राष्ट्रपति डॉ. ए.पी.जे. अब्दुल कलाम के साथ मैंने अपनी पुस्तक 'महाशक्ति

भारत' में इस बात की चर्चा भी की है कि गरीबी हटाने से नहीं हटेगी बल्कि संपन्नता के स्तर को बढ़ाने से हटेगी।

लेकिन शारीरिक संतुष्टि की न्यूनतम जरूरतों से परे समस्याएँ शुरू हो जाती हैं। यहाँ तक कि अच्छा, संतुलित और वैज्ञानिक तरीके से तैयार किया गया भोजन भी हमेशा तृप्त नहीं करता है। तब कोई व्यक्ति विभिन्नताओं के बारे में सोचने लगता है। इसका भी नियोजन किया जा सकता है; लेकिन यदि कोई अपने पड़ोसी या सहकर्मी से बेहतर दिखना चाहे तो यही बात कपड़े पर भी लागू होती है। अन्य सभी लोगों से बेहतर दिखने की होड़ मनुष्य के भीतर से उठती है। केवल यही पर्याप्त नहीं है कि किसी व्यक्ति का खाना-पीना अच्छा है और पहनना-ओढ़ना अच्छा है। मकान भी अच्छा होना चाहिए (रोटी, कपड़ा और मकान)। बात यहीं पर खत्म नहीं होती। लोगों की चाहत होती है कि मैं सबसे अच्छा खाना खाऊँ, सबसे अच्छा कपड़ा पहनूँ, सबसे अच्छे घर में रहूँ।

हम सभी की यही मानसिकता है। एक इच्छा के पूर्ण होते ही कई और इच्छाएँ उठ खड़ी होती हैं। आप और चाहने लगते हैं। कुछ लोग कहेंगे कि आधुनिक उपभोक्तावादी समाज के कारण ऐसा हो रहा है। हो सकता है कि उपभोक्तावाद का आधार ही मानव की सहज वृत्ति हो कि ज्यादा-से-ज्यादा, बेहतर-से-बेहतर चाहिए-ही-चाहिए। एक चीज से ऊब गए तो तुरंत नई चीज आनी चाहिए। आप किसी व्यक्ति को कोई काम करते देखते हैं तो स्वयं भी वही करना चाहने लगते हैं, लेकिन बेहतर ढंग से। बेशक यह प्रतियोगी उपभोक्तावाद ही है, जो रईस लोगों को अनाप-शनाप ढंग से खर्च करने के लिए प्रेरित करता है। यहाँ तक कि गरीब लोग भी न्यूनतम जरूरतों को पूरा करने के बाद जो कुछ बचता है, उसे 'विलासिता' पर खर्च करने से नहीं चूकते।

मेरे खयाल से इस तरह के उपभोक्तावाद में कुछ भी बुरा नहीं है। आखिरकार समस्त मानव प्रगति बेहतर शारीरिक व मानसिक कल्याण से भी जुड़ी है। लेकिन समस्या तब शुरू होती है जब लोग होड़ भरे उपभोक्तावाद में पागल होने लगते हैं। अब तो ये प्रश्न उठने लगे हैं कि हमारी धरती इस बढ़ते उपभोक्तावाद का बोझ भी उठा सकेगी कि नहीं? खासकर सन् 2020 में जब सारी दुनिया की 8 अरब आबादी आज के विकसित देशों की आबादियों और विकासशील देशों के अमीर लोगों के बराबर चीजों का उपभोग करने लगेगी। सन् 2020 तक प्रति व्यक्ति आय कहीं अधिक होगी। इसी तथ्य को ध्यान में रखकर आज सामग्रियों की और ऊर्जा की खपत घटाने पर व्यापक शोध-कार्य चल रहे हैं, ताकि चीजों

की बरबादी एकदम बंद हो जाए और अधिकतम कुशलता पर ऊर्जा का नुकसान न्यूनतम हो जाए। जल पुनरोपयोग तकनीकों को परिष्कृत किया जा रहा है। पुनरोपयोगी स्रोतों को तलाशा जा रहा है। ये सभी वैज्ञानिक, तकनीकी व व्यापारिक विधियाँ अपने आप में बहुत उपयोगी हैं।

मगर हमारी निजी प्रसन्नता का क्या? बेशक यह हमारी शारीरिक जरूरत से कहीं परे है। वास्तव में ईर्ष्या, लालच आदि के रूप में यह होड़ एक मानसिक पक्ष है। यह केवल शारीरिक जरूरत नहीं है। जंतु जगत् में उपभोग की सीमाएँ हैं। मगर मानव-मन इन सीमाओं को तोड़ देता है। यह प्रसन्नता की एक और तलाश है। दुर्भाग्यवश मनुष्यों की ढेर सारी तकलीफों के पथ भी प्रसन्नता के इसी मार्ग से फूटते हैं।

मनुष्य की मानसिक जरूरतों की इन्हीं शक्तियों को होड़ भरे सामग्री उपभोग से परे अन्य मार्गों के जरिए भी प्रवाहित किया जा सकता है। प्रेम, रचनात्मकता, आत्मतुष्टि आदि ये मार्ग हैं। भौतिक सुखों के पीछे न भागें। उन्हें अपनी हैसियत का प्रतीक न बनाएँ। यथासंभव अच्छा खाएँ, अच्छा पीएँ, अच्छे कपड़े पहनें, अच्छे साधन अपनाएँ और जीवन जीएँ। लेकिन सीमा से परे जाने लगें तो अपनी रफ्तार पर लगाम लगाएँ।

मानव जीवन के अन्य गौण पहलू भी हैं, जैसे—कला, साहित्य, संगीत, प्रकृति-प्रेम, मानवता के प्रति प्रेम, विभिन्न व्यक्तियों के बीच सेतु-बंधन और एक-दूसरे को बेहतर ढंग से समझने का प्रयास। इन गौण मानसिक तुष्टियों को आप प्रतियोगी उपलब्धि के पैमाने पर नहीं मापते हैं। आपको केवल यह परवाह नहीं करनी चाहिए कि दूसरे क्या कर रहे हैं, कोई तुलना न करें। यदि आप योगासन करने या ध्यान लगाने की अपनी क्षमता की दूसरों से तुलना करने लगेंगे तो आपका ध्यान किसी काम का नहीं रहेगा। इसी तरह, यदि आप मंदिर जाएँ और वहाँ दूसरों की पूजा से अपनी पूजा की तुलना करने लगें तो ईश्वर में आपका ध्यान कहाँ लगा। इसी तरह आप अपने सुख के लिए गाना गाएँ या कोई अच्छी सी पुस्तक पढ़ने लगें और दूसरों से अपने अध्ययन की तुलना करने लगें तो आपका सुख कहाँ रहा? इसलिए जीवन के इन अनेक छोटे-मोटे पक्षों के लिए किसी के साथ भी अपनी तुलना न करें। अपने लिए मानक स्वयं तय करें। इसी को आत्मतुष्टीकरण कहा जाता है। सरल शब्दों में कहें तो अच्छे भौतिक सुख के लिए जरूरी प्रतियोगी भौतिक उपभोग की एक सीमा के बाद अपने मन को आत्मतुष्टीकरण पर केंद्रित करें।

तब आप अपने भीतर एक जीवंत संतुलन को पा लेंगे। याद रखें कि कुछ भी पूरी तरह से एक समान नहीं है और निरंतर प्रसन्नता जैसी भी कोई चीज नहीं है। जीवन में उतार-चढ़ाव लगे रहेंगे। आपको इन्हीं के बीच प्रसन्नता का मार्ग तलाशना होगा। प्रकृति ने आपको जैसा बनाया है उसी में प्रसन्न रहना होगा। यदि सभी लोग इस मानसिकता को अपना लें तो धरती रहने के लिए बहुत सुंदर स्थान बन जाएगी। हरी-भरी धरती का आदर्श स्वरूप भी तभी बन सकता है जब तमाम मनुष्य आत्मतुष्टीकरण के मार्ग को अपना लें।

— प्रसिद्धि —

ज्यादातर लोग प्रसिद्धि चाहते हैं। कुछ लोग—चाहे वे किसी छोटे से गाँव में रहते हों, छोटे विद्यालय में हों या किसी छोटी कंपनी या संस्थान में हों—प्रसिद्धि पा लेते हैं। इससे कई लोगों को वास्तविक संतुष्टि मिलती है। ज्यादा महत्त्वाकांक्षी लोगों में और ज्यादा प्रसिद्धि पाने की लालसा यहीं खत्म नहीं होती। अकसर वे मानते हैं कि सफलता ही प्रसिद्धि का दूसरा नाम है। उनकी प्रसिद्धि का दायरा लगातार बढ़ता रहता है। स्थानीय स्तर से प्रांतीय और प्रांतीय स्तर से राष्ट्रीय स्तर तक। इसकी कोई सीमा नहीं है। फिर लोग विश्व स्तर पर प्रसिद्धि चाहते हैं। एक बार प्रसिद्धि मिल जाए तो फिर अपनी स्थिति को बनाए रखने की होड़ शुरू हो जाती है। कोई भी लंबे समय तक या जीवन भर के लिए प्रसिद्ध बना रह सकता है। वास्तव में यह बहुत बड़ी महत्त्वाकांक्षा है।

खिलाड़ियों की प्रसिद्धि सीमित समय तक कायम रहती है। कलाकारों, अभिनेता-अभिनेत्रियों तथा राजनीतिज्ञों की प्रसिद्धि भी क्षणिक होती है। व्यापार में भी कोई व्यक्ति अचानक प्रसिद्ध होता है और फिर कुछ समय बाद उसकी जगह कोई दूसरा आ जाता है।

आजकल हम पाते हैं कि सरकारी नौकर भी अपने कैरियर के प्रारंभिक दौर में अपने अच्छे जनसंपर्क के बल पर प्रसिद्धि पा लेते हैं। किंतु अनेक लोग ऐसे हैं, जो बहुत बेहतरीन कार्य करते हैं पर जीवन भर गुमनामी के अँधेरे में रहते हैं। उन्हें प्रसिद्धि लंबे इंतजार के बाद मिलती है—कई बार तो उनके इस दुनिया से चले जाने के बाद।

यदि आप प्रसिद्ध होना चाहते हैं तो इसमें कुछ भी गलत नहीं है। आप अपने अच्छे गुणों व उपलब्धियों को प्रकाशित करना चाहते हैं तो शौक से करें, लेकिन याद रखें कि प्रसिद्ध होने के लिए केवल अच्छे कार्य करना ही पर्याप्त

नहीं है। इसके लिए आपको जनसंपर्क के प्रयास भी करने होंगे। आधुनिक जीवन की यही सच्चाई है। हो सकता है, पहले भी ऐसा ही होता हो। किंतु चूँकि आप वर्तमान काल में हैं, अत: आपको आपके नियमों व कायदे-कानूनों को जानना व मानना होगा। पर यहाँ थोड़ी सावधानी जरूरी है। प्रसिद्ध बनने की चाह में आपको गला-काट प्रतियोगिता का सामना भी करना होगा। कई बार लोग अपने नियमित काम को छोड़कर केवल जनसंपर्क में लगे रहते हैं, ताकि प्रसिद्ध हो सकें। ऐसे लोग ज्यादातर रास्ता भटक जाते हैं। कई लोग सफल भी हो जाते हैं। आपको जानना चाहिए कि प्रसिद्धि पाने के लिए अच्छे कार्य तथा जनसंपर्क के बीच संतुलन किस प्रकार कायम किया जाए।

लेकिन प्रसिद्धि पाने की इच्छा को स्वयं पर हावी न होने दें। इसका कोई तय रास्ता नहीं है। याद रखें कि इसमें कई बार भाग्य भी अपना खेल दिखाता है। कुछ लोग यह भी कहते हैं कि आप में लक्ष्य को पाने के लिए 'मारक क्षमता' होनी चाहिए। मैं नहीं जानता कि यह कथन हमारे मूल्यों के साथ कितना उपयुक्त है, इसलिए मैं आपको केवल चेता सकता हूँ। मेरा मानना है कि जिंदगी प्रसिद्धि से कहीं बड़ी है। मैं अनेक लोगों को जानता हूँ जिनके ज्ञान, दक्षता और क्षमता का कोई सानी नहीं है; पर वे प्रसिद्धि से कोसों दूर हैं। मैंने कई प्रसिद्ध लोगों को इन्हीं गुमनाम लोगों से मदद माँगते देखा है। इनमें से कई लोग प्रसिद्ध होने पर इनका आभार प्रकट करते हैं और कई तो उनकी चर्चा तक नहीं करते हैं। यह सब जिंदगी का हिस्सा है।

—— प्राथमिकता ——

सफलता अकसर इस बात में छिपी होती है कि आप जीवन में कार्यों की क्या प्राथमिकता तय करते हैं।

—— प्रार्थना ——

वे लोग भी, जो पारंपरिक ईश्वर में विश्वास नहीं करते हैं, किसी-न-किसी शक्ति में तो जरूर आस्था रखते हैं। आपकी आस्था भी जिसमें हो, उसी की प्रार्थना करें या आप निराकार ईश्वर की प्रार्थना करते हैं तो इसे अपनी आदत बना लें। उद्‌देश्य है ईश्वर को याद करना। जब कभी परेशानी में हों तो प्रार्थना अवश्य करें। आपको लगेगा कि आपका बोझ हलका हो गया है। हो सकता है कि मस्तिष्क, मन व अवचेतन मन आदि में होनेवाले भावी अनुसंधान इस

बारे में नई बातों का खुलासा करें; किंतु फिर भी मनुष्यों के लिए प्रार्थना शक्तिशाली व अचूक उपाय रहेगी। अपनी आस्था को कायम रखें।

—— प्रासंगिकता ——

आप कितने प्रासंगिक हैं? आपके कार्य कितने प्रासंगिक हैं? समाज की दीर्घकालिक जरूरतों को ध्यान में रखकर बार-बार यह प्रश्न स्वयं से करें। हमारे देश में ज्यादातर संपन्न वर्ग के लोग जिंदगी भर एक लकीर में सिमटकर रह जाते हैं और उसी में चक्कर काटते रहते हैं। वे उत्कृष्टता की बात करते हैं, सांस्कृतिक विरासत की बात करते हैं, मानवीय चेहरे की बात करते हैं, महान् परंपराओं की बात करते हैं या हमारे कार्यों की बात करते हैं। किंतु पिछले पचास-साठ वर्षों में हमने क्या किया है और क्यों न हम उन परंपराओं से विचलित हों! हम अपने अतीत में उलझकर रह जाते हैं। मगर वर्तमान का क्या? वर्तमान के लिए क्या प्रासंगिक है? बहुत कम लोग ऐसे प्रश्न पूछते हैं। वर्तमान या भविष्य के लिए जो प्रासंगिक न हो तो उत्कृष्टता बेमानी है। हमें 'आज' में रहना है और 'कल' तथा 'परसों' भी रहने की आशा करनी चाहिए। ऐसे में प्रासंगिकता का हमारे जीवन के लिए वास्तविक महत्त्व है। किसी भी कार्य को करने या किसी नई परियोजना को हाथ में लेने से पहले उसकी प्रासंगिकता को जाँच लें। उसके बाद गुणवत्ता, उत्कृष्टता आदि की बात करें। अतः प्रासंगिक बनें, जीवन में सफल हों और दूसरों को भी सफल बनाएँ।

—— प्रिय ——

जीवन में सफल होने के लिए आपको धैर्यवान्, प्रसन्नचित्त, सक्रिय, आशावादी, जीवंत और केंद्रित होना होगा। कार्यस्थल पर आपका दृष्टिकोण सही होना चाहिए और दल के सदस्यों, साझेदारों तथा ग्राहकों के साथ संवाद स्थापित करने की उत्कृष्ट क्षमता आप में होनी चाहिए। किंतु यह आशा न करें कि आप सभी की आँखों का तारा बन जाएँगे। अकसर आपको कठोर और मजबूत भी बनना पड़ता है। इसका अर्थ है कि कुछ लोग आपको पसंद नहीं भी कर सकते हैं। किंतु आप अपने परिवार और निकटतम मित्र-मंडली में यथासंभव सभी के चहेते बनने का प्रयास करें। इस तरह आप अपने तथा अन्य लोगों के जीवन में खुशियाँ बिखेर सकते हैं।

— प्रेक्षण —

प्रेक्षण आधुनिक विज्ञान का मूल है। मॉडलों के विश्लेषण व विकास में प्रेक्षण व मापन की महत्त्वपूर्ण भूमिका है। मानव भावों के संवेदनशील पक्षों को भाँपने के लिए कई अन्य प्रकार के प्रेक्षण भी हैं, जैसे—'देह की भाषा'। ऐसे मामलों में तीक्ष्ण प्रेक्षण क्षमताओं को विकसित करना सीखें; पर इसका अर्थ यह नहीं कि किसी व्यक्ति, विशेषकर महिलाओं व लड़कियों, को घूरने लगें। आपको चेहरे के भावों को पढ़ना सीखना होगा। इनमें क्या बदलाव आते हैं—मुसकान आती है, आँखों में चमक आती है या बोरियत आने लगती है। कुछ शब्दों को भी जानना होगा—अर्थात् कोई एक सामान्य तरीका नहीं है। हर व्यक्ति अपने आप में भिन्न है। आपको अपने दिमाग में ढेर सारे लोगों की विशेषताओं को जमा करके रखना होगा। आप कोशिश कर-करके ही सीखेंगे, पर ऐसे प्रेक्षणों में कोई पूर्वग्रह मन में न पालें। अपने मन-मस्तिष्क को खुला रखें।

— प्रेम —

प्रेम के बहुमुखी आयाम हैं। युवाओं और कई अन्य लोगों के लिए प्रेम का अर्थ स्त्री-पुरुष के बीच का संबंध है। उनके बीच का आकर्षण और उनके संबंधों से उपजी भावनाएँ एवं दैहिक रिश्ते हैं। कुछ अधकचरे किस्म के लोगों के लिए तो प्रेम का अर्थ है—केवल कामुकता। हम प्रेम के इन अर्थों को यों ही खारिज नहीं कर सकते। किंतु प्रेम के कई अन्य महत्त्वपूर्ण आयाम भी हैं। युवा स्त्री-पुरुषों के बीच भी अनेक आयाम हैं, जो शारीरिक आकर्षण और संबंधों से कहीं ऊपर हैं। मस्तिष्क पर चल रहे आधुनिक अध्ययन बताते हैं कि जब दो व्यक्ति एक-दूसरे से प्रेम करने लगते हैं तो उन्हें एक-दूसरे में कोई कमी नजर नहीं आती, विशेषताएँ ही नजर आती हैं। इसका कारण है कि मस्तिष्क का वह हिस्सा, जो शक-संदेहों और विश्लेषण से जुड़ा है, उस व्यक्ति की उपस्थिति में काम करना बंद कर देता है। प्रेम में पड़े व्यक्तियों का मस्तिष्क अपने प्रेमी-प्रेमिका के बारे में केवल सकारात्मक सूचनाएँ ही प्राप्त करना चाहता है। ऐसा क्यों होता है? यह प्रश्न शोधकर्ताओं को सता रहा है। हालाँकि प्रेमियों को इससे कोई फर्क नहीं पड़ेगा।

प्रेम जीवन की सुंदरतम भावनाओं में से एक है।

जैसे-जैसे मानवता का विकास होता गया, प्रेम में भी नए आयाम जुड़ते गए— जैसे माँ और बच्चे के बीच प्रेम। संस्कृत में अनेक सुंदर शब्द हैं, जो प्रेम के विविध पक्षों को प्रकट करते हैं। लेकिन जैसे-जैसे सभ्यता बढ़ती गई, मानव

समाज में संगठनात्मक और क्रियात्मक जटिलता भी बढ़ती गई और प्रेम की अवधारणा में भी अनेक व्यावहारिक आयाम जुड़ते गए। अब 'प्रेम' शब्द कई तरह की भावनाओं को प्रकट करने में उपयोग होने लगा, जैसे—मुझे गणित से प्रेम है, मुझे उसके पढ़ाने के तरीके से प्रेम है, मुझे घूमने-फिरने से प्रेम है इत्यादि। इस तरह 'प्रेम' शब्द के प्रयोग की कोई सीमा नहीं है।

लेकिन प्रेम के स्वरूपों और अभिव्यक्तियों को लेकर कुछ विवाद भी हैं, कुछ निषेध भी हैं। प्रेम में सामाजिक नियमों का उल्लंघन भी होते देखा गया है।

और फिर प्रेम के कई धारणात्मक स्वरूप भी हैं, जिन्हें गौतम बुद्ध, महावीर, ईसा मसीह आदि महापुरुषों ने दुनिया को समझाया और सिखाया था।

मध्यकालीन भारत में भक्ति आंदोलन की धारा बही थी। आंडाल, चैतन्य महाप्रभु, मीराँबाई, सूरदास, जयदेव, नामदेव, तुकाराम, कबीर, तुलसी तथा सूफी संप्रदाय के अनेक संत कवियों ने अपने दोहों, कविताओं आदि में प्रेम का पाठ पढ़ाया है।

प्रेम की ये सभी अवधारणाएँ लोगों को जोड़ती हैं और व्यक्ति को ब्रह्मांड से मिलाती हैं।

प्रेम एक शक्तिशाली सकारात्मक ऊर्जा है और रचनात्मक व संरक्षणकारी बल है। जब हम प्रेम से युक्त हों तो हमें घृणा से बचना भी सीखना चाहिए, जो प्रेम का एकदम उलटा है। अपने प्रेमी-प्रेमिका को प्रेम करें, लेकिन दूसरों से घृणा भी न करें। ईश्वर से प्रेम करें, लेकिन इनसानों से घृणा न करें। सच्चा प्रेम जानता है कि घृणा के जहर को कैसे काटा जाए। संसार में हर चीज से प्यार करें। भले ही किन्हीं खास चीजों से आपको निकटता, परिस्थिति, इतिहास, संस्कृति आदि से गहरा प्रेम क्यों न हो और सबसे बढ़कर स्वयं को प्रेम करें। यहाँ मैं वाल्टेयर का एक कथन दोहराना चाहूँगा—'मैं जहाँ चला जाऊँ, बहार चली आए। जहाँ रुकूँ दो पल, स्वर्ग वहीं बन जाए।'

— प्रेरणा —

केवल वही लोग उपलब्धि प्राप्त कर सकते हैं, जिनके पास प्रेरणा होती है। प्रेरणा को भीतर से उत्पन्न होना चाहिए। यदि आप स्वयं को लेकर भयभीत हैं या अपनी क्षमताओं के बारे में भ्रमित हैं तो आप कभी भी स्वयं को प्रेरित नहीं कर पाएँगे। प्रेरणा का अर्थ है—बेसब्री से किसी चीज की इच्छा करना या ऊँचा स्थान प्राप्त करने के लिए प्रयास करना।

— फलदायी —

जीवन उद्देश्यपूर्ण होना चाहिए। आपके कार्य और प्रयास फलदायी होने चाहिए। 'गीता' के कर्म संबंधी उपदेश को ध्यान में रखें। इसका अर्थ यह नहीं कि जीवन की दोषदर्शीपूर्ण या नकारात्मक व्याख्या करें। बुद्धिमान व्यक्ति भविष्य पर दृष्टि रखता है, अपने वर्तमान कार्यों के संभावित परिणामों को ध्यान में रखता है। इसलिए वह ऐसे कार्यों या गतिविधियों में व्यस्त रहता है, जिनके फल उसके और अन्य लोगों के लिए भी लाभदायी हों। कार्यों को फलदायी होने के लिए नियोजित किया जाता है। यदि सर्वश्रेष्ठ प्रयासों के बावजूद किसी कार्य के अच्छे फल नहीं मिलते हैं तो मन छोटा न करें। याद रखें कि फलदायी कार्यों का उद्देश्य ही हमारे अस्तित्व और संपूर्ण मानवता के अस्तित्व का मूल आधार है।

— फसल कटाई —

आप देखेंगे कि ज्यादातर समाजों में खुशियों भरे लगभग सभी त्योहार फसल कटाई से जुड़े हुए हैं।

कई बार कई कारणों से फसल खराब हो जाती है, जैसे—बारिश न होना, समय पर पानी न मिलना, मिट्टी की उर्वरता घटना, कीड़े-मकोड़ों और चूहे इत्यादि जंतुओं का प्रकोप आदि।

यदि आप उपर्युक्त पक्ष में कल्पना करें और फसल को अपने कार्य-व्यापार आदि में अपनी सफलता के लिए रूपक के तौर पर देखें तो पाएँगे कि इन कार्यों में भी सही पर्यावरण व सही लागतों की उपलब्धता अच्छे फल देती है, जबकि इनका अभाव आपके प्रयासों पर पानी फेर देगा। यदि आप समग्र रूप से इन कारकों को लें तो निरंतर अच्छी फसल ले सकते हैं, यानी—सफलता प्राप्त कर सकते हैं।

— फूहड़ता —

फूहड़ता भरे भाषणों से बचें। धन-दौलत या ताकत के फूहड़ता भरे प्रदर्शन से बचें। किसी भी तरह की फूहड़ता को कृपया न अपनाएँ। तब आपकी जिंदगी बहार में चमन की तरह खिल उठेगी।

— बच्चा —

अपने घर के बच्चों के अलावा बाहरवाले बच्चों को आप कितना ध्यान से

देखते हैं ? जीवन की भागमभाग में हमें बच्चों के साथ खेलने का अवसर ही नहीं मिल पाता। लेकिन हो सके तो अब से सभी बच्चों को गौर से देखना शुरू कर दें। खाते-पीते घरों के हृष्ट-पुष्ट और साफ-सुथरे कपड़ों में सजे-धजे बच्चों को ही नहीं, गरीब माँ-बाप के बच्चों को भी देखें। बच्चे प्रकृति का सौंदर्य हैं, जीवन की ताजगी हैं, जीवन की नई आशा हैं और इस बात की अभिव्यक्ति हैं कि ईश्वर मनुष्य जाति से निराश नहीं हुआ है।

उनकी आँखों में देखिए। उनकी मुसकान कितनी निश्छल होती है! यहाँ तक कि उनकी किलकारियाँ भी जीवन का उद्घोष करती हैं। चाहत कुछ पाने की लालसा दरशाती है। उनमें जरा भी लालच नहीं होता है। बचपन के इस पड़ाव पर गरीब बच्चा भी उतनी ही खाने की चीजें लेगा जितनी उसके नन्हे हाथों में समा जाए और उतना ही खाएगा जितने से पेट भर जाए। ज्यादा का कोई लालच नहीं।

इसी तरह छोटा बच्चा गिरने पर चिल्लाता है, पर जल्द ही अपनी पीड़ा को भूल जाता है। दोबारा दौड़ने की कोशिश करता है। बच्चे के लिए हार-जीत के कोई मायने नहीं हैं। बच्चे ताजा फूल की तरह होते हैं। उन्हें निहारिए। समय मिले तो उनके साथ खेलिए। मुसकान या प्यार भरे शब्दों में उनके साथ बातें करें, खुशियाँ बाँटें। इससे आपको भी खुशी होगी। आपके मन में जीवन-अमृत का प्रवाह होगा। जैसे-जैसे आप बच्चों से घुलेंगे-मिलेंगे, आपको अपने भीतर परिवर्तन होता महसूस होगा।

—— बलिदान ——

विश्व की ज्यादातर महान् चीजें उन अनगिनत लोगों के बलिदान के कारण निर्मित हुई हैं, जो 'गुमनाम' हैं। जरा क्रांतियों और स्वतंत्रता आंदोलनों के बारे में विचार करें। अनेक संगठन कई अज्ञात लोगों के बलिदानों के कारण अस्तित्व में आए और आज भी टिके हुए हैं; लेकिन केवल कुछ ही लोगों को अग्रगामी और नेता के रूप में प्रस्तुत किया जाता है। अनेक परिवार अपने कुछ सदस्यों—जिनमें ज्यादातर महिलाएँ हैं—के बलिदान के कारण बने और आगे बढ़ सके। कुछ पुरुष भी जीवन भर कठोर संघर्ष करते हैं, ताकि परिवार का पोषण हो सके और प्रत्येक सदस्य की बुनियादी जरूरत पूरी हो सके। भारतीय सभ्यता में तथा ज्यादातर अन्य प्राचीन सभ्यताओं में बलिदान को एक महत्त्वपूर्ण मानवीय मूल्य माना जाता है। किसी बड़े कार्य के लिए जीवन के बलिदान को एक महान् गुण माना जाता है।

आज के संदर्भ में दुर्भाग्यवश जीवन बलिदान करनेवाले इन गुणों का विस्तार कर लिया गया है, ताकि उनकी आड़ में आतंकवादी व हिंसक गतिविधियों को ढका जा सके। आधुनिक युग में शायद बलिदान की धारणा पर वर्तमान संदर्भ में पुनर्विचार करने की आवश्यकता है। मसलन, अपनी वर्तमान जरूरतों में कटौती कर कल के लिए धन जमा करने की प्रवृत्ति भी एक तरह का बलिदान है। यह अर्थव्यवस्था की वृद्धि के लिए अच्छा है, क्योंकि बचाए गए धन का निवेश विकास कार्यों में किया जाता है; लेकिन यदि जरूरत से ज्यादा बचत की जाए तो वर्तमान उपभोगवाद इस हद तक प्रभावित होगा कि कुछ लोगों को अपने रोजगार से हाथ धोना पड़ सकता है और फिर आबादी के एक बड़े भाग यानी महिलाओं को दबाकर घर से बाँधकर रखना और उन्हें उन गतिविधियों का आनंद न लेने देना, जो अन्य सभी लोग लेते हैं और सामाजिक रीति-रिवाजों के नाम पर उन्हें बलिदान करने को मजबूर करना मानवता के लिए लाभदायक नहीं है। इससे आपकी शक्ति ही क्षीण होती है। इसलिए आप सभी को मेरा सुझाव है कि आधुनिक संदर्भ में बलिदान की धारणा को नए सिरे से समझें। इसे हर व्यक्ति की जरूरतों और अधिकारों के लिहाज से संतुलित करना चाहिए, क्योंकि जीवन इतना सुंदर, सुरुचिपूर्ण एवं रोचक है कि हर व्यक्ति द्वारा इसका आनंद लिया जाना चाहिए।

—— बहुमत ——

तमाम कमियों के बावजूद भारत में बेहतरीन लोकतांत्रिक शासन-प्रणाली देखने में अच्छी लगती है। लेकिन मतदान और बहुमत की अवधारणा जीवन में कई अवसरों पर लागू नहीं हो सकती है। किसी वैज्ञानिक तथ्य या परीक्षण के नतीजों को अप्रशिक्षित लोगों के बहुमत पर नहीं परखा जा सकता है। अनेक कलाकृतियों पर भी यही बात लागू होती है। यहाँ तक कि आपदा राहत कार्यों, अग्नि-शमन आदि में भी फैसले बहुमत पर आधारित नहीं हो सकते हैं। जहाँ प्रभावित लोगों से तथा अन्य लोगों से सलाह करनी पड़ सकती है, लेकिन कार्य-योजना व रणनीति अत्यधिक विशेषता के क्षेत्र हैं। इसका अर्थ यह कदापि नहीं है कि नौकरशाही या तकनीकी पृथक्करण किया जाए। परंतु इन मामलों में मतदान द्वारा निर्णय नहीं लिये जा सकते हैं, हालाँकि इंटरनेट या समाचार-पत्रों अथवा टी.वी. शो में एस.एम.एस. मतदान द्वारा दरशाया जाता है। जरूरी नहीं है कि महान् साहित्यकार आम जनता के बीच लोकप्रिय हो, भले ही वह जीवन भर प्रसिद्ध रहा हो। यदि कोई लेखक या कलाकार बहुमत के बहकावे

में आकर लोकप्रियता के पीछे भागने लगे तो उसकी सृजनशीलता समाप्त होने लगेगी। इसी प्रकार जब आपको अपने मित्रों, परिजनों आदि से परामर्श करना पड़े तो भी जीवन में आपके निर्णय बहुमत की राय पर आधारित नहीं हो सकते हैं।

— बहुमुखी —

याद रखें, इक्कीसवीं सदी केवल एक या दो विषयों में दक्षता रखने का दौर नहीं है। तकनीकी मोरचे पर लगभग सभी उत्पादों में बहुमुखी तकनीकें दिखाई देंगी, इसलिए अब बहु-विषयक ज्ञान पर ज्यादा जोर है। डिजाइनों और संगठनात्मक प्रणाली के लिए भी बहुसांस्कृतिक परिवेश जरूरी है। यहाँ तक कि खाना पकाने से लेकर कार चलाने, कार की मरम्मत करने और कंप्यूटर आदि तक बहुमुखी कौशलों की जरूरत है। यदि आप तरह-तरह के व्यंजनों को खाने के आदी हैं या विविध संगीतों की समझ रखते हैं तो किसी रेस्टोरेंट में खाने का या संगीत समारोह में श्रवण का पूरा आनंद ले सकते हैं। यदि आप जीवन के बहुमुखी पक्षों को जान जाएँ तो इतिहास के इस बहुआयामी दौर में जीवन का वास्तविक आनंद ले सकते हैं और इससे भरपूर खुशी प्राप्त कर सकते हैं।

— बहुमुखी प्रतिभा —

एक साथ भिन्न-भिन्न क्षेत्रों में दक्षता के साथ काम करने का हुनर ही बहुमुखी प्रतिभा कहलाती है। बीती सदियों में बहुमुखी प्रतिभा के धनी केवल कुछ लोग थे, जैसेकि लियोनार्डो दा विंची, थॉमस अल्वा एडिसन, बेंजामिन फ्रैंकलिन, जे.बी.एस. हाल्डेन आदि। सामान्यतया पहले के समय में सीमित महारतवाले व्यक्तियों का ज्यादा सम्मान किया जाता था। कला हो, विज्ञान हो या इंजीनियरिंग—सभी अलग-अलग क्षेत्रों में रुचि और दक्षता-प्राप्त व्यक्तियों का मजाक उड़ाया जाता था। इसलिए केवल ऊँचे कदवाले बहुगुणी लोग ही इस सामाजिक पूर्वग्रह से पार पा सके। मगर आज का होड़ भरा संसार ऐसे लोगों की ही कद्र करेगा जिन्हें विविध क्षेत्रों में महारत हासिल हो। इसलिए यदि आपको भी बहुमुखी प्रतिभा का वरदान मिला हो तो उसका गला न घोंटे, बल्कि उसका विकास करें।

— बाँटना —

बाँटने से खुशी बढ़ती है और दुःख कम होता है। शर्त केवल यही है कि

आप सही लोगों के साथ खुशी बाँटें। यह भी याद रखें कि बाँटने से ज्ञान बढ़ता है। लेकिन आज की प्रतियोगी दुनिया में व्यापार सूचनाओं की गुप्तत को लेकर सावधान रहें। अनेक वैज्ञानिक अपने परीक्षणों या सैद्धांतिक विचारों को भी गुप्त रखते हैं, ताकि वे किसी सिद्धांत को प्रस्तुत करनेवाले पहले व्यक्ति बनें।

— बाजार की ताकतें —

यदि हम बाजार की ताकतों के विरुद्ध प्रयास करें तो समस्याएँ खड़ी हो सकती हैं। लोग शराब पीते हैं; लेकिन यदि हम इस प्रवृत्ति के खिलाफ पाबंदी लगाकर या ऊँचे कराधान द्वारा कार्य करें तो बाजार माँग 'काले बाजार' का निर्माण कर देगी—यानी माँग के चलते अवैध रूप से शराब बिकने लगेगी, जिसके और भी भयावह दुष्परिणाम निकल सकते हैं। इसी प्रकार यदि हम केरोसिन या चीनी के भाव राशन की दुकानों या सार्वजनिक वितरण प्रणाली के जरिए कम करने की कोशिश करें तो भी काले बाजार को बढ़ावा मिलेगा, भ्रष्टाचार भी बढ़ेगा। इसलिए गरीब लोगों की मदद करने के लिए हमें अन्य तरीके खोजने चाहिए, बजाय इसके कि बाजार की ताकतों के साथ छेड़छाड़ की जाए। यदि आप गंभीरता से बाजार की ताकतों का विश्लेषण करें तो आपको अधिकांश समस्याओं के हल मिल जाएँगे। तब भारत भ्रष्टाचार-मुक्त देश बन सकता है।

लोगों से बातचीत करते समय अकसर भ्रष्टाचार का मुद्दा सबसे ज्यादा उछलता है। यहाँ मैं इसके मूल कारणों की चर्चा करना चाहूँगा। मुझे आशा है कि आप में से अनेक लोग भ्रष्टाचार को जड़ से उखाड़ने में सक्रिय योगदान कर सकते हैं। पिछली पीढ़ी के लोग और मेरी पीढ़ी के लोग भी भ्रष्टाचार को उखाड़ने में असफल रहे हैं। वास्तव में यह नेक इरादों से गढ़े गए जटिल सरकारी नियंत्रण और केंद्रीय एजेंसियाँ ही हैं, जो भ्रष्टाचार की मूल कारण हैं। इसलिए आज के नौजवान लोग, जिनकी सोच नई है, को वर्तमान व्यवस्था को भंग करने तथा भारत को भ्रष्टाचार-मुक्त बनाने के लिए आगे आना होगा। साथ ही यह ध्यान भी रखना होगा कि अपने दिल-दिमाग में अवास्तविक तथा मूर्खतापूर्ण विचारधाराओं का बोझ भी न रखें।

मैं आपको यह भी याद दिलाना चाहूँगा कि आज भी हजारों-लाखों लोग ऐसे हैं, जो अपने अधिकारों से वंचित हैं और जिन्हें विशेष कठिनाइयों का सामना करना पड़ता है, जैसे—व्यापार परिवर्तनों, बीमारियों या शारीरिक व मानसिक अपंगता अथवा नशे की लत के कारण उन्हें बेरोजगारी झेलनी पड़ती है। ऐसे

लोगों की मदद के लिए सरकार ने अनेक एजेंसियाँ खोल रखी हैं; लेकिन ये एजेंसियाँ सरकारी धन को अपने ऊपर ही खर्च करने लगती हैं या भ्रष्टाचार में लिप्त हो जाती हैं। इसलिए सरकार में केंद्रीयकृत प्रणालियों के बिना आपको नई प्रणालियाँ ईजाद करनी होंगी, जो वंचित लोगों की सहायता कर सकें।

जहाँ तक आपकी जिंदगी का सवाल है तो यदि आप अठारह से चालीस वर्ष की उम्र में हैं तो आपको भी इस संक्रांति वेला की पीड़ाएँ झेलनी ही होंगी। अपनी निजी जिंदगी में भ्रष्टाचार के प्रेरक न बनें। परंतु कुछ परिस्थितियों में आपको समझौता करना पड़ सकता है। इसे अपने जीवन का तरीका न बना लें।

—— बातें ——

हमारे चारों ओर दिन-रात बातें ही होती रहती हैं। आपको यह सीखना है कि बातों के अंबार में से अपने काम की बातें किस प्रकार निकालें। इसके लिए जरूरी है कि घर-दफ्तर के सफर में जो बेतुकी बातें होती हैं, उन्हें बरदाश्त करना भी सीखें। बातें चाहे मनोरंजन के लिए हों या कार्य-व्यापार के लिए, आपको बात करने का उचित तरीका भी सीखना होगा। किसी व्यक्ति से या फोन पर बातें करना भी एक कला है और इसकी विशेष सभ्यता होती है। नेटवर्किंग के लिए बातचीत की कला का विशेष महत्त्व है। बातों में सांस्कृतिक अंतरों का भी ध्यान रखें।

—— बाहरी स्वरूप ——

आधुनिक प्रतियोगी संसार में सफलता के लिए बाहरी स्वरूप अत्यंत महत्त्वपूर्ण है। आप स्वयं में अनोखे और बेमिसाल हैं। अपनी तुलना दूसरों से न करें, न ही अपने पर शर्मिंदा हों, न ही स्वयं को निकृष्ट मानें। आप चाहे जैसे हों, अपने व्यक्तित्व को विकसित कर सकते हैं, निखार सकते हैं। व्यक्तित्व को निखारने के लिए स्वच्छता पर बारीकी से ध्यान देना होगा। आधुनिक तकनीकें और सौंदर्य प्रसाधन आपके व्यक्तित्व को निखारने में सहायक सिद्ध हो सकते हैं। यथासंभव इनका उपयोग करें, मगर उनके गुलाम न बनें। प्रभावशाली परिधान भी आपके व्यक्तित्व में चार चाँद लगा सकते हैं।

छोटे शहरों या गाँवों तथा अपेक्षाकृत निर्धन परिवारों से संबंध रखनेवाले लोगों को अकसर अच्छी वेशभूषा के महत्त्व का अंदाजा नहीं होता। दूसरों की देखा-देखी वे इस तरह सजने-सँवरने लगते हैं कि अकसर हास्यास्पद लगने लगते हैं या फिर वे सजने-सँवरने को फालतू की कवायद कहकर नकार देते हैं। वे

कहते हैं, 'मेरे अंदर योग्यता है, बाकी सब बेकार हैं।' मगर जब तक आपका चयन नहीं होता तब तक कोई भला आपकी योग्यता को कैसे जान सकता है! इसीलिए कंपनियों तथा सरकारी संस्थानों में चयन की पहली शर्त है—आकर्षक व्यक्तित्व।

—— बाह्यताएँ ——

आज के जमाने में जब परस्पर निर्भरता बहुत अधिक बढ़ गई है, कुछ हद तक लेन-देन स्वाभाविक है। अकसर इसका अर्थ होता है—बाह्यता। आपको अपनी बाह्यताओं से अवगत होना होगा और उन्हें पूरा करने की अपनी क्षमताओं तथा पूरा न कर पाने पर उत्पन्न होनेवाले जोखिमों के बारे में भी जानना चाहिए। साथ ही अपने कंधों पर ढेर सारी बाह्यताएँ (जिम्मेदारियाँ) भी न ढोएँ। इसके अतिरिक्त आपको यह हिसाब-किताब भी रखना होगा कि आप दूसरे को क्या दे रहे या कर रहे हैं और यह भी कि क्या वे बदले में आपकी मदद करते हैं? जो लोग आपसे सहायता पाकर बदले में आपकी मदद भी करते हैं, उनका साथ कर सकते हैं। मगर इस कार्य में अपना समय व ऊर्जा न बरबाद करते रहें। समय-समय पर वस्तुस्थिति का आकलन करते रहें।

—— बीमारी ——

बीमार पड़ने से बचें। इसमें खान-पान, नींद व अन्य गतिविधियों की नियमित आदतें डालना सहायक सिद्ध होगा। यदि आप सतर्क हैं और पेट में गड़बड़ियों, सिरदर्द और दमा के दौरे जैसे शरीर के संकेतों को पहचानते हैं तो अनेक गंभीर बीमारियों से बच सकते हैं। अवश्य ही अनेक चिकित्सा कारणों से आप बीमार पड़ सकते हैं। ऐसे में उपचार के बारे में अटकलों पर निर्भर न रहें कि एलोपैथी ठीक है या होमियोपैथी, ज्यादा दवा ठीक है या कम। आप सतर्क हो सकते हैं, लेकिन आपको सही चिकित्सक का चुनाव करना होगा और उसपर भरोसा करना होगा। स्वस्थ होने के बाद भी उपचार पश्चात् सावधानी समान रूप से महत्त्वपूर्ण है। यदि मानसिक रोग है, जैसे—तनाव, अवसाद आदि तथा इसमें भी यदि चिकित्सकीय सहायता की जरूरत पड़े तो न हिचकें। अनेक साधारण मानसिक तनाव आत्मविश्वास के साथ दूर किए जा सकते हैं। ऐसे लोगों से बचना बेहतर होगा, जो 'बीमार' विचारों को फैलाते हैं।

—— बुद्धिमानी ——

बुद्धिमानी के बारे में बहुत बातचीत होती है—आँकड़े, सूचना और ज्ञान तथा अंततः बुद्धिमानी या समझ। बुद्धिमानी केवल पढ़ने या मनन करने से नहीं आती। आपके पास जीवन का अनुभव भी होना चाहिए। आपको जीवन का अनुभव करना चाहिए। जब बुद्धिमानी का उदय होता है, तभी आप स्वयं को जान पाते हैं।

—— बुनियाद ——

आप जो भी कार्य करें, उसकी बुनियाद मजबूत होनी चाहिए। यदि जरूरी हो तो अपनी रफ्तार धीमी कर दें, ताकि मजबूत बुनियाद डाली जा सके।

यदि आप कोई अध्ययन करने जा रहे हैं तो उस अध्ययन के दायरे, महत्त्वपूर्ण मसलों को समझें, उसकी मौलिक विषय-वस्तु को समझें, भले ही शुरुआत में वे कितने भी कठिन क्यों न लगें।

यदि आप कोई व्यापार करने जा रहे हैं तो बाजार की परिस्थितियों को समझें, बाजार में अपनी संभावनाओं का आकलन करें और सही तरीके से नेटवर्क बनाने का प्रयास करें। इसी तरह नई नौकरी में पहले अपने आपको कार्यालय के काम करने के ढर्रे से परिचित कराएँ। खास लोगों से जान-पहचान बनाएँ। किसी के लिए पूर्वग्रह मन में न पालें। लेकिन उस मार्ग से भी परिचित हों, जिस पर आपको चलना है। कार्यालय की कार्य संबंधी आचार-संहिता को भी समझें। आपकी बुनियाद जितनी मजबूत होगी उतना ही बेहतर आपका कार्य-निष्पादन होगा।

—— बुराई ——

जीवन में बुरी चीजों से बचना चाहिए। बुरी चीजें—बुरे लोग, बुरे विचार, बुरे तौर-तरीके। बेशक हर कोई इससे सहमत होगा, किंतु प्रश्न उठता है कि अच्छी व बुरी चीजों की पहचान कैसे हो?

अकसर बड़े-बूढ़े बच्चों से कहते हैं—'अच्छे लड़के बनो' या 'अच्छी लड़की बनो।' बच्चे भी यथासंभव अच्छा बनने की कोशिश करते हैं। पर अनेक अवसर ऐसे आते हैं जब बड़े-बूढ़े नाराज दिखते हैं। वे कहते हैं कि बच्चे उनका कहना नहीं मानते। अकसर इसी बात को लेकर विवाद भी हो जाता है और फिर हर किसी का 'मूड' खराब हो जाता है। आपको बुरा लगता है, क्योंकि आप महसूस करते हैं कि आपने कोई गलती नहीं की, न ही कोई बुरा काम किया। लेकिन मतभेद केवल इसी बात पर हो सकता है कि आपके मित्र ने ढंग के कपड़े नहीं पहने हैं, इसलिए

वह बुरा व्यक्ति है और बड़े-बूढ़ों की राय में उससे बचना चाहिए या दूर रहना चाहिए अथवा हो सकता है कि आपका मित्र बड़े-बूढ़ों के पैर न छूता हो, इसीलिए बड़े-बूढ़े उसे घमंडी या बेअदब मानते हों। पर आप महसूस करते हैं कि इसमें कुछ भी बुरा नहीं है, क्योंकि आपके मित्र के परिवार में ऐसी कोई प्रथा नहीं है और आपका मित्र बड़ा प्यारा है; प्यार देता है, प्यार लेता है, आपसे झूठ नहीं बोलता है, धोखाधड़ी नहीं करता है, जरूरत के समय आपकी मदद करने को तैयार रहता है और वास्तव में दिल से अन्य लोगों की इज्जत करता है।

कई बार बड़े-बूढ़े कहते हैं कि बच्चे उनके सामने ही बीड़ी-सिगरेट पीने लगते हैं, इसलिए वे बुरे हैं।

परंतु अकसर होता क्या है कि हर व्यक्ति दूसरों को अपने सांस्कृतिक परिवेश के हिसाब से या उन अनुभवों, जिनसे वह स्वयं अपने पालन-पोषण के दौर में गुजर चुका है, के आधार पर आँकने लगता है। मगर आज के युवा अपने विद्यालयों, कॉलेजों या कार्यालयों में, अपने परिवेश में अनेक परिवर्तनों को होते देखते हैं। वे महसूस करते हैं कि पूर्व या अतीत के मानदंडों के आधार पर उनका आकलन नहीं किया जाना चाहिए। हमें इन परिवर्तनों को स्वीकार करना चाहिए और इस आधार पर युवाओं का आकलन करना चाहिए कि वे मनुष्य के तौर पर कैसे हैं और मित्रों के तौर पर हमसे कैसा बरताव करते हैं। ठीक इसी जगह 'पीढ़ियों के बीच अंतर' प्रकट होता है।

आज वैश्वीकरण की आँधी में युवाओं का अनेक संस्कृतियों से वास्ता पड़ रहा है। यहाँ तक कि अपनी प्रथाओं-परंपराओं के प्रति भी उनके मन में संदेह उत्पन्न होने लगते हैं और फिर इन सबसे बढ़कर विश्वव्यापी संचार माध्यम व मीडिया भी उन्हें एकदम अलग दुनिया का अनुभव करा रहा है। इन सबका लब्बोलुआब यह है कि चारों ओर तेजी से हो रहे परिवर्तनों के कारण सभी की दृष्टि धुँधली हो गई है। हमसे पहले की पीढ़ी के अनेक बुजुर्ग गण, जो अपेक्षाकृत धीमी गतिवाले जमाने में पले-बढ़े हैं, वे इन परिवर्तनों को पचा नहीं सकते, जो आजकल के युवाओं को सामान्य लगते हैं।

उदाहरण के तौर पर, आज से दस-पंद्रह वर्ष पहले भारत में स्त्रियों का सलवार-कुरता पहनना अशोभनीय समझा जाता था। हाँ, रईसों की स्त्रियाँ जरूर सलवार-कमीज पहना करती थीं, क्योंकि उन्हें सब माफ था। तुलसीदासजी ने कहा भी है—'समरथ को नहि दोष गोसाईं'। पर मध्यम वर्ग की कोई स्त्री अगर सलवार-कमीज पहन लेती थी तो समाज की भृकुटियाँ उसपर तनने लगती थीं; लेकिन आज

तो सलवार-कमीज आम पहनावा हो गया है। उसी तरह बालों को कटाने का रिवाज भी स्त्रियों के बीच आम हो गया है। पहले घर की स्त्रियों का बाहर काम पर जाना मर्दों को कतई गवारा नहीं था, पर आज तो खुद हर पुरुष चाहता है कि उसे कामकाजी पत्नी मिले। लेकिन इसका मतलब यह नहीं कि सब चलता है, कुछ बुरा या अच्छा नहीं है। सिर्फ लोगों के सोचने का ढंग, उनका नजरिया चीजों को अच्छा या बुरा करार देता है। फिर कुछ चीजें, आदतें या व्यवहार वास्तव में बुरे हैं, जैसे कि—

- किसी को ठगना।
- दूसरों का सामान चुराना।
- किसी की चीजें छीनना।
- ऐसी ऊटपटाँग हरकतें, जो माहौल को खराब करती हों।
- किसी के घर या कार्यालय में सिगरेट-बीड़ी सुलगाना और औरों की परवाह किए बिना सुट्टे मारने लगना। दूसरों के टोकने पर भी सुट्टे मारते जाना।
- बच्चों के सामने भी गाली-गलौज करना।
- दूसरों के बीच विवाद कराना।
- स्वार्थवश या घमंड के कारण दल की भावना का उल्लंघन करना।

— बेहतरी —

बेहतरी का सीधा सा मतलब है—जीवन-स्तर में सुधार या धन-संपत्ति में बढ़ोतरी। आज की आधुनिक अर्थव्यवस्था में बेहतरी सफलता का पर्याय बन गई है। आपको लगातार अपनी खुद की, अपने घर-परिवार की, अपने संस्थान की या अपने व्यवसाय की बेहतरी के लिए प्रयासरत रहना पड़ता है और यदि हर व्यक्ति अपनी बेहतरी का प्रयास करे तो देश की बेहतरी स्वयमेव होने लगेगी। इसलिए लक्ष्य होना चाहिए बेहतरी, लगातार बेहतरी। अकसर छोटे-छोटे कदमों (प्रयासों) से बड़े-बड़े परिवर्तन हो जाया करते हैं। हाँ, कभी-कभार ऊँची छलाँग लगाने के अवसर भी आते हैं। आँख-कान खोलकर ऐसे अवसरों की ताक में रहिए। कई लोग बड़े परिवर्तनों या बहुत ऊँची छलाँग लगाने के इंतजार में हाथ आए सफलता के छोटे-मोटे अवसरों को भी गँवा बैठते हैं और अंत में घोर हताशा के अंधकार में डूब जाते हैं कि हाय! जिंदगी यों ही गुजर गई, कुछ कर न सके। मगर निरंतर बेहतरी के इस मार्ग का यह अर्थ नहीं कि आप छोटे-मोटे परिवर्तनों से ही संतुष्ट हो जाएँ और

कोई बड़ा लक्ष्य न रखें। बेहतरी के लिए निरंतर प्रयासों को अपने जीवन का अंग बना लें।

— बोरियत —

यह एक ऐसी अवस्था है, जिससे युवा व बुजुर्ग सभी एक समान रूप से ग्रस्त रहते हैं।

प्रथम श्रेणी—आपने कुछ परीक्षाएँ पास की हैं, काम-धंधे की तलाश जारी है। एक तरफ चिंता सता रही है तो दूसरी तरफ करने को कुछ भी रोचक नहीं है। आपके संगी-साथी भी बेरोजगार हैं। दिन भर गप्पें हाँकने पर भी बोरियत हावी रहती है।

द्वितीय श्रेणी—साधारण स्तर का रोजगार है। वेतन मामूली है, पर गुजारे लायक। खाली समय टेलीविजन देखकर गुजारते हैं। कुछ गप्पबाजी भी हो जाती है। दूसरों से अपने जीवन की तुलना करते रहते हैं। रोज-रोज एक ही काम से ऊब चुके हैं। बोरियत की कोई सीमा नहीं है।

तृतीय श्रेणी—अच्छी-खासी डिग्रियाँ हैं, शानदार नौकरी है, जीवन में रोमांच है। दिन-महीने बीतते हैं, तभी कुछ घटित होता है। आपके उत्साह का स्तर नीचे गिरने लगता है। आप अपने कार्यालय, अपनी जीवन-शैली इत्यादि को दोष देने लगते हैं। आप कार्य-परिवर्तन के लिए हाथ-पाँव मारते हैं, पर कुछ भी अच्छा नहीं होता। अच्छे वेतन और अच्छे रुतबे के बावजूद आप बोर होने लगते हैं।

विद्यार्थी—विद्यार्थियों के लिए तो करने को कुछ भी रोचक नहीं है। वही उबाऊ व्याख्यान और अनिश्चित भविष्य।

श्रेणी चाहे कोई भी हो, बोरियत कभी भी अच्छी नहीं होती है। यह केवल उस कीमती समय की बरबादी है, जिसे आप अपने लिए बेहतर भविष्य बनाने में उपयोग कर सकते थे।

— बोरियत से कैसे बचें —

बेरोजगारी बेशक अभिशाप है। महानगरों में भी नौकरियाँ आसानी से नहीं मिल पाती हैं, किंतु नाकारा मत बैठिए। समाज में हर तरह के काम हैं। किसी भी काम को छोटा या नीचा मत समझिए। जो भी कार्य आपको अपने लायक लगे, उसे सीखिए और धन कमाइए। कुछ धन बचाइए। नए हुनर सीखिए या कोई छोटा-मोटा व्यापार शुरू कीजिए। ऐसे अनेक उदाहरण हैं, जब छोटी शुरुआत से लोग मेहनत

करके बड़े व्यापारी और उद्योगपति बने हैं। जब भी बोरियत सताए तो अपने मन को किसी उत्पादक कार्य में लगाएँ।

अगर आपकी नौकरी साधारण है तो भी आप कुछ कमाई तो कर रहे हैं। अपने धन को बचाकर नए और बेहतर हुनर सीखें, जिससे आपको और बेहतर नौकरी मिल सके। स्वयं को परिवर्तनों के लिए तैयार करें। विश्वास रखें कि आप अपने भविष्य को सँवार सकते हैं। केवल वही लोग बोर होते हैं, जो जीवन में निरुद्देश्य भटकते रहते हैं। आप अपने लक्ष्य को ऊँचे-से-ऊँचा रखें और छोटे-छोटे चरणों में इसे प्राप्त करें। छोटे-छोटे कदमों के माध्यम से सफलता प्राप्त करने से आपमें उत्साह का नवीन संचार होता रहता है।

और अगर आपकी नौकरी अच्छी है, कमाई है, फिर भी बोरियत सताए तो इसका अर्थ है कि आप भी कोई बिगड़ैल रईसजादे हैं, जिसे हर समय उत्तेजना की तलाश रहती है; पर ऐसा हमेशा संभव नहीं है। आपको अपनी बोरियत की जड़ तलाशनी चाहिए। क्या कार्य में आपकी प्रोन्नति नहीं हो रही है? क्या कार्य की चुनौती उत्साहजनक नहीं है? कार्य में रहते हुए इसे रोचक बनाने के लिए क्या किया जा सकता है? क्या आप बॉस को कोई रचनात्मक सुझाव दे सकते हैं? ध्यान रखें, कंपनियाँ अच्छे कर्मचारियों को खोना नहीं चाहती हैं। यदि किसी युक्ति से काम न चले तो परिवर्तन की योजना बनाएँ। विस्तृत कार्ययोजना बनाने से आपका मस्तिष्क व्यस्त रहेगा। अच्छी पुस्तकें पढ़ने की आदत डालना भी अच्छा रहेगा।

विद्यार्थियों की बोरियत को दूर करना आसान नहीं है। उनकी सबसे बड़ी समस्या है कि भविष्य क्या होगा? यह प्रश्न सभी विषयों के छात्रों को सताता है। भले ही आपका पाठ्यक्रम तकनीकी हो या गैर-तकनीकी, उसमें शानदार भविष्य बनाया जा सकता है, किंतु इसमें समय तो लगेगा ही। अपने विषयों का मन लगाकर अध्ययन करें, भले ही आपके शिक्षक कितने ही उबाऊ क्यों न हों। भले ही आपके कॉलेज-विश्वविद्यालय का नाम हो या न हो। जब आप अच्छी तरह पढ़ते हैं तो पढ़े हुए को अच्छी तरह से समझते भी हैं। यही आपकी सबसे बड़ी शक्ति है, आपके ज्ञान की बुनियाद है। एक बात ध्यान रखें कि अपना लक्ष्य ऊँचा रखें। आशा की किरण को जगाए रखें और उसे साकार करने के लिए कार्यरत रहें, यही आपकी बोरियत का खात्मा करेगा। आखिर आशा पर दुनिया कायम है और उन आशाओं का किए जानेवाले कार्यों से गहरा संबंध है।

— भड़काऊ —

जब आप लिखते हों, बोलते हों या वार्त्तालाप कर रहे हों तो आपके शब्द विचारों को भड़कानेवाले हों। क्रोध को भड़कानेवाले शब्दों का प्रयोग न करें।

— भय —

'भय' शब्द को अपने जीवन के शब्दकोश से निकाल दें। अपनी काल्पनिक या दूसरों द्वारा बताई गई कठिनाइयों से भयभीत न हों। अगर आप किसी चीज से भयभीत होकर उससे भागते हैं तो भी वह आपका पीछा नहीं छोड़ेगी। जीवन में कभी-न-कभी उससे आपका सामना अवश्य होगा। आज कई विद्यार्थी गणित के डर से जीव विज्ञान विषय ले लेते हैं। पर आज जिस तरह जीव विज्ञान व चिकित्सा जगत् में गणितीय सूत्रों का दखल बढ़ रहा है, उससे उन्हें गणित का सामना करना ही पड़ेगा। इसलिए किसी कठिन कार्य से भयभीत होकर आसान कार्यों की तरफ न भागें। हाँ, अगर कोई कार्य आपको सचमुच पसंद है तो उसे अवश्य करें।

— भला —

मैं आपको नहीं बताऊँगा कि क्या भला है, क्या बुरा। यदि आप अपने प्रति ईमानदार हैं और मन-मस्तिष्क खुला रखते हैं तो आप पाएँगे कि विशेष परिस्थितियों और संदर्भ में आपके भीतर से आनेवाली आवाज आपको बताएगी कि क्या भला है और क्या बुरा!

— भविष्यवाणी —

हम सभी में अपना भविष्य जानने की उत्सुकता बनी रहती है। अनेक महत्त्वाकांक्षी लोग तो इस काम के लिए ज्योतिषियों-पंडितों को मोटी रकम तक देने के लिए तैयार रहते हैं, ताकि भविष्य का पता चल जाए और उसे सँवारने का उपाय भी मिल जाए।

इसी प्रकार कॉरपोरेट घराने बाजार और व्यापार की भावी हालत जानने के लिए मोटी रकम चुकाने को तत्पर रहते हैं। भविष्य को जानकर वे अभी से सही कदम उठा सकते हैं, ताकि आगे चलकर भारी मुनाफा कमा सकें और फिर तकनीकी भविष्यवाणियाँ भी होती हैं। मैं कभी 'टिफैक' (TIFAC टेक्नोलॉजी इन्फॉर्मेशन फोरकास्टिंग ऐंड एसेसमेंट कौंसिल) के माध्यम से तकनीकी भविष्यवाणी के कार्य में संलग्न था। मौसम की भविष्यवाणियाँ भी होती हैं, जो ज्यादातर सही नहीं उतरतीं

और मजाक का विषय बनती हैं। इन सबके बाद प्रश्न उठता है कि क्या भावी की सटीक भविष्यवाणी की जा सकती है? उत्तर है—बिलकुल नहीं।

अनेक वैज्ञानिक तकनीकें हैं, जो भविष्य के रुझानों के बारे में बता सकती हैं; लेकिन इन सभी की अपनी अनिश्चितताएँ हैं। फिर इन भविष्यवाणियों का अध्ययन करना अच्छी आदत है और इन 'वैज्ञानिक' भविष्यवाणियों का अध्ययन कर पूर्वानुमान के आधार पर निर्णय लेना और भी बेहतर है, बजाय इसके कि काल्पनिक भावनाओं पर पूरी तरह निर्भर हो जाया जाए। याद रखें कि आधुनिक जीवन जटिलताओं से भरपूर है। इसमें अनेक कारक मिल-जुलकर कार्य करते हैं, इसीलिए अराजकता के सिद्धांतों को गढ़ा गया है। अनेक कारक एक-दूसरे से जुड़े भी हैं, इसलिए हम समस्या को एक-एक कर सुलझाने की आशा नहीं कर सकते हैं। हर चीज दूसरी चीज को प्रभावित करती है। इन सब अराजकताओं के बावजूद यही बेहतर होगा कि इन सब मसलों को कुछ भविष्यवाणी की रोशनी में देखा जाए। आँकड़ों, सूचनाओं और सूचनाप्रद मूल्यांकन के बिना भविष्य का अध्ययन करने की जल्दबाजी न दिखाएँ।

— भाग्य —

क्या वास्तव में भाग्य कोई चीज है? यह एक बड़ा प्रश्न है, जिसका उत्तर आसान नहीं है। तो क्या भाग्य का अस्तित्व नहीं है? इसका भी कोई आसान जवाब नहीं है।

अकसर हम किसी व्यक्ति की सफलता में भाग्य का हाथ बताते हैं। अनेक सफल व्यक्ति भी अपनी सफलता का श्रेय कड़ी मेहनत और किस्मत को देते हैं। अनेक ऐसे लोग जो सक्षम तो हैं, पर सफल नहीं, अपनी स्थिति के लिए भाग्य को दोषी ठहराते हैं और कहते हैं कि फलाँ की किस्मत ने साथ दिया तो देखो आज वह कहाँ है, अन्यथा वह इसके योग्य नहीं।

इस तरह हम सभी के भीतर एक गहरा विश्वास पैठ कर चुका है कि कोई ऐसी चीज सक्रिय है, जो हमारी समझ से परे है तथा यही चीज सफलता या संतुष्टि दिलाती है। उदाहरण के तौर पर, अपने चारों ओर आप देखेंगे कि अनेक अच्छे लोग कष्ट भोग रहे हैं, जबकि दुष्ट जन आनंद कर रहे हैं।

इस बारे में मैं एक व्यावहारिक सुझाव दूँगा। भाग्य के बारे में गहन अनुसंधान करते हुए अपना वक्त न बरबाद करें और न ही अपने कार्यों को ज्योतिष द्वारा निर्देशित करें, भले ही ज्योतिष व भविष्यवाणियों के स्तंभ पढ़ने में आपको आनंद

आता हो। अपने आप पर भरोसा रखें, यही सबसे महत्त्वपूर्ण है और यदि आस्तिक हैं तो ईश्वर में आस्था रखें। तब आपको हर कदम पर सफलता मिलने लगेगी।

— भाग्य नहीं प्रयास —

कोई भी व्यक्ति हमेशा भाग्य पर निर्भर नहीं रह सकता है और न ही प्रयास करना छोड़ सकता है। वास्तव में ये आपके प्रयास और लगन ही हैं, जो आपको मनवांछित परिणाम देते हैं। साथ ही कोई व्यक्ति पूरी तरह से भाग्य को निरस्त भी नहीं कर सकता है, इसलिए हमें अपने लिए सौभाग्य की कामना करनी चाहिए और दुगुने उत्साह व निश्चय के साथ काम में जुट जाना चाहिए।

— भावना —

मानव जाति की मन-प्राण हैं भावनाएँ। भावनाएँ ही हम मनुष्यों को मनुष्य बनाती हैं। किंतु इसका अर्थ यह नहीं कि मानवता के तार्किक पक्ष को भुला दिया जाए। यह तार्किक व विश्लेषणात्मक पक्ष ही हैं, जिन्होंने आधुनिक विज्ञान, तकनीकी, औषधि, अर्थशास्त्र व व्यापार के अजूबों को जन्म दिया। लेकिन इन क्षेत्रों में भी भावनात्मक पक्ष महत्त्वपूर्ण भूमिका निभाता है। बड़े व्यापारिक घरानों या वैज्ञानिक तकनीकी दलों के ज्यादातर विजन (दूरदृष्टियाँ) मात्र नीरस विश्लेषणात्मक गणनाओं के नतीजे भर नहीं हैं। उनपर भावना की मुहर भी लगी है।

इसलिए सकारात्मक भावनाएँ विकसित करें। रचनात्मक भावनाएँ पनपाएँ। कभी-कभार नाजुक भावनाओं से भी मन-बहलाव करें। तब आप सकारात्मक अर्थ में संवेदनशील व्यक्ति बन जाएँगे, जिसे साहित्य, कला, काव्य, प्रकृति तथा अन्य व्यक्तियों से लगाव होगा।

आप अपनी भावनाओं को किसी क्रम या निश्चित समय में आने के लिए बाध्य नहीं कर सकते हैं। ज्यादातर भावनाएँ आपके नियंत्रण से परे होती हैं, लेकिन अभ्यास से आप उनकी दिशा तय करना सीख सकते हैं। उन्हें सकारात्मक दिशा दें। धीरे-धीरे भावनाएँ आपकी इच्छानुसार मुड़ने लगेंगी; पर भावनाओं से कुश्ती न लड़ें, अन्यथा वे हिंसक हो जाएँगी और आपके विरुद्ध जाने लगेंगी।

वातावरण सकारात्मक हो, कार्य उद्देश्यपूर्ण हों, मोह न हो, पर्याप्त बुद्धि हो, मन खुला हो, विश्रांत तन हो—तभी आपकी भावनाएँ आपके जीवन में सकारात्मक साथी बन पाती हैं। भावनाओं में बहकर कोई अतिवादी कदम भी न उठाएँ। मध्यम मार्ग को अपनाएँ और चलते रहें, मंजिल जरूर मिलेगी।

—— भाषा ——

मनुष्यों के पास भाषा ऐसा शक्तिशाली माध्यम है, जिसने विकास-प्रक्रिया को नाटकीय गतिशीलता प्रदान की है। भाषा के माध्यम से किसी व्यक्ति का ज्ञान व अनुभव उसकी मौजूदगी या गैर-मौजूदगी में भी प्रसारित किया जा सकता है। इसे पीढ़ी-दर-पीढ़ी हस्तांतरित भी किया जा सकता है।

विरामों और अंतरालों तथा कुछ शब्दों पर विशेष जोर देने से बोली जानेवाली भाषा संवाद में जान डाल सकती है। आधुनिक प्रतियोगी संसार में सफल होने के लिए आपकी बोली जानेवाली तथा लिखित भाषा पर मजबूत पकड़ होनी चाहिए। आजकल ई-मेल व्यापारिक भाषा को नया रूप-रंग दे रहा है। पावर पॉइंट प्रस्तुतीकरण में वाच्य शब्दों पर विशेष जोर देने के लिए गूढ़ शब्दों का प्रयोग किया जाता है, ताकि श्रोता का ध्यान खींचा जा सके और उसे उक्त शब्द याद कराया जा सके।

आधुनिक संसार में अंग्रेजी विश्व भाषा के रूप में उभर रही है। इसे दुनिया में सबसे ज्यादा लोग बोलते और समझते हैं। जापानी, अरबी, चीनी, स्पेनिश, फ्रेंच आदि भाषाएँ भी अनेक लोगों द्वारा बोली व समझी जा रही हैं। भारतीय भाषाओं में हिंदी और बँगला विश्व की ग्यारह शीर्ष भाषाओं में शुमार होती हैं, जो लोगों की मातृभाषा या द्वितीय भाषा हैं।

मानव इतिहास के प्रारंभिक दौर में लगभग 60 हजार भाषाएँ थीं। अब केवल 6 हजार भाषाएँ बची हैं। अनुमान है कि हरेक पखवाड़े (दो सप्ताह) में एक भाषा मर जाती है। कम उपयोग के कारण हमारी अनेक भाषाओं पर लुप्त होने का खतरा मँडरा रहा है। पारंपरिक ज्ञान के संदर्भ में भी यह महत्त्वपूर्ण है कि इन भाषाओं का संरक्षण किया जाए।

भाषाएँ केवल तभी जीवित रहती हैं जब कि दैनिक जीवन में उन्हें बार-बार बोला जाए और उनमें कई लोगों द्वारा रचनात्मक लेखन कार्य किए जाएँ, भाषण आदि दिए जाएँ, नया साहित्य रचा जाए; नए किस्से-कहानियाँ, कविताएँ, गद्य-पद्य, नाटक, गीत आदि लिखे जाएँ। जो भाषाएँ आधुनिक विज्ञान, तकनीकी, अर्थशास्त्र, व्यापार तथा लोगों के व्यावसायिक कार्यों को निबटाने में सक्षम हों वही भविष्य में अपना दबदबा कायम रख पाएँगी। यही कारण है कि आज अंग्रेजी चोटी पर है। जापानी भाषा आज भी काफी सक्रिय है। अमेरिका, इंग्लैंड, कनाडा, सिंगापुर आदि देशों में रची-बसी भारतीय आबादी ने अपनी मातृभाषाओं में अनेक वेबसाइटें बनाई हैं।

मैं अनेक तमिल लोगों को जानता हूँ, जिन्होंने तमिल भाषा में अनेक वेबसाइटें

बना रखी हैं। भारतीय भाषाओं के लिए जरूरी है कि हम अपनी मौलिक वेबसाइटें बनाएँ और उनकी सामग्रियों के निचोड़ को अंग्रेजी में भी प्रस्तुत करें, ताकि मूल भाषा की साइटें खोजी जा सकें। इससे दुनिया में हमारी भाषाओं की पहुँच बढ़ेगी।

जहाँ तक भाषा में पारंगतता का प्रश्न है, याद रखें कि विज्ञान, तकनीकी और अर्थव्यवस्था के दौर में भाषाओं की उपयोगिता मृत नहीं होती है। ज्यादा हँसी-मजाक, ज्यादा सूचना व मनोरंजन, ज्यादा संवाद, ज्यादा ज्ञान का अर्थ है उस भाषा का ज्यादा-से-ज्यादा इस्तेमाल। प्रचार-प्रसार तथा विभिन्न वर्गों के लोगों में पैठ बनाने के लिए विविध माध्यम हैं। हो सकता है कि भाषा की शुद्धता पर जोर देनेवाले विद्वान् इस्तेमाल होनेवाली भाषाओं के विविध स्वरूपों को देखकर बिदक जाएँ। लेकिन हम भाषाओं में ऐसे उत्परिवर्तनों को रोक नहीं सकते हैं, क्योंकि भाषाएँ भी लोगों के जीवन के साथ विकसित होती हैं। हमें यह भी जानना चाहिए कि प्राचीन साहित्य व लोककथाओं पर आधुनिक विश्व में गंभीर अनुसंधान एवं अध्ययन किए जा रहे हैं। अमेरिका, ब्रिटेन, रूस, स्वीडन, फ्रांस और जर्मनी के अनेक विश्वविद्यालयों में संस्कृत, पाली, प्राकृत, तमिल, हिंदी आदि भाषाओं पर बाकायदा अध्ययन अनुसंधान विभाग चल रहे हैं।

इसलिए हो सकता है, आगामी दशकों में आप अनेक लुप्तप्राय भाषाओं को पुनरुज्जीवित होते देखें। आपको भी इस नए साहित्यिक आंदोलन में भागीदारी करनी है और अपनी भाषाओं को पनपाना भी है। भाषाओं की सुंदरता व गतिमानता का आनंद भी लें।

—— भोजन ——

जीवन की प्राथमिक प्रेरणा है भोजन द्वारा भूख को शांत करना। इसलिए भोजन करना प्राथमिक गतिविधि है। किंतु जरूरत से ज्यादा खाना खाना आपके स्वास्थ्य के लिए हानिप्रद साबित हो सकता है। कम खाना भी गलत है। भोजन को लेकर कई प्रकार के नए-पुराने वहम व अंधविश्वास गढ़े गए हैं। खाना खाने का नियम बनाएँ। स्वाद के चक्कर में अति न कर बैठें और न ही खान-पान की आदतों का घाल-मेल करें। प्रत्येक संस्कृति का अपना विशेष प्रकार का भोजन होता है। खाना खाने के अपने तरीके हैं। सही ढंग से उसका आनंद लेना सीखें। यदि आप आंध्र प्रदेश का भोजन कर रहे हों तो उसे उन्हीं के ढंग से करें। क्या आप गरमागरम आलू के पराँठों को साँभर-चटनी के साथ खाने की कल्पना कर सकते हैं? मैं तो बिलकुल नहीं पसंद करूँगा। मैं तो इसे उत्तर भारतीय अचार और ताजा दही के साथ

खाना चाहूँगा।

खाना खाना शारीरिक पोषण की कोई आवश्यकता भर नहीं है। यह स्वयं में आनंददायक अनुभव है। विभिन्न संस्कृतियों के भोजनों का आनंद लें। भोजन संस्कृतियों की अभिव्यक्ति भी है। पोषण के वैज्ञानिक पहलुओं को भी याद रखें। भोजन की कैलोरी को भी नियंत्रण में रखें। जीवन का आनंद लें।

— भोलापन —

अपने भीतर कुछ भोलापन रखने से आप एक अच्छे इनसान बन जाते हैं। अच्छे इनसान किसी व्यक्ति के भोलेपन को तुरंत पहचान जाते हैं। लेकिन दुर्भाग्यवश समाज में दुष्ट और कुटिल लोग भी हैं। वे भी भोले व्यक्तियों को ताड़ जाते हैं और उनका शोषण करते हैं। इसलिए भोले बने रहने के साथ-साथ सावधान भी रहें। लेकिन क्या भोलापन और सावधानी साथ-साथ चल सकती हैं? बिलकुल चल सकती हैं, बशर्ते आप इन दोनों अवस्थाओं के बीच तेजी से अदला-बदली कर सकें।

— भ्रष्टाचार —

प्रत्येक क्षेत्र में—चाहे वह राजनीति हो, व्यापार हो, नौकरशाही हो, विज्ञान या कला हो—भ्रष्टाचार कैंसर की तरह फैल चुका है। यह बड़े दुःख की बात है। ऐसा नहीं है कि प्राचीनकाल में हम भारतीय भ्रष्टाचार से पूरी तरह मुक्त थे। विशेष बात यह है कि अंग्रेजों के शासनकाल में भ्रष्टाचार ने नई शक्ल ले ली और आजादी के बाद तो इसने दिन दूनी व रात चौगुनी तरक्की की। सवाल उठता है कि क्या भारतीय जन स्वभावतः भ्रष्ट होते हैं? नहीं, वास्तव में सरकारी नियंत्रणयुक्त प्रणाली ही दोषी है। एक ओर तो यह भ्रष्टाचार को संरक्षण देती है और दूसरी ओर जनप्रतिनिधियों के लिए अवास्तविक नैतिकता, मानक तय करती है। वहीं आम नागरिक पर अनावश्यक सरकारी नियंत्रण थोपे जाते हैं। कर की दरें ऊँची रखी जाती हैं, ताकि खुलेआम धन-संचय न होने पाए; किंतु भीतर-ही-भीतर हर कोई अमीर होना चाहता है। अंत में आती है हमारी न्यायिक व्यवस्था, जहाँ आम इनसान न्याय की आस लिये स्वर्ग सिधार जाता है। इन विकट परिस्थितियों में हर कोई नियंत्रणों और निषेधों से बचकर अपना काम निकलवाना चाहता है। स्पष्ट है कि जिसके पास पैसा है, उसके लिए यह काम आसान है और यहीं से शुरू होती है काले धन से पोषित भ्रष्टाचार से पूरित व्यवस्था। काले धन की अर्थव्यवस्था भूमिगत रूप से

अपना कार्य करती है। यह राष्ट्रीय अर्थव्यवस्था के समानांतर चलती है। दुर्भाग्य से भारत के सरकारी व गैर-सरकारी क्षेत्रों और यहाँ तक कि मीडिया के भी अनेक ताकतवर लोग इस अवैध अर्थव्यवस्था के पोषक बन गए हैं। अधिकांश विकासशील देशों में यही स्थिति है। परंतु ज्यादातर विकसित देशों में सरल व वास्तविकता आधारित प्रशासनिक प्रणाली इतनी विकसित हो चुकी है कि काले धन की अर्थव्यवस्था आम लोगों के जीवन को प्रभावित नहीं कर पाती है। लेकिन जहाँ कहीं भी अनावश्यक नैतिक पाबंदियाँ लगाने की कोशिश की गई वहाँ समस्याएँ खड़ी हो गईं, जैसेकि अमेरिका में पाबंदियाँ लगाने से माफिया पैदा हो गया। भारत में चाहने मात्र से भ्रष्टाचार को मिटाया नहीं जा सकता है। हालाँकि सूचना प्रौद्योगिकी के कुछ अनुप्रयोगों से भ्रष्टाचार की कुछ घटनाओं को कम किया जा सकता है, पर यह सोचना मूर्खता होगी कि ई-गवर्नेंस भ्रष्टाचार को दूर कर सकती है। भ्रष्टाचार को मिटाने के लिए इसकी जड़ पर प्रहार करना होगा। भ्रष्टाचार की जड़ें हैं—

- केंद्रीयकृत एकाधिकार नियंत्रण,
- ढेर सारी प्रक्रियाएँ व नियम-कानून,
- जटिल सार्वजनिक उत्तरदायित्व प्रणालियाँ, जो ईमानदार सरकारी अधिकारियों को निर्णय लेने में सुरक्षा उपलब्ध नहीं कराती हैं। इस कमी को कथित सूचना अधिकार नियम द्वारा दूर नहीं किया जा सकता है। वास्तव में यह नियम अच्छे व ईमानदार सरकारी कर्मचारियों के लिए काम करना और मुश्किल बना देगा।
- केंद्र व राज्य सरकारों द्वारा आम नागरिक को अनावश्यक रूप से नैतिकता का पाठ पढ़ाना।
- अनेक निरीक्षणों और कानूनों के कारण व्यक्तियों, संस्थाओं तथा उद्योगों के पास स्वायत्तता का अभाव होना।
- ऊँची कर प्रणालियाँ तथा आयकर व अन्य करों में अनगिनत जटिल नियमों का होना। इससे उन लोगों को बढ़ावा मिलता है, जो कर चोरी करने के रास्ते तलाशते रहते हैं। स्पष्ट है, इस काम में उन्हें भ्रष्ट अधिकारियों से पूरी मदद मिलती है। यहाँ हमें सिर्फ एक बात याद रखनी चाहिए कि 'जिस देश में ज्यादा कानून होते हैं, चोर भी ज्यादा होंगे'—लाओ त्ज़ू।

—— मंच ——

आज अनेक (मंच) कार्यरत हैं, जिनमें आप अन्य लोगों के साथ संपर्क

साधकर सफलता की ओर बढ़ सकते हैं। इनका उपयोग करना सीखें। साथ ही, हर तरह के मंचों से जुड़कर अपना समय बरबाद न करें। मंचों का चुनाव सतर्कता से करें।

—— मजाक ——

वे लोग जो सही समय पर कोई मजाक कर सकें और वे लोग जो मजाक का आनंद ले सकें, उनका जीवन के प्रति बहुत अच्छा रवैया रहता है।

—— मधुर ——

दूसरों के साथ मधुर व्यवहार करना अच्छा है; लेकिन यदि कोई व्यक्ति, जो न तो आपका रिश्तेदार हो, न निकट का मित्र, आपके साथ आवश्यकता से अधिक मधुर व्यवहार करने लगे तो सतर्क हो जाएँ। ज्यादातर मामलों में ऐसे व्यक्ति ठग होते हैं।

—— मध्यम मार्ग ——

जटिलताओं से भरे इस संसार में जहाँ सभी चीजें एक-दूसरे से जुड़ी हैं, किसी भी छोर की अति से बचना ही मध्यम मार्ग का मूल है। मध्यम मार्ग अपनाने से आप तथा अन्य लोग अनेक समस्याओं से बच जाएँगे। शताब्दियों पूर्व गौतम बुद्ध ने इसी महान् सत्य का प्रतिपादन किया था।

जीवन में अकसर आपको परस्पर विरोधी परिस्थितियों का सामना करना पड़ता है। यदि आप उनका गहराई से विश्लेषण करें और उनके परस्पर संबंधों की पड़ताल करें तो जान जाएँगे कि संतुलन कैसे स्थापित करना है—अर्थात् मध्यम मार्ग कैसे तलाशना है। अवश्य ही इसके लिए स्पष्ट चिंतन और संतुलित मस्तिष्क की जरूरत होती है, जो पूर्वग्रहों से ग्रस्त न हो। आतंकवाद, अतिवाद और हिंसा आदि समस्याओं के सही समाधान तलाशे जा सकते हैं, बशर्ते कि हम सभी मध्यम मार्ग की महत्ता को पहचान जाएँ। मध्यम मार्ग हमें स्थिर सफलता, निरंतर सफलता की ओर भी ले जाता है और आप शांतचित्त हो जाते हैं।

—— मर्यादा ——

अपनी मर्यादा को कायम रखें। थोड़े लाभ या क्षणिक सफलता के लिए अपनी मर्यादा को भंग न करें। मर्यादा का अर्थ घमंड या अभिमान नहीं है। इसका

अर्थ है—आत्मसम्मान। इसी तरह ऐसा कुछ न करें जिससे दूसरों की मर्यादा भंग होती हो।

—— मर्यादित ——

अपने को लेकर हमेशा मर्यादित रहें। खाना-पीना, व्यायाम आदि सभी कुछ मर्यादा के भीतर होना चाहिए।

—— मशीन ——

मशीनों ने केवल धातुओं और सामग्रियों को ही नहीं गढ़ा है, बल्कि आधुनिक सभ्यता को भी शक्ल दी है। मशीन मनुष्यों की क्षमताओं का विस्तार है। अपने हाथ-पैरों व शरीर की ताकत से कहीं ज्यादा कार्य मनुष्य इन्हीं मशीनों के कारण कर पाता है। साइकिल जैसी साधारण मशीनें आपको आसानी से लंबी दूरियाँ तय करने में मदद करती हैं। साइकिलों के पश्चात् मोटरसाइकिलें, मोटरगाड़ियाँ, रेलगाड़ियाँ, पानी के जहाज, हवाई जहाज इत्यादि हैं। रॉकेटों और अंतरिक्ष यानों के जरिए मनुष्य पहले ही पृथ्वी के गुरुत्वाकर्षण बल को पार कर चुका है। जल्द ही बाहरी अंतरिक्ष में भी मानव बस्तियाँ बस जाएँगी। ये सभी कार्य मशीनों के कारण संभव हो सके हैं।

चिकित्सा विज्ञान में भी मशीनें रोगियों की जान बचाने में मदद कर रही हैं और खेती-बारी में मशीनों के कमाल के कार्य के कारण ही हम अरबों मानवों और करोड़ों जानवरों (पालतू जानवरों सहित) के पेट भर पा रहे हैं।

मशीन बिजली या अन्य ईंधनों से चलनेवाला उपकरण भर नहीं है। हरेक मशीन के पीछे मनुष्य का ज्ञान और दक्षता छिपी होती है, जो उसे कोई विशेष कार्य करने लायक बनाती है। जी हाँ, यह मनुष्य का ज्ञान और दक्षता है, जो मशीनों को नियंत्रित करती है। मशीनें ज्ञान व दक्षता को नियंत्रित नहीं करती हैं। आज हालाँकि कई पुरानी पीढ़ी के लोग शिकायत करते हैं कि जीवन बहुत ही मशीनी बन गया है। कुछ चिंतक किस्म के लोग इसके लिए औद्योगिकीकरण और पश्चिमी देशों से उधार लिये गए आधुनिक 'मूल्यों' को दोषी ठहराते हैं तो कुछ विज्ञान व तकनीकी पर दोष मढ़ते हैं। मेरा अधिकांश जीवन ऐसे गाँव में बीता है, जहाँ बिजली भी नहीं थी। पानी भी कुएँ से रस्सी और चरखों के साथ खींचना पड़ता था। बस यातायात का साधन भी सुलभ नहीं था। शहर जाना हो तो या तो पैदल जाना पड़ता था या फिर बैलगाड़ी की सैर करनी पड़ती थी। फिर मैंने मुंबई और अमेरिका की तेज रफ्तार

जिंदगी भी देखी। अपने अनुभवों के आधार पर मैं कह सकता हूँ कि मशीनें हमारे जीवन को बेहतर ही बनाती हैं, बशर्ते कि उन्हें सही ढंग से इस्तेमाल किया जाए। आधुनिक जीवन की तेज रफ्तार को हम खूबसूरत जिंदगी में तबदील कर सकते हैं, यदि हम समय प्रबंधन करना सीख जाएँ। इसलिए मशीनों को दोष न दें। वे आपकी मित्र हैं। यदि आप स्वयं को शोषित महसूस करें तो वास्तव में आपको अपनी मानसिकता बदलने की जरूरत है।

— महत्त्वपूर्ण —

सफलता का एक प्रमुख चरण है—किसी कार्य में महत्त्वपूर्ण तत्त्वों की पहचान करना। इसके लिए विश्लेषण करने की क्षमता चाहिए। ज्यादातर लोग महत्त्वहीन चीजों पर अपना समय व ऊर्जा बरबाद कर देते हैं और अपने मुख्य लक्ष्य से भटक जाते हैं। महत्त्वपूर्ण चीजों को पहचानना और उनपर ध्यान केंद्रित करना एक कला है। यदि आपका मस्तिष्क खुला व सचेत है तो आप स्वयं जान जाएँगे।

— महानता —

आप महान् बनने की महत्त्वाकांक्षा का पोषण कर सकते हैं। महान् बनना सहज मानव अभिलाषा है। अनेक लोग अपनी इस इच्छा को व्यक्त नहीं कर पाते हैं। अनेक लोग विकट परिस्थितियों के चलते कम उम्र में ही मान लेते हैं कि वे महान् नहीं बन सकते हैं। जबकि कई लोग इसके लिए कड़ी मेहनत करते हैं। महान् बनने की इच्छा अच्छी चीज है, लेकिन इसे अपने दिलो-दिमाग पर हावी न होने दें, अन्यथा आप अनावश्यक तनाव के शिकार बन जाएँगे। आपको अपना ध्यान केंद्रित करना है और किसी एक क्षेत्र में उत्कृष्टता हासिल करने के लिए कड़ी मेहनत करनी है। इस तरह आपके महान् बनने के अवसर बढ़ जाएँगे।

— माता-पिता —

जीवन में माता-पिता का महत्त्वपूर्ण स्थान है। उन्होंने ही आपको जन्म दिया। बचपन के संवेदनशील वर्षों में उन्होंने ही आपको पाला-पोसा, इसलिए आप भी अच्छे माता-पिता बनें।

— मात्रा —

आधुनिक जीवन में गुणवत्ता की तलाश में मात्रा या संख्या अत्यंत महत्त्वपूर्ण

है। विशेषकर जब प्रत्येक मनुष्य के जीवन को सुधारना ध्येय हो। कोई व्यक्ति एक या दो वस्तुओं में उत्कृष्टता या ऊँची गुणवत्ता भर सकता है। आप एक अच्छे शिक्षक के साथ पाँच छात्रों को बेहतरीन गुणवत्ता के साथ पढ़ा सकते हैं; पर समाज में लाखों की जरूरत है। इसे याद रखें। भारत में हम मॉडलों और प्रायोगिक परियोजनाओं के जाल में उलझकर रह गए हैं। वर्षों तक मैंने देखा कि लोग सरकार या अन्य एजेंसियों से लाखों-करोड़ों रुपए लेकर चार-पाँच गाँवों में महान् आविष्कारक कार्य करते हैं। उसके बाद बड़ी-बड़ी रिपोर्टें लिखी जाती हैं, तारीफों के पुल बाँधे जाते हैं, सेमिनार किए जाते हैं और इनाम आदि भी बाँटे जाते हैं। ऐसी हवा फैलाई जाती है कि ग्रामीण विकास के लिए अचूक समाधान खोज लिये गए हैं। उनकी उपलब्धियों को उत्कृष्टता की मिसाल, गुणवत्ता की पहचान और न जाने क्या-क्या कहा जाता है। तब फिर क्या होता है? भारत के लगभग छह लाख गाँवों का भला कैसे होगा? यह उनकी समस्या नहीं है। यदि आप उनके मॉडल का उपयोग करें तो पाएँगे कि उसे सभी गाँवों पर लागू करने के लिए लाखों-करोड़ों रुपए की जरूरत होगी। ऐसी स्थिति क्यों है? इसका कारण है कि जो लोग ऐसे मॉडलों की योजना बनाते हैं और उन्हें लागू करते हैं, वे संख्या की दृष्टि से नहीं सोचते हैं। वे नहीं सोच पाते हैं कि लाखों गाँवों की समस्याओं से जूझना है। पर विदेशों में ऐसा नहीं है।

सर हेनरी फोर्ड ने संख्या के बारे में सोचा और कारों का बड़ी मात्रा में उत्पादन किया। जापानियों ने मात्रात्मक उत्पादन के स्तरों पर भी गुणवत्ता की कल्पना को बड़ी कुशलता से लागू किया। आज उपभोक्ता की पसंद या विनिर्देशों के अनुसार उत्पादन की बात की जाती है। लेकिन वैश्विक स्तर पर संख्या या मात्रा का सबसे ज्यादा महत्त्व है। मात्रा के साथ गुणवत्ता का आधुनिक वैश्वीकृत संसार में अत्यंत महत्त्व है। जरा माइक्रोसॉफ्ट, गूगल, याहू या इंटरनेट को देखिए। बेशक इनमें बड़ी-बड़ी मात्राएँ शामिल हैं। किसी वेबसाइट की गुणवत्ता को उसे देखनेवालों की संख्या के आधार पर परखा जाता है। आप चाहे कितने ही बड़े कलाकार क्यों न हों, हाथ से बनाए उत्पादों के भरोसे नहीं रह सकते कि दिन भर में चार-पाँच चीजें बनाकर छुट्टी। आपको उपभोग की बड़ी मात्रा के अनुसार चलना ही होगा। गुणवत्ता की तलाश में आपको इसे याद रखना होगा। केवल इसी के आधार पर इक्कीसवीं सदी में सफलता का सेहरा आपके सिर बँधेगा।

— मानक —

जीवन में अनेक चीजों का मानकीकरण करें। सामान जो आप खरीदते हैं,

दैनिक जीवन के कार्य, आपके कार्यालय का कार्य : इन सभी को मानक प्रदान करें। इससे आप जीवन में ऊँची गुणवत्ता हासिल कर सकते हैं। जरूरी नहीं कि मानकीकरण बोरियत भरा या नीरस हो। यह आपके समय को आविष्कारों और रचनात्मकता में लगाता है, क्योंकि आप अपने समय को साधारण चीजों को सही या गलत ढंग से करने में नष्ट नहीं करते हैं।

— मानदंड —

मानव समाज अनेक मानदंडों से चलता है। प्राचीन कबीलाई समाजों में भी पहनने, ओढ़ने तथा सामाजिक व्यवहार के लिए कड़े मानदंड थे। इन मानदंडों को छोटे समाजों पर लागू करना आसान था; परंतु आज के समाज कहीं अधिक जटिल और विशाल हैं। अत: मानदंड विभाजित हो गए हैं, जैसे—कार्यालय में अलग मानदंड हैं, पार्टियों में अलग, मित्रों के समूहों में अलग तो परिवार में एकदम अलग। अधिकतम लाभ और स्वयं की प्रसन्नता के लिए इन बहुआयामी मानदंडों में महारत हासिल करना सीखें।

— मानवता —

अकसर किसी मनुष्य की दूसरे मनुष्यों और जंतुओं के प्रति अच्छी भावनाएँ ललित कलाओं के रूप में प्रकट होती हैं। यही मानवता है। लेकिन आज की होड़ भरी दुनिया में जहाँ बाजार अर्थव्यवस्था को चलाते हैं, कर लाभों के जरिए मानवता को बढ़ावा दिया जाता है। लेकिन अनेक मानवीय गतिविधियाँ हैं, जिनके व्यावसायिक लाभ तुरंत नहीं मिलते—और उसकी आशा भी नहीं करनी चाहिए, जैसे—

- किसी अनाथ बच्चे (बालक-बालिका) का पालन करना, जब तक कि वह बड़ा न हो जाए।
- नए कलाकारों के समूह की सहायता करना, जब तक कि वे अपनी पहचान न बना लें।
- नए मॉडल विकसित करना, ताकि अलग-थलग पड़े गाँवों का समुचित विकास हो सके।
- स्वास्थ्य-सेवा प्रणाली विकसित करना, जो गरीबों को भी उपचार सुविधा उपलब्ध करा सके और अंततोगत्वा अपने बलबूते पर चल सके।
- ऐसे विषय पर अनुसंधान कार्य की सहायता करना, जिसमें अल्पकालिक अथवा दीर्घकालिक उपयोग के लक्षण न दिखाई दे रहे हों।

जब सरकार के अलावा व्यक्ति निजी तौर पर उपर्युक्त कार्यों में रुचि ले तथा सहायता प्रदान करे तो यही मानवता कहलाती है।

जनता की भलाई के लिए सरकार जब इन सब कार्यों को करती है तो इन्हें सामाजिक, सांस्कृतिक व वैज्ञानिक योजनाएँ कहा जाता है। जहाँ करदाताओं से वसूले गए धन के माध्यम से सरकार महत्त्वपूर्ण भूमिका निभा सकती है, मगर भारत में सरकारी विभाग अपनी लापरवाही और गैर-जिम्मेदारी के लिए ज्यादा जाने जाते हैं। इसीलिए यहाँ हम भारतीयों के लिए यह जरूरी हो जाता है कि हम इक्कीसवीं सदी में विभिन्न मानवतावादी मॉडलों के साथ परीक्षण करें और उन्हें विकसित करें। लेकिन प्रणाली ऐसी होनी चाहिए कि जो लोग शुरुआत में मानवतावादी मॉडलों पर निर्भर हों, वे आगे चलकर आत्मनिर्भर बन जाएँ और उनमें से कुछ लोग पहले प्राप्त धनराशि को वापस भी लौटा सकें। आज जब आप सफल हो चुके हैं तो याद रखें कि एक दिन आप भी मानवता के नाते अनेक लोगों की आगे बढ़ने में मदद कर सकते हैं।

—— मानसिकता ——

आजकल 'मानसिकता' शब्द अकसर सुनाई पड़ता है। मैं नहीं जानता कि कितने लोग इसका अर्थ जानते हैं। मेरे लिए इसे समझने का एक आसान तरीका है।

कोई समस्या आने पर हम सभी अपने मन के भीतर एक ही लकीर पर बार-बार चलने का प्रयास करते हैं। हम बार-बार इसी प्रक्रिया को दोहराते जाते हैं, क्योंकि यही हमें सुविधाजनक लगती है। आपको कुछ नया सोचने की जरूरत नहीं होती। हालाँकि सैकड़ों पृष्ठों की विश्लेषणात्मक रिपोर्ट लिखी और पढ़ी जाती है, किंतु आपके मन में कोई विश्लेषण नहीं होता और अंत में आप अपने कार्यों का लेखा-जोखा रख देते हैं। यदि आप कोई सत्ताधारी व्यक्ति हैं और कोई छोटे पदवाला व्यक्ति अपना विरोध प्रकट करता है तो आप उसे भाषण भी पिला सकते हैं और कह सकते हैं, 'अपनी मानसिकता को बदलो।' यदि आप सत्ता के निचले पायदान पर हैं तो सभी कुछ सुनते हैं, लेकिन आपको कुछ भी समझने की जरूरत नहीं है। आप केवल वही करते रहें, जो आपके आस-पास के लोग कर रहे हैं। माँग के अनुसार कुछ बाहरी चीजों को बदल दें। अच्छे कपड़े पहनें। चेहरे प्र बनावटी मुसकान रखें और बॉस को सलाम ठोकते रहें।

व्यक्तिगत तौर पर मैं मानता हूँ कि हमें नया रवैया अपनाना चाहिए। विशेषकर तब जबकि हमारा अनुभव बताता है कि पूर्व प्रचलित प्रथाओं के वांछित परिणाम

नहीं निकल पाए। किंतु इसका अर्थ यह भी नहीं कि आप हर रोज सुबह उठकर एक नई दिनचर्या आरंभ कर दें।

ढेर सारे कार्य ऐसे हैं, जिन्हें पारंपरिक और समय की कसौटी पर जाँचे-परखे तरीकों से करने की जरूरत है। लेकिन कई परिस्थितियों में आपको यह जाँचना पड़ता है कि वर्तमान व्यवस्था या तरीका वांछित परिणाम दे रहा है या नहीं? क्या कुछ बेहतर किया जा सकता है? ऐसी समीक्षा के उपयोगी होने के लिए इसे अपनी वर्तमान मानसिकता में न उपयोग करें। अपनी मानसिकता को दूर रखें और अपना मन खुला रखें। यदि सभी लोग ऐसा करने लगें तो समाज और देश में संपन्नता आएगी।

यदि आप अपने संगठन में खुली मानसिकतावाले इकलौते या चुनिंदा लोगों में से एक हैं तो आपके ही कम-से-कम मानसिक तौर पर पीड़ित रहने की संभावना ज्यादा है। भारत में ज्यादातर संस्थानों में ऐसे ही काम चलता है। अकसर परिवर्तन की माँग करनेवाले व्यक्तियों को अलग-थलग कर दिया जाता है, इसलिए सावधान रहिए! लेकिन अलग हटकर सोचने की अपनी क्षमता के लिए स्वयं को दोषी न ठहराएँ। यह ईश्वर-प्रदत्त उपहार है।

ज्यों-ज्यों दुनिया का वैश्वीकरण हो रहा है, प्रतियोगिता की गरमी बढ़ती जा रही है। ऐसे में बातें बनाने से नहीं बल्कि वास्तव में ईज़ाद करने से काम चलेगा। मेरा मानना है कि इक्कीसवीं सदी में केवल वही लोग टिक पाएँगे, जो परिवर्तनों का पूर्वानुमान लगाने में सक्षम होंगे, परिवर्तनों को परखने का साहस कर पाएँगे और दूसरे लोगों को भी परिवर्तनों के अनुसार ढालने में मदद कर पाएँगे। इसलिए अपने मन व मस्तिष्क को सदैव खुला रखें।

—— मार्गदर्शक ——

जीवन में सलाह लेने के लिए आपके पास एक या एक से अधिक मार्गदर्शक होने चाहिए। कई बार आप मार्गदर्शक से अपनी पीड़ा को भी बाँट सकते हैं। वह आपके जीवन को सँवार सकता है। जीवन का प्रेक्षण करें, अध्ययन करें। जीवन और इसके विविध अंतर्संबंधों का विश्लेषण करें। यदि आप इसकी जटिलताओं को थोड़ा भी समझ पाएँ तो आपके कार्य ज्यादा वास्तविक होंगे, जिनकी सफलता की ज्यादा संभावना होगी। लेकिन यह विश्लेषण इतना गहन न हो कि आप कोई कार्य ही न कर सकें, जैसा कि अकसर भारत में होता है कि बातें-विचार तो बहुत होते हैं, पर काररवाई नहीं होती। ऐसे लोग जो आपके प्रति ईमानदार हैं, वे आपके सच्चे

मार्गदर्शक बन सकते हैं। मैं अनेक लोगों से निरंतर सीखता रहता हूँ। अपने से छोटे और अनाड़ी व्यक्तियों से भी सीखता रहता हूँ। ईश्वर की कृपा से सीखने की इच्छा और क्षमता मुझमें आज भी है। अपना दिमाग खुला रखें। इसे कई प्रकार की चिंताओं से न लाद दें, भले ही उनमें से कुछ का आपके जीवन से सीधा वास्ता हो। स्वयं पर विश्वास रखें। आस्तिक हैं तो ईश्वर से प्रार्थना करें, वह सबका मार्गदर्शक आपके साथ होगा।

—— मित्र ——

मित्रों का होना एक वरदान है। आधुनिक संसार में जहाँ नेटवर्किंग महत्त्वपूर्ण है—आपको अपने विद्यालय के मित्रों, कॉलेज के मित्रों, कार्यालय के मित्रों, आस-पड़ोस के मित्रों के साथ होना चाहिए। टेलीफोन, एस.एम.एस. और ई-मेल इत्यादि से अपनी मित्रता को बनाए रखें। उपर्युक्त सभी मित्रों का एक वर्ग है। ये मित्र जीवन में अनिवार्य हैं। इन मित्रों के साथ मात्र परिचय से कुछ ज्यादा गहरा संबंध होता है। कुछ मित्र इस सीमा से भी आगे होते हैं। वे वास्तविक मित्र हैं। आपको भी किसी का सच्चा मित्र होना चाहिए। मित्रों के बारे में मैंने अपनी भावनाओं को कविता के रूप में प्रकट किया है, जिसका शीर्षक है 'मित्र व शत्रु'—

कौन है मित्र, कौन शत्रु
कैसे तुम जान पाओगे
इस दिखावटी दुनिया में?
भेजोगे जासूस या
झाँकोगे उनकी आँखों में?
ईश्वर है महान् पर
सरल है उसका काम
देता है वह दुःख भारी
करता है बदनाम।
चाहे तुम हो जैसे
अच्छे-भले इनसान।
सब लोग कर लेंगे किनारा
होंगे तुम बेसहारा
पुकारते हत्भाग, हे भगवान्!
तब छुएगा एक हाथ

सौम्य, गर्मजोशी, राहत भरा
तभी मिलेगा वह मित्र
निश्छल, निस्स्वार्थ, प्यार भरा।

— मिश्रित बल —

आजकल, विशेषकर भागीदारियों और गठबंधनों के संदर्भ में, इस शब्द का बारंबार उपयोग किया जाता है। आप समय के संदर्भ में 'मिश्रित बल' के अर्थ को याद रखें। भारत में अकसर समय को भुला दिया जाता है। यदि समय का खयाल नहीं रखेंगे तो ऊर्जाएँ मिलकर बढ़ेंगी नहीं, बल्कि एक-दूसरे को काट देंगी।

— मुसकराना —

प्रत्येक व्यक्ति के जीवन में दुःख की घड़ियाँ आती हैं। यह जीवन के प्रवाह का स्वाभाविक गुण है। लेकिन दुःख में डूब नहीं जाना चाहिए। याद रखें, यह हमारा-आपका स्वभाव नहीं है कि हम लंबे समय तक दुःखी या गमगीन रह सकें। इसलिए भावी सुखमय जीवन की कल्पना कर मुसकराइए।

— मुसकान —

सही समय पर एक मीठी मुसकान बिखेरकर आप जीवन में कई चीजें प्राप्त कर सकते हैं। मुसकराना सीखिए। सकारात्मक ऊर्जा का संचार करें, संसार को जीत लें।

— मूल्यांकन —

हम सभी का दूसरों के द्वारा लगातार मूल्यांकन किया जाता है। मूल्यांकन की कसौटी भिन्न हो सकती है। कुछ लोग ईमानदारी के लिए आपका मूल्यांकन कर सकते हैं तो कुछ लोग ज्ञान के लिए। कुछ लोगों की रुचि केवल इसमें होती है कि वे आपका कितना उपयोग कर सकते हैं।

आपको भी परिस्थिति, लोगों, अवसरों आदि का अपनी दृष्टि से मूल्यांकन करना चाहिए। शाब्दिक रूप में मूल्यांकन का अर्थ है—मूल्य जानना। किंतु इस प्रक्रिया में लोग इनसानों का, परिस्थितियों का, विकल्पों आदि का भी अंदाजा लगाने लगते हैं। यह जीवन का व्यावहारिक पक्ष है।

— मैं —

यह आत्म-पहचान का प्रतीक है और अहंकार का भी। इससे आपके पूरे व्यक्तित्व का पता चलता है। आपने धार्मिक-आध्यात्मिक कथनों को भी सुना होगा, जैसे—'मैं', 'मुझे', 'मेरा' को भूल जाओ। मैं नहीं मानता कि यह इतना आसान होगा। हम 'मैं' पर प्रश्नचिह्न लगाकर सर्वोच्च अध्यात्म की तलाश करते हैं। महर्षि रमण की सत्य की समूची खोज का आधार था—'मैं कौन हूँ ?' इन गूढ़ बातों में उतरे बगैर आइए, अपने जीवन की सरल व्यावहारिकताओं और वास्तविकताओं के बारे में जानें।

बचपन में ही आपका 'मैं' जाग्रत् हो जाता है और यदि आप अपने 'मैं' अर्थात् अपनी पहचान का ध्यान न रखें तो आपका अधिकांश योगदान दबा रह जाएगा। मैंने अनेक प्रतिभाशाली व्यक्तियों को देखा है, जो अपने संगठन और दल के लिए ईमानदारीपूर्वक कार्य करते हैं, लेकिन जीवन भर गुमनाम रह जाते हैं। वे अपने योगदान को कहीं भी प्रस्तुत नहीं करते। वे मानते हैं कि हर कोई अच्छा होगा और संगठन में कोई अदृश्य शक्ति उनका खयाल रखेगी।

यहाँ एक बात याद रखें, ऊँचे ओहदेवाले अपनी खुद की समस्याओं से ग्रस्त रहते हैं। हालाँकि अनेक ऐसे लोग अनौपचारिक बैठकों में आपकी हलकी-फुलकी प्रशंसा करते हैं, आपसे हाथ मिलाते हैं; लेकिन उसके बाद उनके मन में आपकी तसवीर धुँधली पड़ने लगती है और फिर जीवन यों ही चलने लगता है।

आपके दल में भी कुछ धूर्त किस्म के लोग धीरे-धीरे अपने आपको प्रक्षेपित करने में लगे रहते हैं। वे सभी अच्छे कार्यों का श्रेय लेने लगते हैं और सफलता की सीढ़ियाँ चढ़ते रहते हैं; लेकिन आप पीछे छूट जाते हैं। बरसों-बरस बाद आपके एवं उनके बीच अंतर बढ़ता जाता है और आप स्वयं को आहत महसूस करने लगते हैं।

इसीलिए अभी से आपको अपने 'मैं' और 'मेरा योगदान' को प्रक्षेपित करने के लिए सावधान हो जाना चाहिए। इसके बावजूद आप दल में रह सकते हैं। आपको अपनी पहचान बनाए रखनी चाहिए। यदि कोई संगठन या दल आपकी पहचान को नष्ट कर रहा है तो आपको उसे छोड़ने के लिए भी तत्पर रहना चाहिए। हड़बड़ी में नहीं, बल्कि अच्छी तरह सोच-विचार करने तथा हानि-लाभ के आकलन के बाद। स्वयं को कमतर न समझें। एक सीमा के आगे किसी को भी अपना मजाक न बनाने दें। यदि आप अपने 'मैं' की वास्तव में परवाह करते हैं तो आप स्वयं रास्ते खोज निकालेंगे। बस, ये रास्ते संतुलित होने चाहिए और आपको स्वार्थी न बनाएँ।

— मोमबत्ती —

मोमबत्ती प्रकाश का प्रतीक है। इसकी टिमटिमाती लौ अंधकार का सीना चीरकर धीमा ही सही, लेकिन प्रकाश उत्पन्न करती है। अपने घरों में हम मोमबत्ती और माचिस तैयार रखते हैं, ताकि यदि कभी बिजली चली जाए तो अँधेरा दूर कर सकें। अगर इन्वर्टर जैसी आधुनिक सुविधाएँ हों तो भी मोमबत्ती और माचिस जरूर रखते हैं; क्योंकि यही प्रकाश का भरोसेमंद स्रोत है। मोमबत्ती प्रकाश फैलाती है। एक मोमबत्ती हजारों-लाखों मोमबत्तियों को रोशन कर सकती है और यदि लापरवाही बरती जाए तो भयानक अग्निकांड का कारण भी बन सकती है। कोई भी आनंद का अवसर हो, त्योहार हो, हम मोमबत्ती जलाते हैं। मोमबत्ती प्रकाश फैलाने के लिए स्वयं को कुरबान करने की क्षमता का भी प्रतीक है। परंतु क्या आपको मालूम है कि हमारे भीतर भी अनगिनत मोमबत्तियाँ हैं? आपको जब कभी जरूरत होती है तो यही मोमबत्तियाँ आपके भीतर प्रकाश उत्पन्न करती हैं। मगर जरूरी है कि उन्हें तलाशकर प्रज्वलित करें। इसलिए जीवन में कभी भी घोर निराशा के पल आएँ तो भी निराश होने की जरूरत नहीं है, क्योंकि आप न केवल प्रकाश फैला सकते हैं बल्कि अज्ञान के बियाबान को नष्ट कर सकते हैं, निराशा के जंगल को भी जला सकते हैं।

— मौलिक —

मौलिक विचार, परंपरागत पथों से मौलिक विचलन या अन्य मौलिक कार्यों को भारत जैसे परंपरावादी समाजों में पसंद नहीं किया जाता। आजकल तो लोग स्वार्थवश मौलिक विचारों से परहेज करने लगे हैं। यदि व्यावहारिक जीवन में रहते हुए भी आपके पास मौलिक विचार हैं तो उनका गला मत घोंटिए। उन क्षेत्रों की तलाश करें, जहाँ आप अपने विचारों को व्यक्त कर सकें। केवल वही लोग मानव सभ्यता को आगे ले जाते हैं, जो मौलिक विचारों के धनी होते हैं और उनपर अमल भी करते हों।

— यात्रा —

यात्रा आधुनिक जीवन का महत्त्वपूर्ण अंग है। सन् 1970 और 80 के दशकों में अटकलें लगाई जा रही थीं कि सूचना व संचार तकनीकों में आ रहे क्रांतिकारी परिवर्तनों से यात्रा अनावश्यक चीज बन जाएगी। इस तरह यात्राओं के अनावश्यक हो जाने से बचनेवाली ऊर्जा की गणनाएँ भी शुरू हो गई थीं। लेकिन आज भी, जब

दुनिया काफी सिकुड़ चुकी है, देश-परदेश की यात्राएँ न केवल हो रही हैं बल्कि उनकी संख्या में भारी बढ़ोतरी हुई है। इसका कारण है कि मनुष्य एक-दूसरे से मिलना-जुलना पसंद करते हैं। संचार तकनीकों के कारण सूचनाओं के त्वरित आदान-प्रदान के बावजूद व्यक्तिगत मेल-मिलाप से हम आरामदेह महसूस करते हैं। ठीक वैसे ही जैसे टेलीविजन पर खबरों के सीधे प्रसारण के बावजूद समाचार-पत्रों की संख्या तेजी से बढ़ रही है। इसलिए आधुनिक जीवन में यात्रा को अपने जीवन का अंग बना लें। इसका आनंद लें। जिस स्थान की यात्रा करें वहाँ की संस्कृतियों को जानें। इससे आपकी संवाद-क्षमता में निखार आएगा। कुछ बोलियों को सीखें। इससे आपके जीवन में ताजगी आएगी। यात्रा की तैयारियों में सुव्यवस्थित रहें। कम-से-कम सामान रखें। उनकी सूची बनाएँ। दवाएँ और मरहम-पट्टी का सामान साथ रखें। चिकित्सा बीमा करा लेना लाभदायक रहेगा। व्यापार या मौज-मस्ती के अलावा गंतव्य स्थान में रहनेवाले व्यक्तियों के फोन नंबर व पते साथ रख लें, जिनसे आप दुआ-सलाम कर सकें या मिल सकें। वोल्टेज में अंतरों का खयाल रखें। अपने साथ एडॉप्टर रखें। चेक करें कि जहाँ आप जा रहे हैं वहाँ आपका मोबाइल फोन काम करेगा कि नहीं। यह भी जाँच लें कि वहाँ मोबाइल सेवा का उपयोग करने के लिए अतिरिक शुल्क तो नहीं चुकाना पड़ेगा। यदि खान-पान संबंधी कुछ वर्जनाएँ आपके साथ हैं तो आपको विशेष सावधानी बरतनी पड़ेगी। आप अपने साथ कुछ भोजन ले जा सकते हैं; पर कुछ देशों में खास तरह की सब्जियों और अन्य जीव जंतुओं को ले जाने पर कड़े प्रतिबंध लागू हैं। उनका उल्लंघन न करें। यात्रा के लिए मानक सामान ले जाना अच्छा रहेगा। सर्दी के मौसम में कुहरे के कारण विलंब के लिए तैयार रहें। मौसम की अग्रिम जानकारी लेना बेहतर होगा। यात्रा के दौरान खाने-पीने व नींद का विशेष ध्यान रखें।

— याददाश्त —

आज अनेक आधुनिक गैजेट उपलब्ध हैं। सेलफोन, इलेक्ट्रॉनिक डायरी, लैपटॉप, वेबसाइट आदि उपकरणों में ढेर सारी सूचनाएँ संगृहीत की जा सकती हैं। अनेक लोग मानते हैं कि अब कुछ भी याद रखने की जरूरत नहीं है। बस, एक बटन दबाओ और सूचना हाजिर। जब कभी मन में संदेह हो, किसी भी शक्तिशाली सर्च इंजन की सहायता से उसे दूर कर सकते हैं।

बेशक आधुनिक उपकरण सर्वश्रेष्ठ और अत्यंत उपयोगी हैं। इनमें आप दसियों हजार नाम-पते जमा कर सकते हैं और जरूरत पड़ने पर तुरंत खोज भी

सकते हैं। लेकिन आधुनिक संसार में भी अनेक महत्त्वपूर्ण चीजें हैं, जिन्हें आपको याद रखना चाहिए। आप इस पुस्तक में या किसी पत्र में जो कुछ पढ़ रहे हों या किसी मीटिंग में सुन रहे हों, वह अगर आपके मन-मस्तिष्क में दर्ज नहीं होता है तो आप उसे अपने धारणात्मक चिंतन में इस्तेमाल नहीं कर पाएँगे। अवश्य ही संचित सूचनाएँ, छवियाँ, आँकड़े और अन्य संबंधित जानकारियाँ आपके मूल ज्ञान का आधार बनती हैं। लेकिन यदि उनमें आपस में कोई तालमेल न हो तो इन बाहरी उपकरणों का कोई मूल्य नहीं है। यदि आप बड़ी उपलब्धि हासिल करना चाहते हैं तो अपनी आंतरिक याददाश्त को मजबूत करना जरूरी होगा।

आप स्वयं प्रयास करें, जान जाएँगे कि अपनी याददाश्त का प्रभावी ढंग से कैसे उपयोग किया जाए। जैसे कोई व्यक्ति आपसे कुछ मिनटों के लिए मिलता है और उसी समय में वह आपकी याददाश्त का कायल हो जाए तो आपको कितना अच्छा लगेगा। तकनीकी मीटिंग में, अनुसंधान कार्य में या व्यापार विकास में याददाश्त ही आपके काम आती है। इसलिए अपनी याददाश्त को विकसित करें। कुछ लोगों को स्वास्थ्य संबंधी कारणों से याददाश्त में कुछ समस्या हो सकती है, पर याददाश्त बढ़ाने का दावा करनेवाली औषधियों या नीम-हकीमों के चक्कर में न पड़ें। याददाश्त केवल अभ्यास द्वारा बढ़ाई जा सकती है। अभ्यास करते रहें, कुछ वर्षों बाद आप स्वयं ही हैरान रह जाएँगे।

— युक्ति —

युक्तियाँ सोचने से और अंतर्ज्ञान से आती हैं। लेकिन मेरा अनुभव है कि अंतर्ज्ञान भी यों ही नहीं पनप जाता बल्कि इसके लिए अध्ययन, चिंतन, अनुभव आदि के साथ ज्ञान का व्यापक आधार तैयार करना पड़ता है, जिनसे फिर अंतर्ज्ञान के पुष्प खिलते हैं।

आविष्कार के लिए युक्तियाँ महत्त्वपूर्ण हैं। किसी प्रक्रिया को कुशलता एवं उत्पादकता के साथ जारी रखने के लिए भी युक्तियाँ चाहिए। जब आप समस्याओं से घिरे हों तो युक्तियाँ ही समस्याओं का समाधान करती हैं।

कभी-कभार ऐसे लोग मिल जाते हैं, जिन्हें युक्ति-पुरुष कहा जाता है। अकसर कुछ परिस्थितियों में जब प्राथमिकता के ऊपर दिखावा हावी हो जाता है, ऐसे 'युक्ति-पुरुष' अस्थायी तौर पर कामयाब होते दिखते हैं। लेकिन लंबे अंतराल में आपको अपनी युक्तियों के कार्यान्वयन की वास्तविकता को आधारित करना होगा। इसका यह अर्थ नहीं कि आप अत्यधिक रूढ़िवादी हो जाएँ। व्यावहारिक

समस्याओं को जाँचते रहें और केवल तभी अपनी युक्ति बताएँ जब कार्यान्वयन से जुड़े सभी लोग इसे स्वीकार कर सकें। तब भी अनेक लोग होंगे, जो कहेंगे—'नहीं, यह नहीं हो सकता है। देखिए, कितनी सारी समस्याएँ हैं।'

काम से बचने की इच्छा सर्वसामान्य है, विशेष तौर से हमारे देश में। यहाँ पर जो लोग कार्य करते हैं, उनका अकसर असफलता मिलने या गलती होने पर मजाक उड़ाया जाता है, आलोचना की जाती है और जो लोग कुछ भी कार्य नहीं करते हैं, उनसे कोई नहीं पूछता।

नई युक्तियों को ग्रहण करने में तत्परता दिखाएँ। अगर आपने दूसरे की युक्ति पर चलकर सफलता प्राप्त की है तो उस व्यक्ति का आभार प्रकट करना न भूलें। यह अच्छी आदत है। हालाँकि अनेक लोग दूसरों की युक्तियों को चुराकर अपनी बताने लगते हैं और ऐसे अनेक लोग जीवन में सफल भी हो जाते हैं; पर मैं मानता हूँ कि हमें ऐसे व्यक्तियों का आभार प्रकट करना चाहिए, ताकि हम वास्तविक खुशी महसूस कर सकें।

कई बार आपको अपनी युक्तियाँ गुप्त रखनी चाहिए। प्रतियोगी दुनिया की यही प्रकृति और माँग है। कई वैज्ञानिक अपने अनुसंधान कार्य को गुप्त रखते हैं और केवल प्रकाशनों में ही नतीजों की घोषणा करते हैं, अन्यथा क्या होगा कि बेहतर सुविधाओंवाला वैज्ञानिक आपके अनुसंधान कार्य को शुरू कर देगा और आपसे पहले अपने नतीजों की घोषणा कर देगा। व्यापार, राजनीति, मीडिया, डिजाइन, कला आदि क्षेत्रों में भी यही बात लागू होती है। युक्तियाँ मूल्यवान् हैं और आपको जानना चाहिए कि किन युक्तियों को प्रकट करें और किनको गुप्त रखें। लेकिन आप बहुत ज्यादा गोपनीयता बरतेंगे तो हो सकता है कि आपको युक्तियाँ मिलनी बंद हो जाएँ। आपको जानना चाहिए कि गोपनीयता और साझेदारी के बीच संतुलन कैसे स्थापित करें।

— युद्ध —

युद्ध से बचना बुद्धिमानी है। देश के भीतर गृह युद्ध से बचना चाहिए। परिवार या कार्यालय के भीतर शब्दों के युद्ध से बचना चाहिए। इन सबके अलावा कुछ ऐसे युद्ध हैं, जिनमें हम सभी को शामिल होना चाहिए। ये युद्ध हैं—गरीबी, अशिक्षा और रोगों के विरुद्ध। देशों के बीच अगर युद्ध हो तो वह बिलकुल भिन्न और दुर्दांत होगा, क्योंकि घातक हथियारों का भारी प्रसार हो चुका है और गतिशीलता तथा संचार तकनीक में काफी प्रगति हुई है। युद्धों से बचने के लिए मन की एकता

महत्त्वपूर्ण है, जो इक्कीसवीं सदी में अत्यंत घातक होंगे। शांति को यों ही मत लीजिए।

— युवा —

आमतौर पर युवा को उम्र के संदर्भ में वर्णित किया जाता है। शारीरिक शक्ति और क्षमता द्वारा भी युवावस्था का पता चलता है। यौवन एक बहुमूल्य क्षमता है, जिसे आपको बचाए रखने, बनाए रखने और संरक्षित करने की आवश्यकता है। यौवन का पोषण करने के लिए शारीरिक स्वास्थ्य व बल तथा मानसिक स्वास्थ्य व बल जरूरी हैं और इनका ध्यान रखा जाना चाहिए। भले ही आपकी उम्र ढल रही हो, आप यौवन की अनेक विशेषताओं को संरक्षित कर सकते हैं। उदाहरण के तौर पर—अच्छा स्वास्थ्य, शारीरिक कार्य करने की क्षमता तथा दमखम। बूढ़े होने के साथ यदि आप मीन-मेख निकालने की प्रवृत्ति से बच सकते हैं और जीवन के जख्मों को भुला सकते हैं तो आपके भीतर का यौवन जीवन-अनुभव के ज्ञान से परिपूर्ण होकर दिन-प्रतिदिन और फले-फूलेगा, इसलिए चिरयौवन को प्राप्त करने की आकांक्षा को मन में पलने दें।

— योग —

भारतीय सभ्यता की अनूठी विरासत है—योग। योग साधारण श्वसन व्यायामों, मुद्राओं और ध्यान लगाने से कहीं ज्यादा गहरा है; हालाँकि विश्व में योग इन्हीं चीजों के कारण जाना जाता है। निस्संदेह ये सभी उपयोगी हैं, परंतु यह मत सोचिए कि ये अपने आप में अंतिम हैं। जीवन कहीं अधिक विशाल है। योग का अर्थ संगम भी है—तन एवं मन का संगम और व्यक्ति एवं ब्रह्मांड का संगम। भारतीय ग्रंथों में योग के अन्य स्वरूपों का भी वर्णन है। योग जोड़ने के लिए है। जीवन में इन चीजों के बारे में भी जानिए। याद रखें कि अन्य सभ्यताओं ने भी अपनी बहुमूल्य संपदाएँ विकसित की हैं। इन संपदाओं के बारे में भी जानने का प्रयास करें।

— योग्यता —

भारत में कई कारणों से योग्यता को पोषित नहीं किया गया है, बल्कि कई लोग तो योग्य व्यक्ति से ईर्ष्या भी करते हैं। याद रखें, प्रतियोगी परीक्षाओं में अच्छे अंक लाना ही योग्यता नहीं है, बल्कि निरंतर अच्छा कार्य करना वास्तविक योग्यता है, इसलिए योग्यता को अपना स्थायी गुण बनाएँ।

—— रख-रखाव ——

हम भारतीय महान् निर्माता हैं। हमने ताजमहल जैसी अद्भुत इमारतें बनवाईं। अनेक शानदार मंदिरों-मसजिदों का निर्माण करवाया। आज भी हम बड़े-बड़े शानदार भवनों को बना रहे हैं। किंतु हम अपने आस-पास के परिवेश के रख-रखाव की परवाह नहीं करते हैं और निर्मित विद्यमान इमारतों का बेहतर रख-रखाव करते रहते हैं।

आज अनेक सरकारी अस्पताल रख-रखाव की समस्याओं से ग्रस्त हैं। ज्यादातर उपकरण प्रायः खराब रहते हैं या ठीक से काम नहीं करते हैं। क्रय विभाग हमेशा व्यस्त रहता है। मैनेजर, डॉक्टरों को नए टेंडर की विशिष्टताएँ जाँचने, नए उपकरणों के लिए प्रस्ताव लिखने से ही फुरसत नहीं मिलती। लेकिन नए खरीदे उपकरण ठीक काम न कर रहे हों तो उनकी परवाह किसी को नहीं।

सिर्फ अस्पताल ही नहीं, विद्युत् आपूर्ति स्टेशन हो या जल आपूर्ति अथवा सड़क निर्माण विभाग, सभी जगह कमोबेश यही हालात हैं। लीपापोती करने और रख-रखाव की अनदेखी करने का मिला-जुला प्रभाव यह होता है कि छोटी-मोटी खराबियाँ देर-सबेर बड़े संकट का रूप ले लेती हैं। मेरा अनुमान है कि खराब रख-रखाव के कारण हमारे देश का लगभग 10 प्रतिशत सकल घरेलू उत्पाद हर वर्ष यों ही बरबाद हो जाता है।

इसलिए रख-रखाव की ओर पर्याप्त ध्यान दें, जैसे—

- उपकरणों व सुविधाओं का रख-रखाव।
- स्थानीय स्वच्छता का रख-रखाव।
- अपने शरीर का रख-रखाव।
- दूसरी संपत्तियों का रख-रखाव।
- अच्छे व्यक्तिगत एवं मानवीय संबंधों का रख-रखाव।

रख-रखाव की सूची अनंत है। अपने काम की चीजों का रख-रखाव करने में ज्यादा समय नहीं लगेगा। बस जरा सा ध्यान देने की जरूरत है। रख-रखाव के प्रति अपनी मानसिकता को बदलें। चीजों को यों ही न लें। उनकी देखभाल कर आप मुसीबत में पड़ने से बच जाएँगे और जीवन में भारी सफलता प्राप्त करेंगे।

—— रचनात्मकता ——

महान् वैज्ञानिक अल्बर्ट आइंस्टाइन कल्पनाशीलता की अनिवार्यता पर जोर देते थे। आधुनिक संसार ज्ञान और दक्षता की बात करता है। ज्ञान सूचना के संचय

और आपकी धारणाओं की स्पष्टता से अर्जित होता है और दक्षता ज्ञान के प्रयोग एवं अनुभव द्वारा सीखने से प्राप्त होती है। किंतु कल्पना इन दोनों ही क्षेत्रों से परे है। दक्षता आपको परीक्षण के क्षेत्र में ले जाती है और दैनिक कार्य में उपयोगी होने के लिए इसकी प्रासंगिकता और महत्त्व है। ज्ञान सूचना के संग्रह और मॉडलों (धारणा) का क्षेत्र है। वर्तमान दक्षता का स्तर सुधारने और नई परिस्थितियों के अनुकूल ढलने के लिए ज्ञान क्षेत्र की थाह ली जाती है। अगर आप व्यापार, कला, विज्ञान, तकनीकी, कानून, राजनीति, कार्टून, मीडिया आदि किसी भी क्षेत्र में अपनी विशेष छाप छोड़ना चाहते हैं तो केवल अपने ज्ञान और दक्षता के क्षेत्र में ही सीमित रहना काफी नहीं होगा कि केवल उसी में विस्तार करते जाएँ, सुधार करते जाएँ। रचनात्मकता तभी पनपती है जब विभिन्न क्षेत्रों के बीच परस्पर संवाद स्थापित हो और आपका मन सदैव इस दिशा में सक्रिय रहे। ऐसा कल्पना के माध्यम से हो पाता है। रचनात्मकता आपके अपने विशेषज्ञता क्षेत्र से परे एक ऊँची छलाँग है। सृजन और रचनात्मकता नए परिवर्तनों के लिए महत्त्वपूर्ण है। वे जो नए परिवर्तनों की कल्पना कर सकते हैं, आधुनिक संसार में महान् सफलता प्राप्त करते हैं, इसलिए रचनात्मक होने का प्रयास करें। आप पूछेंगे कि रचनात्मक बनने के लिए मैं क्या करूँ? तो मेरा उत्तर सिर्फ इतना है कि खूब अध्ययन करें, खूब सीखें, मन-मस्तिष्क को खुला रखें, कभी-कभार एकांत में चिंतन करें, ईश्वर में आस्था हो तो प्रार्थना करें, सहज चिंतन करें, जोर-जबरदस्ती न करें, अच्छी नींद लें, अनिद्रा से शरीर को कष्ट न दें, समस्याओं पर एकाग्रचित्त होकर चिंतन करें, विश्राम करें—फिर चिंतन करें, समस्याओं से दूर न भागें, अपने दैनिक कार्यों को करते रहें; मगर नए विचारों के प्रवाह के लिए कुछ समय अवश्य निकालें, स्वयं पर पूर्ण आत्मविश्वास रखें, नकारात्मक विचारों और पराजयवादी भावनाओं को मन से निकाल दें, सकारात्मक विचारों का पोषण करें। तब आप महसूस करेंगे कि आपके मन में सृजनशील विचारों का प्रवाह हो रहा है।

रटना

दुर्भाग्यवश हमारी विद्यालय प्रणाली का एक बहुत बड़ा भाग रटने की कला पर आधारित है और इसे बढ़ावा देता है, ताकि अच्छे अंक आ सकें, प्रतियोगी परीक्षाओं में सफलता मिल सके, अच्छे संस्थानों में दाखिला मिल सके इत्यादि। हालाँकि याद करने के कुछ व्यायाम मन-मस्तिष्क के लिए लाभदायक हैं, जैसे—कविता याद करना, मंत्र याद करना और नाटक आदि के हिस्से याद करना। पर कुल

मिलाकर रटने और उगलने की कवायद रचनात्मकता का गला घोंट दे ी। सीखने का रचनात्मक तरीका है पढ़ें, सुनें, देखें-भालें, मौलिक बातों पर विचा करें और उन्हें अपनी याददाश्त में बैठा लें। इससे आपके ज्ञान आधार को बढ़ाने में मदद मिलेगी और रचनात्मकता में भी निखार आएगा।

— रस —

जीवन एक फल की तरह है, जिसके भीतर रस भरा हुआ है। आपको यह रस निकालना सीखना है। बहुत ज्यादा लालच करेंगे और फल को कसकर निचोड़ेंगे तो इसके कुछ कड़वे भागों का रस भी आने लगेगा और अनमने ढंग से कोशिश करेंगे तो कुछ भी रस नहीं निकल पाएगा। यह एक खूबसूरत रूपक है, जिससे आप जीवन के रस का आनंद ले सकते हैं।

— रहस्य —

हालाँकि ज्यादातर लोग सच और खुलेपन के पक्षधर होंगे, किंतु जीवन में अनेक चीजें ऐसी हैं, जिन्हें गुप्त या रहस्यमय रखना चाहिए। कुछ आधिकारिक रहस्य होते हैं। कुछ व्यापार के रहस्य होते हैं। उन्हें गुप्त रखना जरूरी है। यदि आप उन्हें प्रकट करेंगे तो कानून तोड़ेंगे, अपनी नियुक्ति की शर्तों का उल्लंघन करेंगे या खरीद की शर्तों का उल्लंघन करेंगे। कुछ व्यक्तिगत रहस्य होते हैं। उन्हें प्रकट करने से अन्य मनुष्यों के जीवन पर असर पड़ेगा। अत: अत्यधिक सावधानी की आवश्यकता है। ऐसे रहस्यों को गुप्त रखना नैतिक व व्यावहारिक तौर पर सही होता है। यहाँ आदि शंकराचार्य की 'प्रश्नोत्तर रत्नमालिका' की इस उक्ति को हमेशा याद रखें—

प्रश्न—कौन सी चीज मनुष्य को जीवन भर सताती रहती है?

उत्तर—व्यक्ति द्वारा किया गया पाप, जो उसके सीने में रहस्य बनकर दबा रहता है।

— रुकना —

जिंदगी की तेज रफ्तार में कुछ क्षणों के लिए रुकना अच्छा है। इन कुछ क्षणों में गहरी साँस लेकर ताजादम हो जाएँ और फिर आगे बढ़ें।

— रुकावटें —

हमारे समाज में अनेक रुकावटें व्यक्तियों, संस्थानों और उद्योगों की प्रगति में

बाधा डाल रही हैं। यही कारण है कि भारत में सभी काम धीमे-धीमे, कछुए की गति से पूरे होते हैं। पहले किसी कार्य को करने का विचार मन में आता है, फिर एक वर्ष तक कोई काररवाई नहीं होती। फिर कोई उस विषय में बातचीत शुरू करता है। एक वर्ष और बीत जाता है। अधिकतर मामलों में विचार उत्पन्न होने के छह-सात साल बाद उसपर काम शुरू होता है। काम करने की यह धीमी गति प्रतियोगी धार को खत्म कर देती है और सफलता में सबसे बड़ी रुकावट है।

काम की यह सुस्त गति कई कारणों से है। इसमें सबसे बड़ा कारण है 'चलता है' किस्म की सामाजिक मानसिकता। हम सभी भारतीय परिवर्तनों से भयभीत रहते हैं—इसलिए जब तक हो सके, काम को टालते रहते हैं—और फिर यहाँ की सरकारी प्रणाली भी बड़ी बेढब है। अनेक प्रकार के नियम, कायदे-कानून और प्रक्रियाएँ हैं, जिनका आज के संदर्भ में कोई महत्त्व नहीं रह गया है। लेकिन सरकारी महकमा उन्हें आज भी ढोए जा रहा है। किसी के भी पास कोई काम लेकर जाइए तो वह अकारण आपको निर्देशित करने लगेगा या प्रश्न पूछने लगेगा और आप अपने काम को भूल जाएँगे। फिर सामंती तथा अफसरशाही तंत्र भी है, जो कदम-कदम पर रुकावटें खड़ी करता रहता है।

इन सबके अलावा लोगों के मन में भी अनेक रुकावटें हैं कि अमुक-अमुक काम नहीं किया जा सकता है। ऐसे लोग अपने मन में ही अनेक रुकावटों की कल्पना कर डालते हैं, जिनका वास्तव में कोई अस्तित्व नहीं होता है।

रुकावटों को ढहाना सीखें। सबसे पहले अपने मन की रुकावटों को दूर करें, फिर उन रुकावटों को ढहाएँ—जो सामाजिक नियमों, कायदे-कानूनों के नाम पर लाद दी जाती हैं। पर यह कार्य आहिस्ता-आहिस्ता करें। इस कार्य में आप सामंती व्यवस्था का उपयोग कर सकते हैं। किसी बुजुर्ग व्यक्ति से बातचीत कर उसका विश्वास जीतें और उसे अपने पक्ष में करें। तब आप अनेक सामाजिक रुकावटों को पार कर सकते हैं। इनके बाद बारी आती है सरकारी रुकावटों की। इन्हें हटाना सबसे मुश्किल काम है। इन रुकावटों को हटाने के लिए आपको प्रशासकीय युक्तियाँ सीखनी होंगी; पर कोई गैर-कानूनी तरीका न अपनाएँ। लेकिन क्योंकि ज्यादातर सरकारी रुकावटें वास्तविक होती हैं, अतः उन्हें दूर करने के लिए कई बार जादुई छड़ी की जरूरत पड़ती है। जिन लोगों का भारतीय नौकरशाही से पाला पड़ता है, उनके अनुभवों से सीखें। तब आप जो मूल रुकावटें हैं, उनका सामना कर सकते हैं और उन्हें पार कर सकते हैं। मुझे आशा है कि आगामी वर्षों में आर्थिक व प्रशासनिक सुधारों के चलते ये सरकारी रुकावटें भी हिंद महासागर में फेंक दी जाएँगी।

—— रुचि ——

जीवन के प्रति अपनी रुचि को कभी कम न होने दें। रुचि उस तेल की तरह है, जो जीवन के इंजन को चिकनाई देता है।

—— रोमांच ——

जीवन में अनेक रोमांच हैं। आप उनका आनंद उठा सकते हैं। लेकिन अपने जीवन को रोमांचों की तलाश में व्यर्थ न करें।

—— लंबी आयु ——

हम सभी को लंबी आयु की कामना करनी चाहिए। सन् 1944 में जब मेरा जन्म हुआ था, पुरुषों की औसत आयु तीस वर्ष थी और महिलाओं की करीब छब्बीस वर्ष। अब औसत आयु के मामले में भारत बेहतर स्थिति में है। प्राचीनकाल में वेदों ने कहा था—'पश्चेमा शरदः शतम्'—अर्थात् सौ शरद् देखो। जीवन में सभी सुखों का सौ वर्षों तक और ऊपर भी आनंद लगे। आप भी सौ साल तक जीने की कामना करें और अपनी जीवनचर्या को नियमित रखें। इसमें आधुनिक निदान प्रक्रियाओं और औषधियों का समुचित उपयोग करें।

—— लक्षण ——

जीवन में लगभग प्रत्येक चीज के लक्षण पहले से प्रकट होने लगते हैं। चाहे पेट की गड़बड़ी हो या बुखार, परीक्षा में विफलता हो या संगठन में कोई गंभीर समस्या या संबंधों में कोई गहरा तनाव—सभी अपने आगमन के पूर्व संकेत देते हैं। जैसे ही बुरे लक्षण प्रकट हों, उन्हें ठीक करने के उपाय करें। लेकिन लक्षणों के गायब होते ही दोबारा पुराने ढर्रे पर न आ जाएँ। शांतिपूर्वक मूल कारणों की जाँच करें और उन्हें दूर करें।

—— लड़ाई ——

जहाँ तक संभव हो, लड़ाई से और टकराव से बचें। लेकिन अगर लड़ाई करनी जरूरी हो तो बहादुरी से लड़ें। यहाँ 'भगवद्गीता' में अर्जुन को दिए गए भगवान् श्रीकृष्ण के उपदेश को याद रखें।

— लॉटरी —

मैं लॉटरी नहीं खेलता हूँ। स्टॉक कारोबार में भी मेरी कोई दिलचस्पी नहीं है। मेरे पास एक भी स्टॉक (शेयर) नहीं है। लेकिन आधुनिक जीवन में भविष्य की प्रक्षेपित या अनुमानित संभावनाओं पर बड़े-बड़े दाँव लगाए जा रहे हैं। इनके लिए अति विकसित मॉडल हैं और अरबों-खरबों का कारोबार चलता है। इन आधुनिक विधियों को जानें और अपने जीवन में सर्वश्रेष्ठ चीजें हासिल करें; लेकिन लॉटरी-सट्टेबाजी से दूर रहें।

— लापरवाह —

लापरवाह चालक न बनें। कोई भी कार्य लापरवाही के साथ न करें। लापरवाही हानिकारक तो होती ही है, कई बार बड़ी हानि कर बैठती है। लापरवाही हमें, हमारे जीवन तथा हमसे जुड़े लोगों की प्रगति में बाधक होती है।

— लापरवाही —

यह निम्नतम दर्जे की बुराई है। अपने कर्तव्यों के प्रति लापरवाही बिलकुल न करें। दूसरों की भावनाओं की अनदेखी भी न करें, खासतौर पर अपने मित्रों व शुभचिंतकों की भावनाओं की। कार्यालय संबंधी कार्यों में आधुनिक प्रणालियाँ—संचार साधनों तथा कंप्यूटरों की सहायता से—शून्य विकृति की तरफ बढ़ रही हैं। कर्मचारियों के कार्यों में जरा सी गलती भी बरदाश्त नहीं की जाएगी। ऐसे में जरा सी लापरवाही भी प्रणाली को भंग कर सकती है और यदि लापरवाही आपकी आदत बन गई तो आप ज्यादा समय तक चल नहीं पाएँगे।

— लाभ —

व्यापार में लाभ अनिवार्य है। किसी आर्थिक गतिविधि में यदि कोई लाभ न जुड़ा हो तो वह धन के अभाव में अपना विस्तार नहीं कर सकती है। शोध व आविष्कार की गुंजाइश भी नहीं रहती है। व्यक्ति की आर्थिक गतिविधियों पर भी समान बात लागू होती है। इस बारे में स्व. सी. सुब्रह्मण्यम ने बड़ी अच्छी बात कही थी—उत्पादक कार्य व पुनरोत्पादक संपदा। अत: वैध तरीकों से अपने धन को बहुगुणित करें और अपने को एवं परोक्ष रूप में मानवता को संपन्न बनाएँ।

—— लिखना ——

हालाँकि आधुनिक विश्व में वीडियो व ऑडियो (दृश्य-श्रव्य) तकनीकों का बोलबाला है और पल भर में आँकड़ों के अंबार-के-अंबार लग जाते हैं, लेकिन सफलता-प्राप्ति में लिखने की वर्चस्वपूर्ण भूमिका बनी रहेगी। ज्ञान-आधारित समाज में ज्ञान बाँटने की जरूरत है और ज्ञान बाँटने के लिए अच्छा संवाद अत्यंत महत्त्वपूर्ण है, जिसमें लेखन भी शामिल है। लिखने में भाषा पर पकड़ भी जरूरी है। लिखते समय लंबे-लंबे वाक्य मत लिखिए। सात से दस शब्दोंवाले वाक्य आदर्श हैं; पर विचारों का प्रस्तुतीकरण स्पष्ट होना चाहिए।

—— लोकप्रिय ——

यदि आप अपनी उपलब्धियों के बल पर लोकप्रिय बने हैं तो अपनी लोकप्रियता का पूरा आनंद लें, किंतु इसकी बाढ़ में बह न जाएँ और न ही केवल लोकप्रिय बनने के लिए कार्यों को करने का प्रयत्न करें। इससे आपका काम खराब होने लगेगा। अपने कार्य को निरंतर और सहज रूप से करें। जो लोग मनोरंजन, लेखन, अभिनय और खेलकूद के क्षेत्र में हैं, उन्हें भी मैं यही सलाह दूँगा। यदि आप निष्ठापूर्वक अपना कार्य करते हैं तो एक दिन आपका कार्य स्वयं ही बोलेगा। लोकप्रियता हासिल करने के क्षणिक हथकंडे अकसर पलटवार करते हैं।

—— वफादार ——

अपने पेशे की नैतिकता और अपने संगठन के प्रति वफादार रहें। हालाँकि भारत में अनेक लोग सामंती किस्म की वफादारी तो चाहते हैं, लेकिन स्वयं कभी वफादार नहीं हो पाते। इसी कारण आपको भारत में जिंदा रहने के लिए सामंती किस्म की वफादारी को अपनाना पड़ता है। आप और हम इससे बच नहीं सकते हैं। लेकिन भीतर से शक्तिशाली बनें और अपने व्यवसाय की नैतिकता का ही आदर करें। भगवान् कृष्ण ने 'गीता' में स्वधर्म के बारे में बताते हुए इसी बात की शिक्षा दी है।

—— वर्जना ——

ज्यादातर लोग जानते ही नहीं कि किस प्रकार सामाजिक वर्जनाएँ हमारे जीवन, हमारे खाने-पीने, सजने-सँवरने और बोलने-चालने के ढंग को प्रभावित करती हैं। यदि सामाजिक इतिहास पर दृष्टिपात करें तो पाएँगे कि जहाँ पुरानी

वर्जनाएँ खंडित होती हैं वहीं कई नई वर्जनाएँ उठ खड़ी होती हैं। अकसर ये वर्जनाएँ अत्यंत व्यक्तिगत होती हैं, इसलिए इनपर कोई सामान्य सुझाव, सलाह या प्रेक्षण लागू नहीं होता है। कुल मिलाकर अपनी स्थिति पर स्वयं आपको गौर करना होगा कि क्या आप अपनी वर्जनाओं के साथ सुखी हैं? क्या ये वर्जनाएँ आपके जीवन में बाधा उत्पन्न कर रही हैं? क्या वर्जनाएँ आपकी चेतना के निकट हैं या वर्जना को भंग करने से आपके रिश्ते-नातेदारों को ठेस पहुँचेगी? निर्णय आपको लेना है। वर्जनाओं को न्यूनतम करने पर आपका जीवम सरल हो जाएगा। लेकिन यदि आप बिना विचारे ही कोई काम करेंगे कि यह फैशन है, तो हो सकता है कि आगे चलकर आपको अपने निर्णय पर पछताना पड़े। वर्जनाओं के कुछ सकारात्मक पहलू भी होते हैं, क्योंकि उनसे सामाजिक व व्यक्तिगत अनुशासन का निर्माण होता है।

—— वाणी ——

सफलता-प्राप्ति में आपकी वाणी की महत्त्वंपूर्ण भूमिका है। बोलने की शैली, विषय-वस्तु आदि सभी का महत्त्व है। बोलने के साथ अनेक मूल्य-प्रणालियाँ भी जुड़ी हैं, जैसे—सत्य वक्तृता।

—— वायरस ——

आज संसार में ज्यादातर बैक्टीरियाजन्य रोगों पर एंटीबायोटिक्स और वैक्सीनों की सहायता से काबू पा लिया गया है। इसमें स्वच्छता व पोषण की स्थितियों में सुधार का भी बड़ा हाथ रहा है। मगर आज एच.आई.वी. जैसे वायरस मानव जाति के लिए खतरा बन गए हैं। फिर बर्ड फ्लू का भी नाम सुनाई देता है। नए-नए वायरस मानव शरीर में प्रवेश कर रहे हैं। वास्तव में वायरस वे विषाणु हैं, जिन्हें हमें शरीर में बरदाश्त करना सीखना होगा। हमारे कंप्यूटरों को भी आई.सी.टी. वायरसों से खतरा है।

—— वासना ——

'वासना' शब्द से सुख, क्षुधा, गहन इच्छा, पाने की बेसब्री, कामुकता आदि अर्थ लगाए जाते हैं। वर्तमान संदर्भ में वासना एक नकारात्मक शक्ति है, जो मनुष्य की बुद्धि को खा जाती है। वासना का शिकार होने से बचें।

दैहिक सुख और कामुक आनंद के अनेक परिष्कृत स्वरूप भी हैं। यदि उनका

भली प्रकार से और मर्यादा में रहकर आनंद लिया जाए तो वे जीवन को प्रसन्नता से भर देते हैं; लेकिन वासना-पूर्ति के चक्कर में तबाह भी हो जाते हैं। जब कभी वासना आप पर हावी होने लगे तो प्रेम की कोमल सुंदरता का चिंतन करें। तब आप वासना और अन्य नकारात्मक शक्तियों पर विजय प्राप्त कर लेंगे।

— वाहवाही —

वाहवाही कौन नहीं पाना चाहता है! जब आप अपनी किसी रचना, चाहे वह लेखनी हो, डिजाइन हो, कला हो, प्रयोगशाला हो या व्यापार-योजना हो—उसे अच्छी तरह से तैयार करें। उनके बारे में विचार करें, जिन्हें आप अपनी रचना दिखाना चाहते हैं। अपनी रचना में आपको वे चीजें शामिल करनी चाहिए कि देखनेवाले बोल उठें, 'वाह!' इसमें प्रशंसा और आश्चर्य दोनों के भाव मौजूद हैं। आपने स्वयं भी दूसरों की रचनाओं को देखकर कभी-न-कभी 'वाह' बोला होगा। उन अवसरों से कुछ सबक लें। इससे समर्थकों और प्रशंसकों का दिल जीतने में मदद मिलती है, जो अंत में सफलता की महत्त्वपूर्ण कड़ी है।

— विचरण —

यह अत्यंत सुंदर शब्द है। आप किसी स्थान पर विचरण करते हैं। आप किसी विचार में विचरण करते हैं। किसी प्रसन्नतादायक कल्पना में विचरण करते हैं। यह ऐसी चीज है, जिसमें आप लंबे समय तक विचरण करते रहेंगे और अवश्य ही आप अपने जीवन में ऊँची दृष्टि में विचरण करते हैं तथा जीवन की प्रसन्नता का आनंद लेते हैं।

— विचार —

जब कभी आपको जीवन में मार्गदर्शन के लिए अच्छे नैतिक व चारित्रिक सिद्धांतों की आवश्यकता हो तो केवल एक विचार से ही न चिपके रहें। अपने शक्तिशाली विचारों को दूसरों पर न थोपें। गौतम बुद्ध ने इसी को 'दित्ती' कहा है।

— विचारधारा —

व्यक्ति या व्यक्तियों के समूह द्वारा अपनाए गए विश्वासों को विचारधारा का नाम दिया गया है। यही विश्वास या विचारधारा जीवन के प्रति व्यक्ति के दृष्टिकोण को निर्धारित करती है। अठारहवीं और उन्नीसवीं सदी का यूरोप विचारधाराओं से

भरपूर था। उन्हीं विचारधाराओं के चलते बड़ी-बड़ी लड़ाइयाँ लड़ी गईं। कुछ विचारधाराओं में जीवन के प्रत्येक पक्ष के लिए सुगठित तार्किक सोच विकसित थी कि राजनीति के प्रति आपका क्या रवैया रहेगा, अर्थव्यवस्था के प्रति क्या रवैया होगा, कला और संस्कृति के बारे में क्या रवैया होगा?

बीसवीं सदी का पूर्वार्ध भी विचारधाराओं की जंग देख चुका है। दो विश्वयुद्ध इसी दौरान लड़े गए। उसके बाद शीतयुद्ध का दौर शुरू हो गया। संसार के कई भागों में छोटी-मोटी लड़ाइयाँ लड़ी गईं। यहाँ तक कि समान विचारधाराओंवाले लोग भी अपने को श्रेष्ठ साबित करने के लिए आपस में झगड़ते रहे। सदी के उत्तरार्ध में विज्ञान व तकनीकी विकास ने लोगों के जीवन को प्रभावित करना शुरू कर दिया। दुनिया की दौलत तेज रफ्तार से बढ़ी। व्यापार प्रबंधन की नई विधियाँ विकसित हुईं। साथ ही व्यक्तियों व समूहों की विचारधाराओं में जटिलता और विविधता भी बढ़ने लगी। इस हद तक कि निरंतर विचारधाराओं को पहचानना मुश्किल होने लगा। हमारे देश में भी राजनीतिक विचारधाराओं की जटिलताओं और क्षुद्र लाभों के लिए किए जानेवाले समझौतों के कारण स्थितियाँ और धुँधली होती गईं।

कुछ लोग तो कहते हैं कि आज विचारधाराएँ मर चुकी हैं। हो सकता है, ऐसा बिलकुल न हो। हाँ, नए स्वरूपों (अश्लील, आतंकवादी) में विचारधाराएँ पनप रही हैं।

मूल रूप से विचारधारा दृढ़ विश्वास है। बौद्ध नीतिशास्त्र में इच्छा के तीन स्वरूप बताए गए हैं—

- तनहा (शारीरिक जरूरतों की पूर्ति की इच्छा),
- मन (दूसरों से बेहतर करने की इच्छा),
- दित्ती (दूसरों पर वर्चस्वकारी दृष्टि अपनाने की इच्छा)।

बौद्ध नीतिशास्त्र के अनुसार, अगर इच्छाओं को कम किया जाए तो व्यक्ति सुखी रह सकता है।

तनहा : ज्यादातर लोग भौतिक सुखों को चाहते हैं, इसलिए जरूरतों को उचित स्तर पर रखना अच्छा है।

मन : आधुनिक प्रतियोगी विश्व आपको ईर्ष्या के स्तर तक धकेल देता है।

दित्ती : यह विचारधारा के ज्यादा निकट है। यदि आप यह देखने की इच्छा करते हैं कि आपके विश्वासों और विचारों का दूसरों पर वर्चस्व रहे तो इस बात की ज्यादा संभावना है कि आप एक खतरनाक व्यक्ति बन जाएँ। आपकी विचारधारा—दित्ती—आपके लिए किसी और चीज से अधिक महत्त्वपूर्ण बन जाएगी। केवल

एक ही प्रकार की सोच के बोझ तले दबकर आप दु:खी व्यक्ति बनकर रह जाएँगे। आपकी सोच का दुनिया की सच्चाइयों से कुछ लेना-देना नहीं होगा।

इसका यह अर्थ कदापि नहीं कि आप हर चीज को सही बताने लगें। अपने विचारों सहित हर विचार को तर्कसंगत चिंतन पर परखिए। वैज्ञानिक तथ्यों को, जीवन की अन्य सच्चाइयों को देखें, जो अन्य लोग आपके ध्यान में लाते हैं। महसूस करें कि किस प्रकार दैनिक जीवन के अनुभव आपको सच्चाइयों से रूबरू कराते हैं। विनाशकारी ताकतों से संपन्न विज्ञान व तकनीकीवाली इक्कीसवीं सदी में ऐसे व्यक्तियों की जरूरत होगी, जो संतुलित हों, सहिष्णु हों और सारी दुनिया के दु:ख-दर्द को महसूस कर सकें। आज आत्मघाती आतंकवादी दस्तों की नहीं, बल्कि हर व्यक्ति के लिए अच्छे जीवन की इच्छा करनेवाले लोगों की जरूरत है। भगवान् बुद्ध का कथन है—

'किसी बात का विश्वास न करो, क्योंकि वह तुम्हें बताई गई है या परंपरा से चली आ रही है या तुमने स्वयं इसकी कल्पना की है। तुम्हारे गुरु ने तुम्हें जो बताया, उसका भी विश्वास न करो, क्योंकि तुम अपने गुरु का आदर करते हो। केवल इस बात का विश्वास करो, जिसे तुमने व्यापक विचार-चिंतन और विश्लेषण के पश्चात् सभी मनुष्यों के कल्याण के योग्य पाया है।'

—गौतम बुद्ध

—— विजय ——

हम सभी विजय प्राप्त करने के लिए कार्य करते हैं और जीत मिलने पर आनंद मनाते हैं। हर तरह से जीत के लिए कार्य करें। यह पुस्तक भी स्वयं सफलता के लिए है, जीत के लिए है—अल्पकालिक जीत, दीर्घकालिक जीत। लेकिन एक बार जीत मिलने पर उन गुणों को न बिसरा दें, जिनकी वजह से आपको विजय मिली। अपना मानसिक संतुलन न खो बैठें। मुझे श्री एन.एस. नोविकोव की याद है, जो सोवियत इंटरकॉस्मॉस में वैज्ञानिक सचिव थे, जिनके सहयोग से भारत अपने प्रथम उपग्रह 'आर्यभट्ट' को अंतरिक्ष में भेज पाया था। वह कहा करते थे, "अपनी इस पहली अपेक्षाकृत आसान जीत को अपने सिर पर मत चढ़ जाने दें।" आर्यभट्ट के प्रक्षेपण पर उन्होंने यह बात खासतौर पर कही थी। मगर भारत में क्या होता है ? जरा सी कामयाबी मिलते ही जश्न मनाने लगते हैं, लोगों को सिर पर चढ़ा लिया जाता है और तारीफ में कसीदे पढ़े जाने लगते हैं। कुछ क्रिकेट व टेनिस खिलाड़ियों के साथ बिलकुल ऐसा ही होता है। फलत: ये खिलाड़ी अति आत्मविश्वास से भर

जाते हैं और स्वयं को महान् समझने लगते हैं। पहली जीत मिलने पर स्वयं को नियंत्रित करने की जरूरत है। अपने आपको उन विजयों और उन्हें पाने के लिए जरूरी कार्यों के बारे में याद दिलाएँ।

— विज्ञान —

विज्ञान आज मानव के हाथों में मौजूद सर्वाधिक सुंदर, आश्चर्यजनक और उपयोगी उपकरण है। यह प्रकृति तथा उसके नियमों को समझने में मनुष्य की सहायता करता है। समझने की प्रक्रिया कदम-दर-कदम चलती है। प्रत्येक कदम एक सुंदरता है और अपनी संपूर्णता में भी यह अत्यंत सुंदर है। लेकिन विज्ञान को जादू समझने की भूल न करें। यह समस्याओं के तुरत-फुरत समाधान पेश नहीं करता है। यह भी न मानें कि विज्ञान व तकनीकी अचूक है। जीवन की सभी समस्याओं के समाधान भी अकेले विज्ञान नहीं उपलब्ध करा सकता है। लेकिन आधुनिक विज्ञान की विधियाँ इतनी प्रभावी हैं कि पिछली तीन सदियों में विज्ञान ने मानवता को बहुत सारा ज्ञान दिया है। इसमें खुद विज्ञान के बारे में ज्ञान (जानकारी) भी शामिल है। विज्ञान की सहोदरा तकनीकी ने भी मानव को अत्यंत विस्तार दिया है। इसने जीवन की कठिनाइयों से पार पाने में मनुष्यों की मदद की है। कई बीमारियों पर विजय पा ली गई है। दुनिया के कई भागों में महामारियाँ अतीत की बात बन गई हैं। ज्यादा-से-ज्यादा आबादी को अब भोजन उपलब्ध है। मृत्यु-दर के कम होने से आबादी भी बढ़ गई है।

विज्ञान व तकनीकी मानव जीवन के साथ गहराई से जुड़े हैं। विज्ञान ने केवल जिंदा रहने और मौज-मस्ती जैसे भौतिक पक्षों से ही नहीं बल्कि मानवता के सांस्कृतिक व आध्यात्मिक पक्षों पर भी अपना असर डाला है। जरूरी नहीं है कि प्रत्येक आदमी वैज्ञानिक या तकनीशियन हो। कुल मिलाकर बहुत थोड़े से लोग ही विज्ञान व तकनीकी गतिविधियों में रत हैं। भाषाएँ, मानविकी, अर्थशास्त्र, कला, वाणिज्य, कानून आदि भी समान रूप से महत्त्वपूर्ण हैं। पर याद रखें कि विज्ञान व तकनीकी जन भी विद्यमान पदानुक्रम को महसूस करते हैं। प्रोफेसर, निदेशक, विभागाध्यक्ष आदि सभी बॉस के रूप में व्यवहार करते हैं। इस परिस्थिति में आपको कुछ चीजों को समझना होगा। किसी संगठन में भी वैज्ञानिक कार्य होते हैं; पर यह कोई व्यक्तिगत प्रयास नहीं है। संगठन द्वारा नियमित कार्य की माँग रहती है। जिस दल में कोई शामिल हो उससे भी नियमित कार्य की अपेक्षा रहती है। इन नियमित कार्यों को कराने के लिए ही पदानुक्रम का गठन होता है। इस पदानुक्रम का

आदर करना चाहिए। कम-से-कम इसे बरदाश्त तो करना ही चाहिए। पर इनसे भी परे रचनात्मक कार्य हैं, वैज्ञानिक मन के संधान हैं और तकनीकी मस्तिष्क के नवीनतम विचार हैं। किंतु भारत में अनेक बॉस, जिनका काम है दैनिक कार्यों का संपादन करना, रचनात्मक व आविष्कारक कार्यों में भी अपनी टाँग अड़ाने लगते हैं। विज्ञान व तकनीकी क्षेत्र भी इनसे अछूता नहीं है। कई वरिष्ठ वैज्ञानिक व तकनीशियन अपने से कनिष्ठ वैज्ञानिकों-तकनीशियनों के कार्यों का सेहरा अपने सिर बाँध लेते हैं। इससे भी ज्यादा गलत यह है कि वे कनिष्ठ वैज्ञानिकों की सोच को भी निर्देशित करने लगते हैं। यह रवैया वैज्ञानिक नहीं है। ऐसी स्थिति का सामना आप कैसे करेंगे? बहुत कठिन है। नौकरी या कार्य को छोड़ना भी कठिन है। हो सकता है, आपको पीड़ित होना पड़े। पर एक चीज साफ होनी चाहिए कि कभी भी वैज्ञानिक विधियों पर कोई समझौता न करें। कभी तो आपको समझदार बॉस मिलेगा। परंतु यदि आपने वैज्ञानिक बुद्धि को खो दिया तो इसे वापस प्राप्त करना बहुत कठिन होगा। इसलिए अपना विश्वास व धैर्य बनाए रखें और अपने इरादे पर डटे रहें।

—— विद्यालय ——

विद्यालय हमारे जीवन को सँवारते हैं। यह विद्यालय में पढ़ने का ही नतीजा है कि आप इस पुस्तक को पढ़ पा रहे हैं। आज भारत के विद्यालयों में भारी सुधार की जरूरत है। परीक्षाओं और मूल्यांकन के तरीकों को भी बदलना होगा। प्रकृति की विविधता विद्यालय में प्रत्येक बच्चे के माध्यम से प्रवाहित होनी चाहिए। विद्यालयों को ऐसा माध्यम बनना चाहिए, जहाँ प्रत्येक बच्चे की शक्तियों और क्षमताओं की खोज हो सके। बच्चों को विद्यालयों के साथ फलना-फूलना चाहिए। अपने व्यस्त जीवन में भी कम-से-कम एक विद्यालय के साथ जुड़ जाइए। मैं स्वयं सी.आई.आई. शिक्षा फाउंडेशन के साथ जुड़ा हूँ और विद्यालयों की सहायता कर रहा हूँ। मुझे इस कार्य में बहुत आनंद आता है। आप भी किसी विद्यालय के साथ जुड़िए।

—— विद्रोही ——

यदि आप सही हों तो भी विद्रोही बनना अच्छी बात नहीं है। आधुनिक जीवन में सफल होने के कई नवीन तरीके हैं, जिनमें आप अपने विद्रोही तेवर व्यक्त कर सकते हैं और विद्रोही बन सकते हैं। यदि आपके भीतर भी कोई विद्रोही है तो उसे सही तरीके से साधिए।

विनाश

विनाश जीवन का अंग है। आपको पुराने कागज, पात्र, भोजन या विचार को भी नष्ट करना पड़ता है। रचनात्मकता अकसर विनाश से जुड़ी रहती है। नया रचनात्मक विचार पुराने ढर्रे की सोच को नष्ट कर देता है। आइंस्टाइन की रचनात्मकता ने प्राकृतिक परिघटनाओं को देखने का एकदम नया दृष्टिकोण दिया। यहाँ तक कि वैज्ञानिक विधियाँ भी बदल गईं और विचार (मानसिक) परीक्षणों तथा उनपर गठित सिद्धांतों को भी बराबर का महत्त्व दिया जाने लगा।

इसी तरह जब नई प्रौद्योगिकियों से सामना हो तो आपको भी अपने पुराने कार्य-कौशल को नष्ट करना पड़ता है। पुराने जमाने की अनेक कार्यालयीय प्रक्रियाएँ मृत हो चुकी हैं। मोबाइल फोनों के आने से बॉस और कर्मचारियों के रिश्ते पूरी तरह बदल चुके हैं, किंतु सबकुछ अदृश्य नहीं हो गया है।

इक्कीसवीं सदी में भी विनाश और नई रचनाओं की प्रक्रिया निरंतर चलती रहेगी। कुछ पुरानी चीजें एकदम नए स्वरूप में दोबारा प्रकट हो सकती हैं। जड़ी-बूटियाँ, पारंपरिक खान-पान और डिजाइन—सभी कुछ नए रूप ले रहे हैं। पारंपरिक भारतीय साड़ियाँ और धोतियाँ एकदम नए स्वरूप में आपके सामने आने लगें तो हैरान मत होइएगा। विनाश व निर्माण की प्रक्रियाएँ सतत रूप से चलती रहती हैं। आपको उनपर नियंत्रण करना सीखना होगा।

किंतु जीवन में कुछ मूलभूत मूल्यों को नष्ट न करें। ऐसे लोगों को नष्ट करने का प्रयास न करें, जिन्होंने आपको नुकसान पहुँचाया। ऐसे संस्थान (व्यवस्था) को नष्ट करने की न सोचें, जिसने आपसे बुरा बरताव किया और किसी को केवल इसलिए नष्ट न कर दें, क्योंकि उसने आपको ठग लिया। घृणा, क्रोध या अति-विचारधारा के वश में नाश करने पर उतारू न हो जाएँ। इससे हो सकता है कि आप क्षणिक तौर पर सफल हो जाएँ, पर आखिरकार आप स्वयं को और अपने उद्देश्य को ही नष्ट कर बैठेंगे।

विपदा

विपदा और क्षमता—इन दोनों शब्दों का उच्चारण लगभग समान है, लेकिन वास्तविक जीवन में क्षमता-निर्माण बहुत धीरे-धीरे होता है, जबकि विपदा कुछ पलों में ही कहर ढा देती है। यहाँ तक कि क्षमता-निर्माण प्रक्रिया में भी अनेक विपदाओं का सामना करना पड़ सकता है। इसलिए सफलता के पथ पर विपदा का सामना करने को भी तैयार रहें। इसे अनदेखा कर दें। उदास मत हों। आत्मविश्वास

की ज्योति प्रज्वलित करें। आत्मविश्वास के साथ आगे बढ़ें, अंततः जीत आपकी ही होगी। ऐसे अवसरों पर भगवान् में आस्था बहुत सहायक होती है। ईश्वर से प्रार्थना करें। चाहें तो आँसू भी बहाएँ। किंतु गिरें नहीं, न ही लड़खड़ाएँ। बस आगे बढ़ते रहें।

—— विपरीत ——

जीवन विपरीत चीजों से भरा पड़ा है। वास्तव में जीवन परस्पर विपरीत चीजों की अनंत शृंखला है। यदि हम जीवन की इस सच्चाई को जान जाएँ तो अन्य लोगों के प्रति सहिष्णुता विकसित कर सकते हैं। सहजीवी संबंधों को विकसित कर अनावश्यक टकरावों से भी बचें—और युवावस्था में आप विपरीत लिंगी व्यक्तियों की ओर सहज ही आकर्षित होंगे।

—— विफलता ——

'विफलता ही सफलता की सीढ़ी है'—हम अकसर यह कहावत सुनते हैं। हालाँकि यह सहज या व्यावहारिक अर्थ में सही है, किंतु काफी कुछ उस माहौल पर भी निर्भर करता है जिसमें आप कार्य करते हैं। यदि आपका समूह या संगठन विश्व में कार्य के मौलिक स्वभाव को समझता है कि किसी भी तरह की सटीक भविष्यवाणी नहीं की जा सकती है और इसलिए आप चाहे कितनी भी अच्छी तैयारी क्यों न करें, वर्तमान में कोई अज्ञात वस्तु आपकी विफलता का कारण बन सकती है। यह बात रॉकेट विज्ञान, इंजीनियरिंग, कला और व्यवसाय पर भी लागू होती है। इसलिए जब भी विफलता मिले तो शांतिपूर्वक कारणों का विश्लेषण कर उन्हें दूर करें। तब संभवतया आप सफल हो जाएँगे। हो सकता है, दूसरे प्रयास में भी विफलता मिले, फिर कोशिश करें। शायद आपको महमूद गजनवी की तरह सत्रह-अठारह बार कोशिश न करनी पड़े।

किंतु अनेक संगठन या समूह विफलता को जरा भी बरदाश्त नहीं करते हैं। वे या तो आपको दंडित करते हैं या आपसे कन्नी काटने लगते हैं। हमारे देश में अभी तक यही मानसिकता थी। पर अब जैसे-जैसे दुःसाहसिक उद्यमी आगे आ रहे हैं, इस मानसिकता में बदलाव आता जा रहा है। बिना जोखिम उठाए और विफलताओं का सामना किए आप कोई भी उल्लेखनीय कार्य करने में सफल नहीं हो सकते हैं। आप तब सिर्फ कम जोखिमवाले कार्य से चिपके रह सकते हैं और तब आप उन्नति नहीं कर सकेंगे।

हालाँकि हमारे समाज में जोखिम उठाने की संस्कृति विकसित नहीं हुई है और लोगों को कार्य करते हुए विफलताओं का सामना करना सिखाने की बजाय उन लोगों का संरक्षण किया जाता है, जो बैठकर नौकरी करते हैं और चौकन्ने रहते हैं। लेकिन आपको नए अवसरों तथा चुनौतियों का सामना करने के लिए तैयार रहना होगा। इसका यह अर्थ बिलकुल नहीं है कि आप 'फिर देखा जाएगा' वाली मानसिकता के साथ कार्य करना आरंभ कर दें। आपको सावधानीपूर्वक अपनी योजना बनानी होगी, पक्ष-विपक्ष को तौलना होगा, समस्याओं का पूर्वानुमान लगाना होगा तथा जोखिमों का मूल्यांकन करना होगा। संभावित समस्याओं के हल तलाशने होंगे तथा जोखिमों को कम-से-कम करना होगा। लेकिन ऐसे न बन जाएँ जैसे काठ मार गया है, जिसके लक्षण हमारे देश में ज्यादातर लोगों में देखे जाते हैं। कहीं-न-कहीं तो आपको शुरुआत करनी होगी। आपको स्वयं से सिर्फ इतना कहना है कि—'मैं सभी समस्याओं के हल नहीं तलाश सकता।' मुझे कुछ जोखिम तो उठाना ही होगा—और फिर बहादुरी के साथ कार्य में जुट जाएँ। ज्यादा संभावना है कि जीत आपकी होगी।

यहाँ मैं अपने जीवन में 'विफलता' तथा 'सफलता' से जुड़े कुछ अनुभवों को आपके साथ बाँटना चाहूँगा। सन् 1970 में जब मैं छब्बीस वर्ष का था तो डॉ. विक्रम साराभाई ने मुझे इसरो (ISRO—भारतीय अंतरिक्ष अनुसंधान संगठन) से अमेरिकी एम.आई.टी. (MIT—मैसाचुसेट्स इंस्टीट्यूट ऑफ टेक्नोलॉजी) भेजा। मिशन था इनसेट (INSAT—इंडियन नेशनल सैटेलाइट) परियोजना पर कार्य करना। छह महीने में इसरो-एम.आई.टी. अध्ययन को सफलतापूर्वक पूरा करने के पश्चात् हमें नासा (NASA—नेशनल ऐरोनॉटिक्स ऐंड स्पेस एजेंसी) भेजा गया, जो अमेरिकी अंतरिक्ष एजेंसी है। यह अमेरिकी राज्य मेरीलैंड में ग्रीनबेल्ट के गोडार्ड स्पेस फ्लाइट सेंटर में स्थित था। हमें अप्लीकेशन टेक्नोलॉजी सैटेलाइट (ए.टी.एस.-एफ.) परियोजना में रखा गया। इसमें कई जटिल संचार पैलोड (उपग्रह) शामिल थे, जो उस समय दुनिया में सर्वाधिक उन्नत थे। परियोजना का कोड 460, बिल्डिंग 6 था। वहाँ मैं अपनी युवा पत्नी और नवजात पुत्र विजय के साथ था।

मैंने नासा में बहुत कुछ सीखा। नासा प्रबंधकों तथा नासा ए.टी.एस.-एफ. परियोजना दल के बीच अत्यंत लोकप्रिय था। जब मैं एम.आई.टी. और नासा गया था तो मुझे अपने ज्ञान पर पूरा भरोसा नहीं था। लेकिन वहाँ वैज्ञानिकों के साथ काम करते हुए मैंने पाया कि मेरी जानकारी अच्छी है और मेरे तकनीकी निर्णय भी अच्छे हैं। उससे मेरा आत्मविश्वास बढ़ता गया। अमेरिकी जीवन-

शैली ने भी मुझे अपने छोटे से परिवार के साथ अच्छा जीवन जीना सिखाया। इससे मेरा आत्मबल बढ़ता गया।

ए.टी.एस.-एफ. परियोजना में समय तालिका एवं धन संबंधी समस्याओं के साथ कई बार तकनीकी समस्याएँ भी उत्पन्न हो जाती थीं। उसी बीच वहाँ एक प्रबंधकीय परिवर्तन किया गया। जॉन एम. थोल नाम के एक सज्जन लाए गए। वह बहुत ही गंभीर व्यक्ति थे। कुछ-कुछ नकचढ़े, लेकिन अपने काम में एकदम चुस्त। जल्द ही वह 'थोल-द-फिक्सर' नाम से प्रसिद्ध हो गए। जब कभी भी उपग्रह परियोजना ठप होने लगती तो उन्हें बुलाया जाता और वह चीजों को तुरंत ठीक कर देते। ए.टी.एस.-एफ. परियोजना में उन्हें 'ओसो' (ऑरबिटिंग सोलर ऑब्जर्वेशंस) परियोजना से बुलाया गया था, जिसे उन्होंने सफल बनाया था।

मि. थोल भी मुझे चाहने लगे थे। अकसर वह मुझे अपने पास बुलाते और मेरे साथ कई प्रबंधकीय मुद्दों पर चर्चा करते। सत्ताईस-अट्ठाईस साल की उम्र में वे चर्चाएँ मेरे लिए अत्यंत बहुमूल्य थीं। आखिर इस तरह का ज्ञान किताबों में नहीं मिलता है। एक बार उन्होंने मुझे समस्याओं से ग्रस्त परियोजनाओं को चलाने का गुर सिखाया। अंत में उन्होंने कहा, "आपको हमेशा सफलता के बारे में सोचना चाहिए, विफलता के बारे में कभी नहीं।" आपको भी यह सबक हमेशा याद रखना है। थोल की तरह संभावित समस्याओंवाले क्षेत्रों को देखते रहें और उनके पीछे पड़े रहें। आपका मंत्र होना चाहिए—सफलता के बारे में सोचना, विफलता के बारे में कभी नहीं। जब कभी असफलता से सामना हो तो अपना संतुलन बनाए रखने के लिए अन्य पक्षों का इस्तेमाल करें। किंतु हमेशा सफलता के बारे में सोचें और इस तरह विफलता से बचें।

—— विरोध ——

मीडिया में आप केवल विरोध ही देखेंगे। कई बार तो लगता है कि ये विरोध जीने के तरीके बन गए हैं। पर ज्यादातर लोगों के लिए विरोध कोई अस्त्र नहीं है और शायद यही कारण है कि मानवता प्रगति कर रही है। आपको ऐसे समूह में नहीं होना चाहिए, जिसकी आदत ही हो बात-बात पर विरोध करना। लेकिन कुछ दुर्लभ अवसरों पर आपको भी विरोध करने से हिचकना नहीं चाहिए। यदि आप सहनशील और ईमानदार हैं तो जानते हैं कि ऐसे अवसर कब पैदा होते हैं।

— विरोध होने पर —

अच्छे विचार हों या अच्छे कार्य, उनका कुछ-न-कुछ विरोध अवश्य होता है। इससे भयभीत न हों। कई बार विरोध होना अच्छा होता है। इस बारे में मैं अकसर एक उदाहरण देता हूँ। जब हम कपड़े बुनते हैं तो धागों में कुछ तनाव रखना जरूरी होता है, ताकि अच्छा कपड़ा बन सके, अन्यथा कपड़े में झोल आ जाएगा। लेकिन बहुत ज्यादा तनाव धागों को तोड़ देगा। इसी तरह सड़क पर कुछ घर्षण जरूरी है। घर्षण नहीं हो तो वाहन फिसलने लगेंगे। लेकिन ज्यादा घर्षण हो तो टायर जल जाएँगे। इसलिए आपको विरोध से निबटना सीखना होगा। यदि विरोध ज्यादा हो और आप कर सकें तो कुछ विरोध को नष्ट कर दें। यदि विरोध आप पर हावी होने लगे तो मार्ग को छोड़ देना या समझौता करना ही बेहतर होगा। हालाँकि इससे आप अस्थायी रूप से कमजोर पड़ जाएँगे। समझदार व्यक्ति वही है जो पहले से ही विरोध को भाँप ले और उससे निबटने के तरीके ढूँढ़ ले।

— विलंब (देर) —

हम ज्यादातर भारतीयों का एक विशेष गुण है समय-अनुशासन की बेकद्री करना। हमारे देश के महत्त्वपूर्ण लोगों (वी.आई.पी.) ने ऐसी संस्कृति को रच डाला है, जिसमें उनका बड़प्पन इस बात से आँका जाता है कि वे आम लोगों का कितना वक्त बरबाद करते हैं—अर्थात् सभाओं, जलसों आदि में कितनी देर से पहुँचते हैं।

धीरे-धीरे भीड़ जुटनी शुरू होती है। आयोजक लोग वी.आई.पी. को तभी सूचित करते हैं जब सभास्थल पूरी तरह से भर जाता है। लेकिन उन बेचारों का क्या जो समय से पहले पधार जाते हैं। अकसर निमंत्रण-पत्रों पर लिखा रहता है कि कृपया निर्धारित समय से 30 मिनट पूर्व अपना स्थान ग्रहण कर लें, ताकि वी.आई.पी. की सुरक्षा के इंतजाम किए जा सकें और भीड़ भी इकट्ठी हो सके। तो क्या भीड़ मूर्ख है ?

कृपया समय-अनुशासन का पालन करना सीखें। भारत में नई संस्कृति पनप रही है, उसके अंग बनें कि छोटे-मोटे जलसे, उद्घाटन समारोह आदि एकदम समय पर आरंभ होते हैं। यदि आमंत्रित वी.आई.पी. नहीं आता है तो आयोजकों में से ही कोई जलसे को समय पर शुरू कर देता है। समय कीमती है। इसका सही उपयोग करें। तब आपके अपने लिए भी कुछ समय बचेगा। देर आयद दुरुस्त आयद। किंतु हमेशा देर आए ? शायद नहीं।

— विलाप —

अपने जीवन में विलाप ही न करते रहें। किंतु जब कभी परिस्थितियाँ इतनी ज्यादा बिगड़ जाएँ कि उनपर अपना वश न चले तो विलाप या रुदन का अपनी भावनाओं को बह जाने दें। यदि आपका कोई मित्र अपनी भावनाओं पर काबू न रख पा रहा हो तो अपने कंधे पर सिर रखकर उसे रोने दें। भूलकर भी उसका मजाक न बनाएँ।

— विवाह —

विवाह सदियों पुरानी और महत्त्वपूर्ण परंपरा है। भारत में तो विवाह को सोलह संस्कारों में से एक माना जाता है, क्योंकि इसी से गृहस्थ जीवन की शुरुआत होती है। किंतु विवाह परंपरा का महिलाओं को दबाने के लिए भी उपयोग किया जाता रहा है। आज विवाह से जुड़ी अनेक कुरीतियों के खिलाफ आंदोलन चल रहे हैं। इनके अलावा विवाह के इर्द-गिर्द दहेज और अन्य प्रतियोगितापूर्ण उपभोग प्रथाओं का निर्माण भी हुआ है। इन कुरीतियों का, जो वधू और उसके माता-पिता पर अनावश्यक भार डालती है, कड़ा प्रतिरोध किया जाना चाहिए।

जो लोग धनी हैं, वे शादी-विवाह में पानी की तरह पैसा बहा सकते हैं। सेवा उद्योग के रूप में इन खर्चों के जरिए समाज में पैसे का वितरण होने दें। आँकड़ों के अनुसार, भारत में ऊँची सोसाइटी और ऊँचे बजटवाली शादियों में 25 हजार करोड़ रुपए खर्च कर दिए जाते हैं। जानकारों के अनुसार, यह अनुमान भी वास्तविक खर्चों से कहीं कम है।

अगर संपन्न लोग भारत में ही इस तरह से धन खर्च कर उत्सव मनाते हैं तो इसमें कोई बुराई नहीं है, क्योंकि तभी यहाँ पर रोजगार-निर्माण हो सकेगा। लेकिन शादी-ब्याह में इस फिजूलखर्ची को दस्तूर नहीं बनने देना चाहिए। विवाह का मूल है प्रेम, साझे मूल्य, घर का प्यार, मानवीय प्रेम और सुरक्षा की भावना—इन्हें ही हमें सँजोना चाहिए। भारत के युवा वर्ग पर विवाह प्रथा को सुसंस्कृत बनाने की बड़ी जिम्मेदारी है।

— विविधता —

उपभोक्ता चुनने के लिए विविधता की माँग करते हैं, जबकि उत्पादक का सेवा-प्रदाता अपने ही उत्पाद या सेवा को सर्वश्रेष्ठ बताता है। आधुनिक जीवन में सफल होने के लिए जरूरी है कि आप विविधता के साथ कदम मिलाकर चलें,

ताकि विविधतापूर्ण स्वादों की पूर्ति कर सकें।

—— विश्वविद्यालय ——

प्राचीनकाल में विश्वविद्यालय शिक्षा-शास्त्रियों और विद्वानों के लिए स्वर्ग के समान होते थे। भारत में तक्षशिला और नालंदा प्राचीन विश्वविद्यालय थे। वर्तमान भारत में आधुनिक विश्वविद्यालय दो सदी से भी कम पुराने हैं। आज भारत में लगभग 250 विश्वविद्यालय हैं। अमेरिका के बाद सबसे ज्यादा विश्वविद्यालय भारत में ही हैं। कुछ लोग मानते हैं कि यह संख्या बहुत ज्यादा है, पर वे भूल जाते हैं कि विकसित देशों में लगभग 40 प्रतिशत आबादी उच्च शिक्षा प्राप्त लोगों की है। जबकि भारत में केवल 7-8 प्रतिशत लोगों के पास ही स्नातक या स्नातकोत्तर की उपाधियाँ हैं, यानी 250 विश्वविद्यालय भी सभी लोगों को उच्च शिक्षा उपलब्ध कराने के लिए अपर्याप्त हैं। बेशक भारत को अधिकाधिक उच्च शिक्षा की जरूरत है, पर वैसी नहीं, जो हर वर्ष लाखों छात्र रट्टा मार-मारकर हासिल करते हैं। हमें रचनात्मक तथा प्रासंगिक पाठ्यक्रमों की जरूरत है। आविष्कार-वृत्ति को दृढ़ करने के लिए ज्ञान प्राप्त करना, ज्ञान के मूल्यांकन, ज्ञान रचना और ज्ञान को आपस में बाँटने की जरूरत है। इन कार्यों में विश्वविद्यालय सहायता कर सकते हैं और ज्ञान के अनुप्रयोगों को बढ़ाने में व्यापार व समाज के बीच संपर्कों को मजबूत करने में अपना योगदान कर सकते हैं, इसीलिए हमें शिक्षण संस्थानों को ज्यादा-से-ज्यादा स्वायत्तता देने की जरूरत है। हमारी पुरानी केंद्रीकृत प्रणालियों को, जो अपनी भूमिका को बखूबी अंजाम देती आई हैं, अब अपनी भूमिका को बदलना होगा। इसलिए हमें और ज्यादा स्वायत्तता तथा निजी क्षेत्र में प्रयास करने की आवश्यकता भी है। सभी सही सोचवाले व्यक्तियों को ज्यादा-से-ज्यादा भारतीयों को उच्च शिक्षा उपलब्ध कराने के इन मुद्दों पर विचार करना चाहिए, ताकि भारत तीव्रता के साथ प्रगति कर सके।

—— वृद्धि ——

वृद्धि मनुष्य जीवन का एक महत्त्वपूर्ण पक्ष है। किसी देश की अर्थव्यवस्था, कंपनी के व्यवसाय, संस्थान—यहाँ तक कि आजीविका—में भी इसका महत्त्व है।

अपनी शिक्षा तथा काम-धंधे व व्यापार में वृद्धि के लिए आपको कई और सही चीजें सीखनी होंगी। आपको कई कार्य करने होंगे। दल के साथ मिलकर चलना होगा। नेतृत्व के गुण विकसित करने होंगे। नए अवसरों के प्रति सचेत रहना

होगा। अपना जनसंपर्क अभियान तेज करना होगा और जरूरत पड़े तो अपना व्यापार भी बदलना होगा। लेकिन छोटे-छोटे अस्थायी लाभों के लिए नौकरियाँ न बदलें। सावधानीपूर्वक विचार करें, दीर्घकालिक रणनीति बनाएँ, तब जाकर कहीं कदम उठाएँ।

एक अमेरिकी कहावत है कि 'पैनी दृष्टिवाला व्यक्ति गिद्ध की तरह अपने लक्ष्य को दूर से ही देख लेता है।' ऐसे लोग, जिनका धनी परिवारों से नाता नहीं है, जिनके पास कोई पैतृक संपत्ति नहीं है या ऊँचे संपर्क नहीं हैं और जो मात्र दसवीं-बारहवीं तक ही पढ़े-लिखे हैं, वे भी बड़ी उपलब्धियाँ हासिल करने की महत्त्वाकांक्षाएँ पाल सकते हैं; किंतु इसका अर्थ यह नहीं कि दिन में सपने देखने लगें कि मैं बिल गेट्स बन जाऊँगा या राष्ट्रपति/प्रधानमंत्री बन जाऊँगा।

अपने आँख एवं कान खुले रखें, लक्ष्य पर गौर करें और विचार करें कि अगला कदम क्या उठाना है। अपने प्रति ईमानदार बनें। उदाहरण के तौर पर दसवीं-बारहवीं के बाद आप फ्रेंच, जर्मन, चीनी, जापानी, रूसी आदि विदेशी भाषा सीख सकते हैं। रोजगार के अन्य अवसर भी हैं, जैसे—गाड़ियाँ ठीक करना, घरेलू उपकरण ठीक करना, मकान बनाने की कला, विविध प्रकार के व्यंजन बनाना सीखना। आप कोई दुकान भी खोल सकते हैं। इस तरह पैसा कमाकर उसे नए व्यवसाय में लगा सकते हैं। पैसा कमाने व अपनी हैसियत बनाने के अनेक वैध तरीके हैं। बस, अपने मन में झूठा घमंड न रखें—मैं कोई मिस्त्री नहीं बनूँगा, दुकानदार नहीं बनूँगा। मैं एक ऐसी महिला को जानता हूँ, जिसके साथ एक छोटा बच्चा था। खाली समय में वह महिलाओं के लिए कुरते-पाजामे सिला करती थी। कम दाम पर वह उन्हें अच्छे डिजाइन उपलब्ध कराती थी। उसका व्यवसाय बढ़ता गया। अब वह कपड़ों की डिजाइन व कटाई का काम करती है। सिलाई के लिए उसने दर्जी रखे हुए हैं, जिन्हें वह वेतन देती है। आप कोई भी कारोबार शुरू करें, उसका विस्तार संभव है। उपर्युक्त उदाहरण में वह महिला परिधानों की बड़ी निर्माता भी बन सकती है।

कहा जाता है कि उड़ने की कोई सीमा नहीं है। आप चाहे जितना ऊँचा जा सकते हैं, बशर्ते अपने प्रति ईमानदारी बरतें। व्यापक दृष्टि अपनाएँ, जो आपकी परिस्थितियों के अनुकूल हो और छोटे-छोटे अंतराल पर व्यावहारिक कदम उठाते रहें। याद रखें कि बढ़ना (वृद्धि) आपका जन्मसिद्ध अधिकार है। इसे प्राप्त करने के लिए आपको खुद हाथ-पैर मारने होंगे।

—— वेशभूषा एवं कपड़े ——

वेशभूषा आपके संपूर्ण व्यक्तित्व को निखारती है, इसलिए आपके अपने साधनों के भीतर अपनी वेशभूषा की ओर पर्याप्त ध्यान देना चाहिए। वेशभूषा को अवसर के अनुसार होना चाहिए। चुनाव आपको करना चाहिए।

—— वैश्विक ——

आज 'वैश्विक' शब्द मंत्र की तरह रटा जाने लगा है। वैश्विक बनो, वैश्विक सोचो, वैश्विक उत्कृष्टता, वैश्विक प्रतिस्पर्धा, वैश्विक पहुँच, वैश्विक नागरिक इत्यादि। मनुष्य की सदा से वैश्विक महत्त्वाकांक्षा रही है। हमारे प्राचीन पूर्वज संसार के विभिन्न भागों में प्रवास करते रहे हैं। उनके वैश्विक स्तर पर संपर्क को सिकंदर, चंगेज खाँ जैसे हुक्मरानों की वैश्विक महत्त्वाकांक्षाएँ थीं। अनेक साधारण व्यापारियों, नाविकों, कर्मियों, कारीगरों, संतों, भिक्षुओं आदि ने दुनिया के कई चक्कर लगाए। लेकिन दैनिक जीवन पर उनके प्रभाव अत्यंत शिथिल थे। केवल कुछ पीढ़ियों तक ही उनका असर रहता था।

लेकिन आज तेज रफ्तार, आधुनिक परिवहन तथा संचार प्रणालियों के कारण स्त्री-पुरुष, सामग्री, विचार, समाचार, पूँजी, धन इत्यादि तेज गति से गमन करते हैं। दुनिया के किसी भी कोने में घटनेवाली घटना या दुर्घटना के प्रभाव सारी दुनिया में महसूस किए जाते हैं। फैशन तेजी से चलता है, अपराध भी तेजी से चलता है और दुर्भाग्य से आज आतंकवाद भी विश्वव्यापी स्वरूप ले चुका है।

वैश्विक होने के सकारात्मक पक्ष भी हैं। अमेरिका, इंग्लैंड आदि देशों की कंपनियाँ भारत और चीन में अपने कार्य करवाती हैं। भारतीय व्यवसायी भी अमेरिका, इंग्लैंड, रूस, चीन, वियतनाम आदि देशों में पूँजी निवेश कर रहे हैं। फलस्वरूप कहीं नौकरियाँ खत्म होती हैं तो कहीं निर्मित होती हैं; कहीं बाजार हाथ से खिसक जाता है तो कहीं हाथ में आ जाता है। यदि ऐसे वैश्विक विनिमय की प्रक्रिया को रोक दिया जाए तो ज्यादातर उन लोगों को नुकसान होगा, जो अपने आपको वैश्विक व्यापार रुझानों, तकनीकों आदि से अलग-थलग रखते हैं। हमारे देश में अनेक लोग वैश्वीकरण के खिलाफ हैं। उनके अपने तर्क हैं। पर पक्ष-विपक्ष में यह बहस तो चलती रहेगी, लेकिन तथ्य अपनी जगह कायम हैं।

आपको वैश्वीकरण के खेल में सर्वश्रेष्ठ खिलाड़ी बनना सीखना होगा। लेकिन इसका अर्थ यह नहीं कि आप अपनी पहचान खो दें। इसके लिए जरूरी है कि आप स्वयं को दक्षताओं व ज्ञान के साथ सशक्त करें, जो उभरते हुए विश्व के

संदर्भ में जरूरी और प्रासंगिक हों। यह न सोचें कि आपने अंग्रेजी सीखी है तो अब आपके लिए तरक्की के रास्ते बंद हो गए हैं। वैश्वीकरण में अंग्रेजी शिक्षकों की माँग बनी रहेगी, जो देश-विदेश में लोगों को अंग्रेजी बोलना-लिखना सिखा सकें। क्या आप इस बदलाव के लिए तैयार हैं या पुराने ढर्रे के अंग्रेजी पाठ्यक्रमों में ही उलझे हुए हैं? क्या अच्छी अंग्रेजी होने के बावजूद आप अंग्रेजी बोलने में झिझकते हैं? क्या आप अंग्रेजी बोलने का अपना लहजा बदल सकते हैं?

इसी तरह से अन्य क्षेत्रों में तकनीकें पुरानी दक्षताओं की जगह लेती जा रही हैं। नई दक्षताएँ पनप रही हैं। इन नई उभरती हुई दक्षताओं को सीखने में तत्पर रहें। अगले पाँच-सात वर्षों में होनेवाले परिवर्तनों को ध्यान में रखकर तैयारी करें। आप देखेंगे कि आज पचास-साठ वर्ष की महिलाएँ भी इंटरनेट और ई-मेल चलाना सीख रही हैं, ताकि विदेशों में रहनेवाले बेटे-बेटियों, पोते-पोतियों से 'चैट' (बातचीत) कर सकें। आप विविध संस्कृतियों के तौर-तरीके भी सीखें। इसके लिए आपको अपने दिल-दिमाग खोलने एवं विस्तारित करने की जरूरत है, ताकि आप दूसरों की जीवन-शैलियों को स्वीकार कर सकें, उनके असर को महसूस कर सकें। इन सबके बावजूद आप अपनी जीवन-शैली पर चल सकते हैं। देखें कि कितने तरह के भारतीय व्यंजन, करी आदि, विदेशों में भी लोकप्रिय हो चुके हैं। योग विद्या विदेशों में कितनी धूम मचा रही है। भारतीय कलाकारों का विदेशों में कितना नाम है। इसके साथ ही हमें दूसरों के विचारों को अपनाने के लिए भी तैयार रहना होगा। ऋग्वेद का मंत्र है—

'आ नो भद्राः कृण्वन्तो विश्वार्यम्।'

अर्थात् संसार की समस्त दिशाओं से भद्र (सज्जन) विचारों को आने दो। एक तमिल कवि के शब्द हैं—

'यादुम ऊरे, यावरुम केलिर।'

अर्थात् प्रत्येक गाँव हमारा है। हर व्यक्ति से हमारा नाता है।

मुझे विश्वास है कि अन्य सभी भारतीय भाषाओं में भी इतनी सुंदर उक्तियाँ होंगी। कहने का अर्थ यह है कि वैश्वीकरण दुनिया के सभी लोगों को एक-दूसरे से जोड़ेगा। निर्जीव रोबोटों की तरह नहीं, बल्कि बहुसंस्कृतियोंवाले विविध समूहों की तरह जो मिल-जुलकर सभी का जीवन बेहतर बनाने के लिए कार्य कर रहे होंगे। वैश्वीकरण का आनंद लेने के लिए नई-नई चीजें सीखें, स्वयं को ढालें, जीत आपकी ही होगी।

व्यक्तित्व

सफलता के लिए महत्त्वपूर्ण कारकों में एक है—व्यक्तित्व। कई चीजें मिलकर व्यक्तित्व का निर्माण करती हैं, जैसे—व्यक्तिगत स्वच्छता, अच्छे परिधान, बोल-चाल का ढंग, बातचीत की विषय-वस्तु आदि। दीर्घावधि में व्यक्ति का सकल मूल्यांकन उसके व्यक्तित्व का हिस्सा बन जाता है, जैसे—भरोसेमंद व्यक्ति, कम बोलनेवाला लेकिन विश्वसनीय व्यक्ति, सक्रिय व्यक्ति। कई समाजों में मजबूती से हाथ मिलाने का गूढ़ अर्थ है। कई जगहों पर इसे आक्रामकता समझा जाता है। इन छोटी बातों को समझें और अपने व्यक्तित्व का सफलता प्राप्त करने में भरपूर उपयोग करें।

व्यवसाय

आज की दुनिया की सफलता व्यवसाय की सफलता पर टिकी है। यहाँ पर व्यवसाय का अर्थ केवल कारोबार, तकनीकी, विपणन, बिक्री, किसी एजेंसी को चलाने मात्र से नहीं है। व्यवसाय का अर्थ है कि कोई व्यक्ति विश्वव्यापी मूल्य-शृंखला में स्वयं को कहाँ और कैसे टिका पाता है तथा कैसे प्रतियोगी मूल्यवर्धक व्यक्ति बन सकता है। यानी आपको शृंखला की उन कड़ियों को समझना चाहिए, जिनके आस-पास आप कार्य करने की योजना बना रहे हैं। मान लीजिए कि आप चमड़े के बैग में लगनेवाले बक्कलों की आपूर्ति करना चाहते हैं। इस काम में आपको निरंतर फैशन के संपर्क में रहना होगा, जो हर पल बदलता रहता है। फैशन का बक्कलों की डिजाइन पर भी असर पड़ता है। इसके अलावा नई सामग्रियाँ भी बक्कल के निर्माण पर असर डालती हैं। आपको इनके और धागों सहित बक्कलों के चारों ओर लगनेवाली वस्तुओं के बारे में भी जानना चाहिए। इसका अर्थ यह नहीं कि सामग्रियों, मशीनरियों या चमड़े के बारे में सतही जानकारी से काम चल जाएगा। आमतौर पर ज्यादातर भारतीय लोग गहराई में उतरने की बजाय सतही जानकारियों से ही काम चलाना चाहते हैं। मगर गहराई में उतरते ही अनेक प्रश्न उत्पन्न होने लगते हैं। भारत में ज्यादातर लोगों की प्रवृत्ति होती है बिखरे-बिखरे रहने की। विशिष्टता की ओर उनका ध्यान नहीं जाता। दृष्टि का यह अर्थ नहीं कि विस्तार की ओर ध्यान न दिया जाए। वास्तव में व्यापार में सफलता इसके सभी पक्षों में दक्षता पर निर्भर है, जिसमें आपके कर्मचारियों की दक्षता और प्रशिक्षण भी शामिल है। मूल्य-संवर्धन की बारीकियों और इन प्रक्रियाओं के संदर्भ में वैश्विक स्थिति पर ध्यान देने की आदत बना लें। जैसे—यदि ज्यादा ऊर्जा की खपत करते हैं,

सामग्री ज्यादा लगाते हैं और एक ही काम के लिए ज्यादा कारीगरों को लगाते हैं तो अंततः आप स्वयं को संकट से घिरा पाएँगे। आज के प्रतियोगी संसार में कार्य-कुशलता और उत्पादकता की ही पूछ है। इसलिए व्यापार प्रक्रियाओं की उत्पादकता बढ़ाएँ। कार्य-कुशलता का स्तर भी निरंतर ऊँचा उठना चाहिए। यहीं पर नवीनता भी महत्त्वपूर्ण हो जाती है। उत्पादकता एवं कार्य-कुशलता में नवीनता के अलावा वर्तमान डिजाइनों व उत्पादों में भी नवीनता लाने के प्रयास करने चाहिए। यह नवीनताएँ ही अंततः आपको व्यापार क्षेत्र का नेतृत्व करने की क्षमता प्रदान करती हैं। यदि आप विश्व मूल्य-शृंखला के केवल एक हिस्से की माँग को भी पूरा कर पाते हैं तो भी आप नेता बन सकते हैं। आप स्वतंत्र परीक्षक और प्रमाणक भी हो सकते हैं, जो उत्पाद में मूल्य-संवर्धन करता है—तब सब आपकी ओर देखेंगे। स्वयं को नीचा या कमतर न समझें, बोरियत से बचें, कड़वाहट से बचें, निडर बनें, लड़ाइयों के लिए तत्पर रहें और अपने कार्य-व्यापार की ओर ध्यान दें, तभी आप सफलता प्राप्त कर सकेंगे। प्रत्येक उपलब्धि आपको, आपके संगठन को बेहतर बनाएगी। इसके प्रभाव से चारों ओर उत्कृष्टता का वातावरण बनेगा। जीवन बहुत ही सुंदर है। छोटी-मोटी समस्याएँ आने पर भी इस बात को न भूलें।

— व्यवस्था —

ब्रह्मांड में बड़ी गहरी व्यवस्था है। हम इन्हें धीरे-धीरे समझ रहे हैं। परमाणुओं व गुणसूत्रों के सूक्ष्म संसार में भी व्यवस्था का राज है—अर्थात् प्रकृति के मूल में ही है व्यवस्था। अपने दैनिक जीवन तथा दीर्घकालिक योजना में व्यवस्था लाएँ। इस व्यवस्था को प्राप्त करने के लिए आपको गंभीरतापूर्वक विचार करना होगा। अपना मस्तिष्क खुला रखें। गंभीरतापूर्वक विचार करें, तदनुसार कार्य करें और जीवन में व्यवस्था का आनंद लें।

— व्यवस्थापक —

हम सभी को व्यवस्था को समझना चाहिए। इसे चलाना सीखना चाहिए और इससे तालमेल करना सीखना चाहिए। व्यवस्थाओं के बारे में समझने योग्य महत्त्वपूर्ण चीजें हैं—व्यवस्था के तत्त्व, इन तत्त्वों के बीच अंतर्संबंध—व्यवस्था के तत्त्वों के बीच अंतर्संबंधों को निर्धारित करनेवाले नियम। इसका वर्णन वैज्ञानिक व्यवस्था अलगोरिथम की परिभाषा में करते हैं। एक तरह से विश्व में सभी चीजें एक-दूसरे से जुड़ी हैं। लेकिन संपूर्ण ब्रह्मांड को व्यवस्था के अंग के रूप में रखने से यह

बेकाबू हो जाएगा। मगर कुछ पैमानों तक ही सीमित कर देने से व्यवस्था के अनेक महत्त्वपूर्ण तत्त्व बाहर छूट जाएँगे। उदाहरण के तौर पर, बच्चे की शिक्षा के लिए यदि हम केवल इन बातों पर ही विचार करें कि विद्यालय कितना लोकप्रिय है, पाठ्यक्रम क्या है और शिक्षक कैसे हैं तो वही पर्याप्त नहीं होगा, विशेषकर जब हम यह विश्लेषण करें कि बच्चा आशानुसार परिणाम क्यों नहीं ला रहा है। इसके लिए हमें विद्यालय में बच्चे के मित्रों, आस-पड़ोस, घर के वातावरण, परस्पर क्रियाओं तथा अन्य चीजों, जैसे—कहीं बच्चे के माता-पिता के बीच झगड़े तो नहीं होते या घर में मेहमानों का आना-जाना और ठहरना तो नहीं लगा रहता है—पर भी गौर करना होगा। कुछ तत्त्वों के लिए हम अंतर्संबंधों को पहचान सकते हैं, परंतु संबंधों को परिभाषित करना मुश्किल हो जाता है। यदि आप चाहें तो सहज वृत्ति द्वारा सापेक्ष प्रभावों और महत्त्व का अनुमान लगा सकते हैं। तब आप व्यवस्था को और बेहतर ढंग से समझ सकते हैं। यदि व्यवस्था को आप चला सकते हैं, जैसे—अगर आप बॉस हैं तो व्यवस्था के बरताव की आपकी गहरी समझ वांछित लक्ष्यों की प्राप्ति की ओर कार्यों की दिशा को मोड़ सकती है। हो सकता है, कई बार आपको लगे कि अपने स्वभाव के कारण व्यवस्था किसी निश्चित दिशा में गमन नहीं कर रही है। तब आपको पूर्व निर्धारित लक्ष्यों पर पुनर्विचार करना होगा। वैश्वीकरण के दौर में आपकी व्यवस्था दुनिया के अनेक भागों में प्रसारित रहती है, जैसे—विभिन्न बाजारों, उपभोक्ता-निष्पादन, वितरक आदि। यहाँ तक कि शैक्षणिक संस्थानों को भी वैश्विक संदर्भ में स्वयं को देखने के लिए खुद को व्यापक बनाना होगा। व्यवस्था से निबटने के लिए आपको इसका मालिक बनना सीखना होगा। तब आपकी सफलता के अवसर बहुत अधिक बढ़ जाएँगे।

—— व्यापार ——

व्यापार आधुनिक जीवन का महत्त्वपूर्ण अंग है। व्यापार ने ही वैश्वीकरण को जन्म दिया है। याद रखें, कोई उत्पाद या सेवा हो, उसे व्यापार में प्रतियोगी होना ही चाहिए। आधुनिक विश्व में व्यापार अनेक जटिल नियमों, द्विपक्षीय सहमतियों, ग्लोबल संधियों आदि से निर्धारित होता है। इनके बारे में जानिए। आजकल ई-कॉमर्स, इंटरनेट इत्यादि इलेक्ट्रॉनिक विधियों का व्यापार पर व्यापक असर पड़ रहा है। भले ही आप उपभोक्ता हों, किंतु इन विधियों के बारे में जानना चाहिए, ताकि अपने अधिकारों का सही उपयोग कर सकें।

—— व्यायाम ——

हलका-फुलका लेकिन नियमित व्यायाम शरीर के लिए अच्छा है। यह पैदल चलने, जॉगिंग, जिम, एरोबिक, योग आदि के रूप में हो सकता है। अपने शरीर की अनदेखी न करें। नियमित व्यायाम करें। किंतु कसरतों को अपने ऊपर हावी न होने दें।

शारीरिक व्यायाम की तरह मानसिक व बौद्धिक व्यायाम भी समान महत्त्व के हैं। अपने व्यवसाय में, कार्यक्षेत्र में अपने मस्तिष्क को निरंतर उद्दीप्त करते रहें, इसे कसरत कराएँ। आप बी.पी.ओ. में कार्य करते हों या घर-घर जाकर सामान बेचनेवाले सेल्समैन, कार्यालय कर्मचारी हों, एकाउंटेंट हों या टेलीफोन रिसेप्शनिस्ट—अपने कार्य की ज्यादा-से-ज्यादा जानकारी इकट्ठा करें। पुस्तकें पढ़ें या इंटरनेट सर्फ करें। साहित्य, विज्ञान या काव्य की पुस्तकें पढ़कर अपने मस्तिष्क को व्यापक बनाएँ। संगीत जानते हों तो वाद्ययंत्र बजाएँ। गणित में रुचि हो तो गणित के सवाल हल करें या बागबानी कर प्रकृति के साथ अंतरंगता को महसूस करें। परंतु इन सब कार्यों को यों ही नहीं बल्कि सिलसिलेवार करें। इससे तन-मन दोनों का व्यायाम होता है। आप दैनिक थकाऊ गतिविधियों से ऊपर उठने के लिए अन्य व्यायाम भी सोच सकते हैं। याद रखें, रोज-रोज एक ही ढर्रे से काम करना मस्तिष्क के लिए खतरनाक हो सकता है। व्यायाम रहित शरीर ढीला पड़ जाता है और दिमाग सुस्त। रोमांच इसका साथ छोड़ देता है। लंबे अंतराल में आप आत्मविश्वास खोने लगते हैं, क्योंकि आप अपने मन-बुद्धि की शक्तियों से परिचित नहीं रह पाते हैं।

—— शक्तिशाली ——

आप अपने जीवन में, अपने कार्यालय में और मीडिया में शक्तिशाली लोगों की चर्चा सुनते होंगे। लेकिन आखिर में ये व्यक्ति साधारण स्त्री-पुरुष ही निकलते हैं। कुछ वास्तव में उपलब्धियाँ हासिल करनेवाले होते हैं। कुछ लोग परिस्थितिवश या विरासत में प्राप्त शक्ति के कारण शक्तिशाली बन जाते हैं। किंतु आप हैरान न हों, प्रत्येक में एक शक्तिशाली व्यक्ति 'सुस्त' पड़ा रहता है। उसे खोजें और जाग्रत् करें। तभी आप अपने वास्तविक स्वरूप को जान पाएँगे। लेकिन जब आप शक्तिशाली बन जाएँ तो अहंकार न करें।

—— शरारत नहीं ——

शरारती तत्त्वों से सदैव सावधान एवं दूर रहें और स्वयं शरारत करने में अपना

समय नष्ट न करें, क्योंकि शरारतें आदमी की रचनात्मक ऊर्जा को नष्ट कर देती हैं।

—— शर्म ——

जिनमें गैरत होती है, उनके लिए शर्म को झेल पाना सबसे कठिन कार्य है। आपको ऐसे कार्यों से बचना होगा, जिनसे आगे चलकर शर्मिंदा होना पड़े। लेकिन क्योंकि यह एक जटिल संसार है, इसलिए ऐसी संभावनाओं के बारे में सोच-सोचकर अपना समय नष्ट न करें। संतुलित बनें और रहें। यदि कभी परेशानी में पड़ भी जाएँ तो इससे सबक लें।

—— शहद ——

शहद अत्यंत व्यस्त जीवों यानी मधुमक्खियों का उत्पाद है। मधुमक्खियाँ मेहनती और निस्स्वार्थी होती हैं। वे हजारों-लाखों फूलों से शहद इकट्ठा कर एक जगह पर यानी अपने छत्ते में जमा करती हैं। सफलता और प्रसन्नता भी शहद के समान है। जब आप सफलता या प्रसन्नता के शहद का स्वाद चखते हैं तो उन अनेक मधु पुष्पों (स्रोतों) को याद रखें, जिनसे आपकी सफलता संभव हो सकी। इस तरह आप एक श्रेष्ठ इनसान बन जाएँगे।

—— शांत ——

कई बैठकों में शांत रहना उपयोगी व सहायक सिद्ध होता है; लेकिन बहुत ज्यादा शांत न रहें, वरना लोग आपकी उपेक्षा करने लगेंगे और सोचेंगे कि वातावरण एवं विषय में आपकी रुचि नहीं है। यदि बहुत ज्यादा बातचीत न हो रही हो तो भी आप सही तरह की ध्वनियाँ करें। किंतु ऐसे कुछ अवसर हो सकते हैं, जहाँ आप वाकई योगदान कर सकते हैं। सही योगदान करें। इन स्थानों पर शांत रहना ठीक नहीं है। आपको अपनी बात संक्षेप में कहने की कला विकसित करनी चाहिए। मगर असल जिंदगी में कुछ बातें अलग हटकर हैं। आधुनिक जिंदगी की भाग-दौड़ और होड़ आपकी मानसिक ऊर्जा को निचोड़ लेती है। जीवन में अगर यही स्थिति लंबे समय तक बनी रहे तो आपका रचनात्मक मस्तिष्क जल्द ही थककर बैठ जाएगा। इससे उबरने के लिए पर्याप्त अच्छी नींद के अलावा कार्य-जीवन के बीच आपको कुछ शांत पल भी चाहिए। ये शांत पल आपकी रचनात्मक आत्मा को ऊर्जा से भर देंगे।

— शांतमन —

विपदा आने पर शांत मन अत्यंत सहायक सिद्ध होता है। संकट के पलों में शांत मन से मनन करने पर स्पष्ट समाधान मिलते हैं। यह बिलकुल शांत जल में देखने के समान है। इसमें आप अपना चेहरा देख सकते हैं और बाहरी वस्तुएँ भी, फिर कोई निर्णय ले सकते हैं। अगर आप अशांत जल में देखें तो स्पष्ट तसवीर नहीं दिखती, बल्कि कई टुकड़ों में बँटी दिखती है। आप जान नहीं सकते कि क्या देख रहे हैं।

आधुनिक संसार ऐसा है कि आप हर समय शांत नहीं रह सकते हैं। आप पर हर समय दबाव रहता है, सफलता के लिए आपको निरंतर प्रयासरत रहना पड़ता है। हमेशा समय की पाबंदियों का ध्यान रखना पड़ता है। समय पर काम निबटाने के लिए दूसरों के पीछे भागना पड़ता है। यह लगातार चलती भाग-दौड़, एक कार्य से दूसरा कार्य, एक विचार से दूसरे विचार और भीतर चलते निरंतर मंथन से शांत रहना असंभव है; किंतु फिर भी आपको शांति पाने के उपाय खोजने होंगे। आप चाहें तो ध्यान लगा सकते हैं, संगीत सुन सकते हैं, वादन कर सकते हैं, चित्रकारी कर सकते हैं, साहित्य पढ़ सकते हैं या प्रार्थना गुनगुना सकते हैं। इनके अलावा आप प्रकृति की सुंदरता को निहार सकते हैं, व्यायाम कर सकते हैं, जिम जॉइन कर सकते हैं या जो कुछ भी आपको ठीक लगे, अपना सकते हैं। कुछ भी हो, आपको अपने भीतर-बाहर संतुलन स्थापित करना है। यदि आप प्रयास करें तो एक क्या, शांति के अनेक पल पा सकते हैं। शांत रहें और अपने बिखरे हुए व्यक्तित्व को एकत्रित करें। इस प्रकार आप प्रसन्न होकर जो चाहें, प्रभावी रूप से कर सकते हैं।

— शांति —

हम सभी शांति की कामना करते हैं; किंतु शांति प्राप्त करना बहुत कठिन है। लेकिन फिर भी शांति के लिए प्रयास करते रहें। अपने भीतर की शांति और बाहर की शांति के लिए प्रयास करते रहें।

— शिक्षण —

अच्छे शिष्य बनें और अच्छे शिक्षक भी बनें। केवल आजीविका और धन कमाने के लिए ही नहीं, यह बात व्यापार पर भी लागू होती है। आपकी शिक्षण शैली क्रियात्मक होनी चाहिए। अनेक शिक्षक हमारे कार्य-जीवन में हमें निखारते हैं। उनका आदर व सम्मान करें।

—— शिक्षा ——

आधुनिक समाज में शिक्षा का अत्यंत महत्त्व है। इसका यह अर्थ नहीं कि पुराने जमाने में शिक्षा नहीं थी। आज भी जिन लोगों को हम अनपढ़ कहते या मानते हैं, वे भी बोलने में दक्ष होते हैं तथा परिवार व पास-पड़ोस से कई हुनर सीख लेते हैं। हमारे पुराने धर्मग्रंथ, रामायण व महाभारत जैसे महाकाव्य, वेद-पुराण, दर्शन ग्रंथ, उपनिषद्, पंचतंत्र तथा हजारों-लाखों लोककथाएँ व लोकगीत हमारे प्राचीन ज्ञान का प्रतीक हैं और पीढ़ी-दर-पीढ़ी जबानी रटते चले आ रहे हैं। हमारे पारंपरिक हस्त शिल्प, कृषि-कर्म और पाक कलाएँ भी मौखिक हस्तांतरण से आज तक जीवित हैं। यह सब दरशाता है कि प्राचीनकाल में भी शिक्षा का महत्त्व था।

आजादी के बाद से साक्षरता के प्रसार हेतु किए प्रयासों का मिला-जुला असर रहा है। इनमें प्राथमिक तथा माध्यमिक विद्यालय प्रणाली की अहम भूमिका रही है। उच्च शिक्षा प्रणाली का भी बहुत अधिक विस्तार हुआ है। इसका भी मिला-जुला असर दिखाई देता है। एक ओर तो यहाँ के विश्वविद्यालयों से निकले युवक-युवतियाँ विदेशों में सफलता के झंडे गाड़ रहे हैं, वहीं दूसरी ओर भारत में उच्च शिक्षा प्राप्त बेरोजगार नौजवानों की भारी फौज खड़ी है। इस स्थिति के लिए कोई एक कारण जिम्मेदार नहीं है। सरकारी नियंत्रणों से दबा कम पूँजी निवेश, सरकारी विभागों में व्याप्त भ्रष्टाचार इनमें सबसे बड़े कारक हैं। अर्थव्यवस्था की गति धीमी रहने और कम पूँजी निवेश का अर्थ है कम संख्या में रोजगार के नए अवसर उत्पन्न होंगे।

यह विडंबना ही है कि हजारों की संख्या में नौकरियों की जगह खाली पड़ी है, क्योंकि उन्हें भरने के लिए योग्य उम्मीदवार नहीं मिल पाते हैं। हमारी शिक्षा-प्रणाली बहुत प्राचीन है। लगभग मृत एकरूपता और तथाकथित 'न्याय' के नाम पर हमने अपने ऊपर असंख्य नियम लाद रखे हैं। 'वस्तुनिष्ठ' प्रवेश परीक्षाओं के माध्यम से अपने अफसर, क्लर्क और नौकरशाह चुनते हैं। नई विधियों को आजमाने की छूट तो विश्वविद्यालयों को भी नहीं है, शिक्षकों और छात्रों की बात ही छोड़ दीजिए। व्यक्तिगत रचनात्मकता का नर्सरी स्तर पर ही गला घोंट दिया जाता है। छोटे-छोटे बच्चों को भी अच्छे विद्यालय में दाखिला लेने के लिए टेस्ट देना पड़ता है। उन्हें विकल्पों पर सोचने तथा हल तलाशने का अवसर भी नहीं दिया जाता। बड़ी कक्षाओं में भी प्रश्नों के उत्तर तलाशने के लिए गाइड और कोचिंग कक्षाएँ हैं। आप स्वयं इसी नीरस रटाऊ शिक्षा-प्रणाली के उत्पाद हैं और अब इसमें इंटरनेट और जुड़ गया है। ज्यादातर लोग इंटरनेट पर उपलब्ध सूचनाओं को जाने-बूझे बगैर

सच और सही मान लेते हैं। वास्तव में इंटरनेट कचरे की तरह जमा की गई सूचनाओं का अंबार है। जैसे ही माउस का बटन क्लिक करते हैं, थोक के भाव सूचना बाहर आने लगती है।

इन्हीं में से कुछ तकनीकों व दक्षताओं के बल पर आप अपनी वर्तमान स्थिति में पहुँचे हैं। मगर एक बात याद रखें कि पहले प्रचलित रोजगार सुरक्षा अब उपलब्ध नहीं होगी। भले ही सूचना प्रौद्योगिकी सक्षम सेवाएँ हों या कोई अन्य मोटी तनख्वाहवाली नौकरियाँ, उनके विषय-वस्तु व स्वरूप में परिवर्तन आता रहेगा। आज भारत आउटसोर्सिंग का गढ़ बनता जा रहा है। लेकिन जब स्पीच सिंथेसाइजर और निर्माण क्षेत्र में रोबोटों का प्रवेश हो जाएगा तो आउटसोर्सिंग रोजगारों में भी कटौती होने लगेगी। अच्छे वेतनवाली नौकरी पाने के लिए आपको नए कला-कौशल सीखने ही पड़ेंगे। अंग्रेजी, फ्रेंच, जर्मन, कोरियाई, चीनी, जापानी भाषाओं में भी रोजगार के असीमित अवसर होंगे। लेकिन कॉलेज में आपने जिस पुराने साहित्य की पढ़ाई की, उससे काम नहीं चलेगा। आपकी भाषा को व्यापार, विज्ञापन, पर्यटन, संस्कृति, स्वास्थ्य आदि क्षेत्रों के अनुरूप ढलना होगा। यह भी ध्यान रखें कि दुनिया के कोने-कोने में आपके प्रतियोगी हैं। आपको नए व्यापार और रोजगार के अवसरों के मद्देनजर स्वयं को लगातार शिक्षित करते रहना होगा। हर सात-आठ वर्ष में होनेवाले परिवर्तनों को देखें।

आपकी शिक्षा का आपको और अधिक रचनात्मक व्यक्ति बनाने में उपयोग हो सकता है, ताकि आप अपने लिए, अपने संगठन तथा संस्थान के लिए नए-नए अवसरों की तलाश कर सकें।

हालाँकि आपके व्यवसाय या पेशे (विज्ञान में भी), सफल आजीविका या सफलता के लिए आधुनिक विश्व के 'आडंबर' और 'तमाशों' का काफी बोलबाला रहेगा। पर मैं मानता हूँ कि लंबे समय में अवधारणाओं को समझने में गहराई तथा कई प्रणालियों के बीच मौजूद परस्पर संबंध रचनात्मक बनने तथा परिस्थितियों पर नियंत्रण करने में आपकी मदद करेंगे। मैं मानता हूँ कि यह चीज वास्तविक शिक्षा से मिलती है। उसका प्रयास करें और इसका अर्थ है—सोचने में कड़ी मेहनत, न कि रटकर उगलने की कला। मैं यह भी मानता हूँ कि हममें से प्रत्येक स्वयं प्रयास कर इस तरह की शिक्षा प्राप्त कर सकता है। अवश्य ही यह समय विद्यालय पाठ्यक्रम में से भी विषयों को गहराई से सीखने का है। शिक्षा के सोपान पर ऊपर चढ़ें—किसी डिप्लोमा या डिग्री के लिए नहीं बल्कि अपने लिए।

—— शिखर ——

जीवन में अपने कार्यक्षेत्र में शिखर पर रहने का लक्ष्य रखें।

—— शुरुआत ——

भारत में बातें तो बहुत करते हैं, पर कभी शुरुआत नहीं करते हैं। तो अपने कार्य को तुरंत शुरू कर दें और जब तक यह समाप्त न हो जाए, रुकें नहीं।

—— शून्य ——

गणित की सबसे बड़ी संकल्पना शून्य है। हमारे ही पूर्वजों ने शून्य की खोज की थी। अपने निरपेक्ष मान में यह अन्य किसी कल्पनीय राशि से भी लघु है। किसी भी संख्या को शून्य से गुणा करने पर वह शून्य में बदल जाती है। किसी संख्या को शून्य से भाग देने पर इतना बड़ा परिणाम आता है, जिसका ओर-छोर जानना असंभव है। अब जरा उस महान् मस्तिष्क के बारे में सोचिए, जिसने हमें शून्य दिया। आज के जमाने का गणित, विज्ञान और कंप्यूटर विज्ञान सभी कुछ शून्य पर निर्भर हैं। बौद्धों की शून्य की संकल्पना के बारे में सोचिए। जीवन में सभी सफलताओं के लिए आपको कार्य करना चाहिए। किंतु इनसे भी परे ऐसी कई सुंदर संकल्पनाएँ हैं, जिनकी आपको सराहना करनी चाहिए और जिन्हें सराहना चाहिए।

—— शैली ——

आपको काम करने की अपनी शैली विकसित करनी होगी।

—— शोक ——

शोक जीवन का अंग है। यह कभी भी उत्पन्न हो सकता है। लेकिन शोक में डूब न जाएँ। इसे जल्द ही अलविदा कर दें। मुसकराइए और काम में जुट जाइए।

—— श्रवण ——

सफलता के लिए ध्यान से सुनना जरूरी है। लोगों का दिल जीतने और जीवन में समरसता के लिए भी श्रवण कला जरूरी है। हो सकता है कि आप अच्छे श्रोता हों। लेकिन ज्यादातर लोग दूसरों की बात सुनना ही नहीं चाहते। वे बड़े अकुशल तरह के श्रोता होते हैं। इसीलिए, ज्यादातर लोग चाहते हैं कि बातचीत के लिए उन्हें ज्यादा समय दिया जाए। मेरे साथ यह समस्या थी कि मैं दूसरों के शब्दों को बड़े

ध्यान से सुनता था और उनकी भाव-भंगिमाओं पर भी गौर करता था। इसलिए मैं तुरंत ही प्रत्युत्तर देने लगता था; पर सामने बैठे व्यक्ति को लगता था कि मैंने उसकी बात सुनी ही नहीं, क्योंकि वह स्वयं अच्छा श्रोता नहीं होता था। अनुभव ने मुझे यही सिखाया है कि आप न केवल सुनें, बल्कि वक्ता को यह महसूस कराएँ कि आप वास्तव में उसे सुन रहे हैं।

पूर्व राष्ट्रपति डॉ. ए.पी.जे. अब्दुल कलाम ने बंगलौर में आयोजित 'चेंज एजेंट लीडरशिप कनक्लेव' में सी.आई.आई. के दल को सुझाव दिया था—'सुनो और सीखो!' यही कनक्लेव का मुख्य विषय भी था। डॉ. कलाम ने हमारे गुरु डॉ. ब्रह्मप्रकाश के बारे में बताया—'डॉ. ब्रह्मप्रकाश अपने होंठों में सिगरेट दबाए सबकी बात सुनते रहते थे, सुनते रहते थे। अंत में जब सभी बोलते-बोलते थक जाते थे तो वह केवल कुछ शब्द ही बोलते थे और हर कोई उनके निर्णय को स्वीकार कर लेता था।' इसरो (ISRO) में सभी डॉ. ब्रह्मप्रकाश को गजब का 'स्पंज' कहते थे। आधुनिक विश्व में ध्यान से सुनना बहुत जरूरी है। विशेषकर नई सदी में, जब नेतृत्व के पुराने मॉडल ढहनेवाले हैं।

— संकट —

जीवन संकटों से भरपूर है। शिक्षा हो या आजीविका, आपको अकसर संकटों का सामना करना पड़ता है। अग्नि-शमन उपाय करने पड़ते हैं। दिलचस्प बात यह है कि अमेरिका, ब्रिटेन और यूरोप में भी संकट हैं और तदनुसार अग्नि-शमन उपाय हैं। मगर हमारे देश में तो जान-बूझकर संकट उत्पन्न किए जाते हैं। अर्थव्यवस्था और व्यापार के प्रतियोगी दबाव हरेक नागरिक को झेलने पड़ते हैं, जैसे—आपकी कंपनी विदेशी प्रतियोगिता के दबाव के चलते अपने कुछ कारोबार को बंद कर दे और कर्मचारियों की छँटनी करने लगे तो आप बेरोजगार हो सकते हैं और 35, 40 या 45 साल की उम्र में भी आपको नई नौकरी की तलाश करनी पड़ सकती है, यानी दैनिक कार्यों पर भी बाजार में चल रहे परिवर्तनों का असर पड़ता है। आपको ऐसे अनदेखे, अनचाहे संकटों से निबटने की कला सीखनी चाहिए। संकट से निबटना एक विज्ञान है और कला भी। अपने कार्यक्षेत्र के बारे में सूचनाप्रद अध्ययन, आपके संस्थान/कंपनी तथा बाहरी घटनाओं का आकलन (अंदाजा) आपको वैकल्पिक घटनाओं के बारे में दूरदृष्टि प्रदान करता है। यदि कोई संकट उत्पन्न होता है तो आप काररवाई करने के लिए तत्पर होंगे। इस प्रकार दूरदृष्टि से प्राप्त ज्ञान और कार्य-विकल्पों से परिचित होकर आप संकट का भली प्रकार सामना कर सकते हैं।

संकट का आप जितने बेहतर ढंग से सामना करते हैं उतना ही जीवन में सफल होंगे।

—— संकीर्ण ——

जीवन के बारे में संकीर्ण दृष्टिकोण न अपनाएँ और न ही लोगों को समझने में संकीर्ण रवैया अपनाएँ। अपने लिए संकीर्ण लक्ष्यों को निर्धारित न करें। अपने विकल्पों को जीवित रखें।

—— संकोची ——

संकोची मत बनिए। इस तरह आप दौड़ में पिछड़ जाएँगे। यदि आप अपनी पृष्ठभूमि के कारण संकोची हैं तो रातोरात अपने संकोची स्वभाव को नहीं छोड़ सकते हैं। यदि संकोची स्वभाव छोड़ने में और आत्मविश्वास विकसित करने में एक वर्ष भी लग जाएँ तो भी कोई बात नहीं। धीरे-धीरे प्रयास करें। अंततः आप बहादुर और आत्मविश्वासी बन जाएँगे।

—— संत ——

हमारे चारों ओर अनेक भले संत हैं। बाजार अर्थव्यवस्था के घोषित युग में भी आप देखेंगे कि संत गुणों का ह्रास नहीं हुआ है। जरूरत है उन्हें पहचानने की। सतर्क और खुला मन इस कार्य में आपकी सहायता करेगा।

—— संतुष्टि ——

आपके पास जो कुछ है, जो आपकी उपलब्धियाँ हैं उनसे संतुष्ट रहना, अच्छा है। मगर आसानी से और जल्दी संतुष्ट न हो जाएँ, क्योंकि तब आप कूपमंडूक बनकर रह जाएँगे और कभी बाहर नहीं निकल पाएँगे।

—— संपन्न ——

हममें से ज्यादातर लोगों की आदत है कि हम जल्दबाजी में कोई काम शुरू तो कर देते हैं, पर उसे अधूरा छोड़ देते हैं। हम सभी को अपना कार्य पूरा करने की आदत डालनी चाहिए। यदि हमने अपनी क्षमता से कहीं बड़ा काम अपने हाथ में लिया है तो भी हमारे में इतना अनुशासन तो होना चाहिए कि हम इस काम को संपन्न करें। फिर हम अपनी क्षमता को आँकना सीख सकते हैं, ताकि भविष्य में

अपने लायक काम को हाथ में लें। लेकिन किसी काम को हाथ में लेकर अधूरा छोड़ देना अच्छी आदत नहीं है। यह हमें 'चलता है' वाली मानसिकता से भर देगा। कार्य संपन्न करने का अर्थ केवल काम को पूरा करना ही नहीं है, बल्कि इसे चमकाना भी है, ताकि यह अच्छा व आकर्षक दिखे। प्रतिबद्धता व आवश्यकता के अनुसार काम को पूरा करने के बाद आप इसे कुछ और ज्यादा चमका सकते हैं, ताकि यह अच्छा दिखे। तब आप उत्कृष्टता तक का लंबा सफर तय कर सकते हैं। आत्म या स्व अनुशासन प्राप्त करने का यही मार्ग है, जो जीवन में सफलता एवं उत्कृष्टता के लिए जरूरी है।

— संभाव्यता —

जीवन में हर चीज की थोड़ी-बहुत संभाव्यता अवश्य होती है। यही कारण है कि कई बार असंभव लगनेवाली घटनाएँ भी घट जाती हैं और जिसकी संभावना होती है, वह हो नहीं पाता। आजकल संभाव्यता की गणना करनेवाले अनेक सिद्धांत हैं, पर व्यक्ति के लिए संभाव्यता के रूप में आकलित संख्या कोई राहत नहीं दे सकती है। इसलिए दुनिया के संभावनायुक्त चरित्र को याद रखें। जीत आपकी होगी।

— संवेदनशील —

मन और बुद्धि, जो जीवन में साधारण व सरल चीजों के साथ तालमेल करते रहते हैं, सामान्यतया सकारात्मक और संवेदनशील होते हैं। अकसर यह संवेदनशीलता उच्च कोटि की सृजनशीलता को जन्म देती है। ऐसा मन दूसरों की पीड़ा के प्रति भी अत्यंत संवेदनशील होता है और अन्याय होते देख भड़क उठता है। यदि आपका मन भी अत्यंत संवेदनशील है तो उसका समुचित पोषण करें, पर याद रखें कि आधुनिक विश्व की दौड़ में इसके आहत होने की संभावना ज्यादा है। इसलिए अपनी आंतरिक शक्तियों का आवाहन करें, ताकि संवेदनशील मन की रक्षा हो सके। तब आप अपनी सृजनशीलता की रक्षा भी कर सकेंगे।

— संसाधन —

कुछ भी करने से पहले आपके पास संसाधन होने चाहिए। वर्तमान समय में संसाधनों का भी अद्‌भुत वर्गीकरण हो गया है, जैसे—प्राकृतिक संसाधन, मानव संसाधन इत्यादि। आप प्राकृतिक संसाधनों के खत्म होने तथा पुनरोपयोगी संसाधनों के इस्तेमाल के बारे में सुनते हैं। आज हमारे पास संसाधनों के रूप में जो कुछ

उपलब्ध है, उसे इसमें आने में लाखों-करोड़ों वर्ष लग गए। कोयला, खनिज तेल, प्राकृतिक गैस, भूमिगत जल और मिट्टी की ऊपरी परत—ये सभी बहुमूल्य प्राकृतिक संसाधन हैं। उनकी मात्रा की एक सीमा है। इसलिए कई वर्षों बाद वे खत्म हो जाएँगे। भूमिगत जल जैसे संसाधनों को जल-चक्र द्वारा दोबारा प्राप्त किया जा सकता है। भूमिगत जल के स्रोतों को वर्षा के पानी का संचय कर फिर से ताजा किया जा सकता है। इसी तरह मिट्टी को जैविक खाद की मदद से समृद्ध बना सकते हैं। पर जीवाश्म ईंधनों को दोबारा नहीं बनाया जा सकता है। इसलिए समय रहते इनके विकल्प खोजने होंगे, जैसे—सौर ऊर्जा, जैव ऊर्जा, पवन ऊर्जा आदि। मानव संसाधन को निरंतर नया बनाया जा सकता है। इस संसाधन का उपयोग करने के लिए आपको मनुष्यों का पोषण करना होगा। खुद आपके भीतर जो संसाधन है, उसका पूरा ध्यान रखें और लगातार स्वयं को नया व तरोताजा बनाते रहें।

—— सकारात्मक सोच ——

प्रकृति को निर्वात पसंद नहीं है। इसी तरह जब आपका मस्तिष्क खाली होता है तो उसमें गंदगी जमा होने लगती है। इसलिए मन में केवल सकारात्मक विचारों को स्थान दें। जीवन भी कोई रिक्त स्थान नहीं है। आपके चारों ओर सुंदर-सुंदर वस्तुएँ हैं। अपने जीवन में इनका सौंदर्य भर दें, पर इसे कभी खाली न होने दें।

—— सख्त ——

कई बार जीवन में बड़े सख्त कदम उठाने पड़ते हैं। जैसे—आपको ऐसे रिश्तों को तोड़ना पड़ता है, जिनसे आपको लगातार नुकसान होता रहता है या कार्यालय में अपने सहकर्मी को लताड़ना पड़ता है या ऐसे संगठन को छोड़ना पड़ता है, जिसे खड़ा करने में आपने अमूल्य योगदान दिया हो। लेकिन ऐसे कड़े कदम उठाने से पहले बहुत विचार-विमर्श और नियोजन की जरूरत है। अन्यथा इसके दुष्परिणाम आपको ही भुगतने पड़ेंगे। मगर जब कभी जरूरत पड़े तो आपको ऐसे कड़े कदम उठाने से घबराना नहीं चाहिए; लेकिन सावधानीपूर्वक विचार-विमर्श करने के बाद। यह भी याद रखें—आमतौर पर जीवन कड़े कदमों के लिए नहीं बना है, जैसे—वजन घटाने के लिए कड़े उपाय न आजमाएँ, जीवन-शैली बदलने के लिए कड़े प्रयास न करें। बदलाव आने में समय लगता है, जैसे—इलेक्ट्रॉनिक। इलेक्ट्रिक! माइक्रोसिस्टम व मिली सेकंड।

यांत्रिक : कुछ मिनट

तापीय : कुछ घंटे

जैविक : कुछ माह

सामाजिक : कई वर्ष।

यदि आप परिवर्तन प्रभावी मानते हैं तो कड़े कदमों को दुर्लभ मामलों के लिए बचाकर रखें, अन्यथा परिवर्तनों को सहज रूप से प्रभावी होने देने के लिए समय की पाबंदियों को मन में रखें। आपकी सफलता की दर बढ़ जाएगी।

आप पूछ सकते हैं कि यदि कोई मुझ पर सख्त काररवाई करने लगे तो मैं क्या करूँ? उदाहरण के तौर पर अगर बॉस अचानक आपका विभाग बदलने को कहे तो? आमतौर पर यदि आप बुद्धिमान और सावधान प्रेक्षक हैं तो अनेक संभावनाओं को पहले से भाँप सकते हैं और अपनी संभावित प्रतिक्रियाओं का मानसिक अनुरूपण कर सकते हैं। इस तरह बिना किसी तरह की गलतफहमी का शिकार हुए आप दूसरों के सख्त कदमों से निबटना सीख जाएँगे।

—— सतर्कता ——

वर्तमान व भविष्य के प्रति सदैव सतर्क रहें, क्योंकि सतर्क व्यक्ति ही अंत में विजयी होता है।

—— सत्य ——

सत्य क्या है? दीर्घावधिवाले कई वैज्ञानिक सत्य (तथ्य) हैं। नई खोजों के जरिए किसी युग के 'वैज्ञानिक तथ्य' भी बदल सकते हैं। धर्म भी सत्य की बात करते हैं। फिर कुछ 'साधारण' सच हैं, जैसे कि दो और दो चार। बच्चों के लिए कभी-कभार यह बड़ी विकट समस्या बन सकती है, क्योंकि वे अपने माता-पिता के किसी आदेश का उल्लंघन कर बैठते हों। इसी तरह भोंदू मस्तिष्क के अनगिनत लोग जादू या मिथकों को ही सच्चाई मान लेते हैं। लेकिन वैज्ञानिक बुद्धि के लोग पूरे मामले की गहराई से विवेचना करते हैं और भीतरी सत्य को बाहर लाते हैं। क्यों? कब? कैसे? क्या? कहाँ? किसने? जैसे प्रश्नों के उत्तर तलाशने के पश्चात् ही सत्य हमारे सामने प्रकट होता है। इसी तरह पुलिसवाले घटनाओं को बिलकुल अलग नजरिए से देखकर अपराधों की तह में छिपी सच्चाई को उजागर करते हैं। तमाम जटिलताओं के बावजूद आप सत्य तक पहुँचने का मार्ग तलाश सकते हैं। इससे महत्त्वपूर्ण यह है कि आप सत्यपूर्ण व्यवहार के लिए अपने संतुलन को खोज सकते हैं।

सफलता

जीवन की सर्वाधिक मधुर चीजों में से एक है—सफलता। हम सभी सफलता से ऊर्जा प्राप्त कर आगे की ओर बढ़ते हैं। हालाँकि असफलता को सफलता की बुनियाद बताया जाता है, लेकिन तुरंत सफलता पाना या उचित अंतराल पर सफलता का स्वाद चखना हमें गतिशील बनाए रखने के लिए महत्त्वपूर्ण है। थॉमस अल्वा एडिसन ने कहा था, ''कौन कहता है क्रि मैं असफल हूँ? मैंने तो 10,000 तरीकों का पता लगाया था, जिनमें चीजें काम नहीं करती हैं।'' केवल महान् मस्तिष्कवाला व्यक्ति ही ऐसी बात कह सकता है। सफलता प्राप्त करने के लिए जरूरी है कार्य को छोटे-छोटे उपयुक्त खंडों में बाँटकर निपटाया जाए। इससे सफलता की संभावना बढ़ जाती है। छोटी सफलता से ऊर्जा प्राप्त कर लगातार आगे बढ़ते रहने से अंत में हम बड़ी सफलता प्राप्त कर सकते हैं। कुछ लोग कह सकते हैं कि हमने ऊँचा लक्ष्य तय नहीं किया। ऐसा नहीं है। आपका दीर्घकालिक लक्ष्य या 'दृष्टि' बड़ी हो सकती है। मगर आपके सामने अनेक तात्कालिक लक्ष्य भी होने चाहिए, जिनका मिला-जुला परिणाम बड़ी सफलता होगा। ज्यादातर बहुराष्ट्रीय कंपनियाँ इसी तरीके से सफलता हासिल करती हैं। अपने जीवन में आप इसी विधि को अपनाएँ। आप सफलता पर सफलता प्राप्त करेंगे। तब छोटी-मोटी विफलताओं का इनके सामने कोई मायने नहीं रहेगा।

समझदारी

दौड़-धूप भरे आधुनिक जीवन में समझदारी या सयानेपन का मिलना दुर्लभ है। मगर यह बेशकीमती चीज है, जिसे यों ही नहीं खोया जा सकता है। सदैव सतर्क रहें। समय-समय पर अपना मूल्यांकन करें। अपने प्रति दयालु रहें। तभी आप अपनी समझदारी को बनाए रख पाएँगे और इसे चारों ओर फैला सकेंगे।

समता

आज समता की बात की जाती है। कुछ लोग तो समाज में बराबरी लाने के लिए विद्रोह पर उतारू रहते हैं। कई बार तो जो लोग बराबरी की बात करते हैं, वे अपने आस-पासवालों को भी बराबरी का हक नहीं देते हैं। समता का विचार अपने आप में अच्छा है। लेकिन डंडे के बल पर समता या बराबरी लाना संभव नहीं है। हर व्यक्ति में कुछ खूबियाँ होती हैं, इसलिए हम आशा नहीं कर सकते हैं कि हर कोई एक समान ज्ञान पा लेगा या बराबर की उपलब्धियाँ हासिल कर लेगा; लेकिन

लैंगिक समता और जन्म, जाति आदि में निरपेक्ष समता का भाव महत्त्वपूर्ण है।

आज भी हजारों-लाखों लोग मात्र इसलिए पीड़ित हैं, क्योंकि इतिहास में उनके साथ भेदभावपूर्ण व्यवहार किया गया या उनके प्रति अनेक सामाजिक पूर्वग्रह आज भी कायम हैं। ऐसे हालातों को स्वाभाविक न मान लें। आप देखेंगे कि निश्चित पारिवारिक पृष्ठभूमिवाले लोग ऊँचे स्थानों पर पहुँच सके हैं, जबकि उनमें आपकी अपेक्षा अल्पांश भी प्रतिभा नहीं है। अवश्य ही संसार में अनेक असमानताएँ हैं। किंतु ये सदियों की देन हैं और आज आधुनिकीकरण की प्रक्रियाओं को आजमाया जा रहा है। लोग विशेषाधिकारपूर्ण स्थितियों को अपने पास रखना चाहते हैं और अवचेतन में भी उनसे हाथ धोना नहीं चाहते। प्रतियोगिता उन लोगों के लिए परिस्थितियाँ और कड़ी कर देती है, जो विशेषाधिकारों से वंचित हैं।

भागीदार होने के नाते हमें समानता, अवसरों की समानता तथा चयन की समानता के लिए लड़ना होगा। किंतु इस लड़ाई में अपने हितों को भी संतुलित करना सीखें। आदर्श की लड़ाई में आप अपने आपको ही नष्ट नहीं कर सकते हैं। आपको पहले अपनी भलाई करना तथा दूसरों की मदद करना सीखना होगा। यदि आप विशेषाधिकारों से हीन हैं, असमानता का सामना कर रहे हैं तो पहले स्वयं को बेहतर बनाने का प्रयत्न करें। इन अवरोधों को वेधकर सफल बनना सीखें। यदि आप दृढ़निश्चयी और बुद्धिमान हैं तो आंशिक तौर पर सफल हो जाएँगे। तब आप उन लोगों की सहायता कर सकते हैं, जो असमानता के शिकार हैं।

—— समन्वय ——

समन्वय प्रतियोगिता का दुश्मन नंबर एक है। दरअसल, स्वतंत्रता-प्राप्ति के पश्चात् पाँच दशकों तक यहाँ पर काम-काज, विशेषकर सरकारी काम-काज, का ढर्रा कुछ ऐसा रहा है कि सरकार में अनेक अलग-थलग महकमे पनप आए जो अपनी-अपनी डफली, अपना-अपना राग में विश्वास रखते हैं। उनकी देखा-देखी निजी क्षेत्र ने भी इसी ढर्रे को अपना लिया। मगर वास्तविक जिंदगी में काम करने के लिए एक-दूसरे पर निर्भरता होना स्वाभाविक है, इसलिए नौकरशाही में 'समन्वय' नामक ढर्रा भी स्थापित किया गया। सिद्धांतत: यह एक आकर्षक परिभाषा है। बैठकें होती हैं, दस्तावेज और फाइलें वितरित होती हैं; मगर होता क्या है ? जो काम हफ्तों में हो जाना चाहिए, वह महीनों और बरसों तक लटका रहता है; क्योंकि फैसला नहीं लिया जा सका। यहाँ तक कि भारत में विज्ञान व तकनीकी विभाग भी समन्वय से अछूते नहीं हैं। भारत में आविष्कार-वृत्ति की हत्या करने का तरीका है

समन्वय। भारत के प्रसिद्ध वैज्ञानिक डॉ. जयंत विष्णु नारलीकर भी इसके बारे में शिकायत करते हैं। उनका कहना है कि जिस तरह से हम मूल्यांकन करने के लिए इतना समन्वय करते हैं, हम भारत में कभी मौलिक अनुसंधान होते नहीं देख पाएँगे। बेशक 'समन्वय' शब्द का परित्याग कर दें। अपनी समस्याओं को समन्वय के लिए किसी केंद्रीय एजेंसी के भरोसे मत छोड़ें। इस तरह आप अपनी आजादी, अपनी स्वायत्तता और अपनी पहल को किसी ऐसे व्यक्ति के हवाले कर देते हैं, जिसका आपके काम से कुछ लेना-देना नहीं है। अपने भाग्य के मालिक स्वयं बनें। अवश्य ही आपको दूसरों की जरूरत है, नेटवर्क की जरूरत है, दल में कार्य करने की जरूरत है; किंतु अपनी समस्याओं को हल करने के लिए बाहरी 'समन्वय' क्रियाविधि का खयाल अपने मन से निकाल दें।

—— समय ——

समय जीवन में सबसे अनमोल वस्तु है। यह बीत गया तो फिर कभी वापस नहीं आता है। दुनिया की कोई भी कीमती चीज समय की कीमत नहीं अदा कर सकती; मगर आप पहले की गलतियों से सीखकर समय को सबसे ज्यादा लाभदायक रूप से इस्तेमाल कर सकते हैं। वे लोग जो अपने समय का सदुपयोग करते हैं—सफल, संपन्न और प्रसन्न रहते हैं।

—— समयबद्धता ——

समयबद्धता के मामले में हम भारतीय बहुत ही कुख्यात हैं। हम युगों की बातें तो करते हैं, मगर अपने जीवन में छोटे-छोटे लेकिन महत्त्वपूर्ण समय को भूल जाते हैं। मीटिंग हो या सभा, हम हमेशा देर से पहुँचते हैं। अपने मित्र को बताते हैं कि खाने पर 7 बजे शाम को पहुँच जाएँगे, पर चेहरा दिखाते हैं 9 बजे रात को। अनेक वैज्ञानिक एक वर्ष के भीतर अनुसंधान पूरा करने का वादा करते हैं, पर दसियों साल बीतने पर भी नतीजा वही ढाक के तीन पात। घरेलू नौकर-चाकर भी अकसर लेट-लतीफ रहते हैं। समयबद्धता का खयाल रखना और जीवन के प्रत्येक पल का आदर करना अत्यंत महत्त्वपूर्ण है, हालाँकि समय का पाबंद होना तनावपूर्ण है। याद रखें कि यदि आप अपना कार्य समय पर निबटाएँ तो आपके पास काफी खाली समय बचेगा, जिसका आप मौज-मस्ती के लिए भी उपयोग कर सकते हैं। अपने बेशकीमती जीवनकाल को व्यवस्थित करना सीखें।

—— समर्थन ——

हालाँकि वर्तमान विश्व अत्यंत प्रतियोगिता भरा है, लेकिन कई चीजों में हम एक-दूसरे पर निर्भर हैं। न केवल व्यक्ति बल्कि संगठनों और दलों को भी विभिन्न तरह की जटिल भागीदारियों की जरूरत होती है, ताकि किसी कार्य को सफलतापूर्वक पूरा किया जा सके। इसलिए आप अपने मित्रों व सहकर्मियों का समर्थन (सहयोग) करें और बदले में उनसे सहयोग लें। इस प्रक्रिया में आप ऐसे सहयोगी संबंधों में संतुलन कायम करना सीखेंगे। मगर साथ ही याद रखें, हमेशा सतर्क रहें और चीजों को यों ही न लें।

—— सम्मान ——

प्रत्येक व्यक्ति के लिए आत्मसम्मान आवश्यक है। यदि आप स्वयं का सम्मान नहीं कर सकते और स्वयं को ऊँचे स्थान पर स्थापित नहीं कर पाते तो दूसरों से कैसे आशा करेंगे कि वे आपका सम्मान करें? किंतु इसका अर्थ यह नहीं कि अकड़ या अहंकार पाल लें। आत्मविश्वास व जीवन के बारे में सुनिश्चित नजरिए से आत्मसम्मान आता है। इसका एक अर्थ यह है कि जहाँ किसी दल या संगठन में आप अच्छे खिलाड़ी हैं वहीं आप दूसरों को अपने से खिलवाड़ करने, गुलामों जैसा बरताव करने, बदतमीजी करने तथा अपना शोषण करने की इजाजत नहीं दे सकते हैं। आपके प्रति नकारात्मक व्यवहारों के लिए आपकी प्रतिक्रिया दृढ़ होनी चाहिए। किंतु इसके लिए अपने तरीके से सकारात्मक कार्य करें तथा दबावों में न आएँ। धीरे-धीरे आप में आत्मसम्मान की भावना गहराई से घर कर जाएगी।

—— सराहना ——

दूसरों की अच्छी चीजों और उनकी सफलता की सराहना करना सीखें। जरूरी नहीं है कि केवल मित्र या जान-पहचान के लोगों की ही सराहना की जाए। इससे जीवन के प्रति सकारात्मक दृष्टिकोण विकसित होगा। हमें दूसरों में सकारात्मक गुण देखने चाहिए और उनकी सराहना करनी चाहिए।

यह भी देखें कि आपकी उपलब्धियों की भी सराहना हो। विनम्रता के नाम पर अपनी बलि न चढ़ाएँ, अन्यथा जल्द ही आपको भुला दिया जाएगा। आपका कोई महत्त्व नहीं रहेगा और फिर जब कभी आपको सराहना की जरूरत होगी तो सराहनेवाला कोई नहीं होगा। बल्कि आपने जिसे चढ़ाया-बढ़ाया, लोग उसी की सराहना कर रहे होंगे। यही जीवन का कड़वा सच है। पहले भी और आज भी

सफलता का यही राज है कि आप खुद को कितना बुलंद कर पाते हैं। इसलिए खुद को ऊँचाई पर स्थापित करें, मगर संतुलन कायम रखें।

—— सहकारिता ——

आधुनिक दुनिया में सफलता के लिए सहकारिता अत्यंत महत्त्वपूर्ण है; पर उस तरह की सहकारिता नहीं जिस तरह से भारत में 'सहकारी संस्थान' चलते हैं। आधुनिक विश्व में जो सहकारिता चाहिए, वह है—सहकर्मियों व वरिष्ठ जनों के प्रति आदरभाव। सहकारिता का अर्थ है—नेटवर्किंग, ज्ञान व कौशल को आपस में बाँटना तथा दल के सदस्यों की कार्यकुशलता व सक्षमता को बढ़ाना, जिसे प्रतियोगिता भरे संसार में मिल-जुलकर काम करने की जरूरत है।

—— सहजीवन ——

परस्पर सहयोगी रूप से जीवन-यापन करते जीव-जंतु प्रकृति की अद्‌भुत सुंदरता हैं। प्रकृति के इस स्वभाव पर गौर करें तो आप कई नई चीजें सीख सकते हैं। आप अनेक टकरावों से भी बच सकते हैं, जिनका परिणाम विनाशकारी होता है। कई विपरीत परिस्थितियों को आप अपने पक्ष में परिवर्तित कर सकते हैं। मंद गति के जैविक विकास और हमारे सामाजिक संबंध के बीच एकमात्र अंतर यही है कि हम तीव्र गति से बदलती अनेक स्थितियों से घिरे हैं। इसलिए किसी एक ढर्रे पर न चलें। अनेक युवजन सहजीवन का अर्थ समझे बगैर इससे घृणा करते हैं; पर याद रखें, अनेक प्राचीन सभ्यताओं ने अपने समाज में सहजीवन या सहअस्तित्व की धारणा का विकास किया था, जिसमें सभी मनुष्य एक-दूसरे का सहयोग करते थे। उनसे सीखें और प्रभावी रूप से उनका उपयोग करें।

—— सहानुभूति ——

कुछ व्यक्ति 'सहानुभूति के लक्षण' पैदा कर उनसे अनुचित लाभ उठाना चाहते हैं। ऐसे लोगों के जाल में न फँसें और न ही उनकी नकल करने की कोशिश करें। यथासंभव अपने बल पर उठने का प्रयास करें। अपने आत्मबल को बढ़ाएँ। आपको दूसरों की सहानुभूति की जरूरत नहीं है। अलबत्ता विकट परिस्थितियों में आपके नाते-रिश्तेदार स्वतः ही आपको अपने प्यार से सराबोर कर देंगे। वह सहानुभूति नहीं है। यह प्यार आपके जख्मों पर मरहम का काम करेगा।

— सहायता —

सहायता के लिए बढ़ा हाथ हमेशा अच्छा होता है। यह अनेक लोगों को समस्याओं, कष्टों और असफलताओं से उबरने में सहायता करता है। यह नए उपक्रम शुरू करने में अनेक लोगों की सहायता करता है, नए सिरे से नया जीवन शुरू करने में मदद करता है। इसलिए हमेशा सहाय रहें और सहायता प्राप्त करने में भी न झिझकें।

लेकिन आज के संसार में जहाँ अनेक मानव-मूल्यों का केवल उपयोगवादिता के संदर्भ में महत्त्व रह गया है, कुछ लोग सहायता करने में भी पहले अपना लाभ देखते हैं। ऐसे मामलों में आप स्वयं निर्णय करें कि सहायता के बदले आपका कितना लाभ उठाया जा सकता है और उठाया जा रहा है। कुछ लोग सपाट शब्दों में अपनी मनशा प्रकट कर देते हैं। तब आपके लिए निर्णय लेना आसान होता है, पर कुछ लोग चुप रहते हैं। ऐसे में आपको खुद फैसला करना होता है; लेकिन कभी भी यह न सोचें कि आप पूरी तरह से आत्मनिर्भर होंगे और किसी की सहायता नहीं लेंगे। अकसर जीवन में किसी से ली गई छोटी सी सहायता तेजी से आगे बढ़ने में आपकी मदद करती है। आज की होड़ भरी दुनिया में ऐसी तेज रफ्तार अत्यंत उपयोगी साबित होती है, अन्यथा हो सकता है कि तेज रफ्तार के अभाव में कोई सुनहरा अवसर आपके हाथ से निकल जाए, इसलिए सहायता लेना उपयोगी होता है; पर इसके लिए लेन-देन की नीति अपनानी चाहिए।

— साधारण —

अनेक चीजें जीवन में अत्यंत साधारण लगती हैं। ज्यादातर लोग इन्हें अनदेखा कर देते हैं। हम साधारण लोगों को भी अनदेखा कर देते हैं; पर मैंने जीवन में एक चीज सीखी है कि यदि आप साधारण लोगों का और साधारण चीजों का अध्ययन करें तो आपको जीवन के बारे में अनेक असाधारण चीजें सीखने को मिलेंगी। साधारण चीजों में असाधारण गुणों की तलाश करना सीखें। इससे आप रचनात्मक व आविष्कार-वृत्तिवाले व्यक्ति बन जाएँगे और जीवन में असाधारण सफलता प्राप्त करेंगे।

— सामर्थ्य —

कार्य करने की आपकी क्षमता या सामर्थ्य ही तय करता है कि आप जीवन में कितना आगे बढ़ पाते हैं। सामर्थ्य अर्थात् क्षमता। क्षमता का अर्थ है—आपके भीतर

छिपी स्वाभाविक शक्ति। घर की छत पर टंकी में जमा पानी में अथाह शक्ति होती है; मगर घर के नल बंद हों या पाइप लाइनों में कचरा जम गया हो तो क्या पानी बहेगा? बिलकुल नहीं। तब आप इस पानी से न नहा सकते हैं और न ही फव्वारे का आनंद ले सकते हैं। इसी तरह आपके भीतर शक्ति छिपी है। उसका पूरा लाभ लेने के लिए आपको अपने तन-मन के सारे मार्ग खोलने होंगे। संदेह रूपी कचरे को साफ करना होगा, तभी आपके भीतर की यह शक्ति उन्मुक्त झरने की भाँति प्रवाहित होगी। अपनी क्षमता को मुक्त करें। आपको अपनी क्षमता पर विश्वास करना होगा, तभी आप उपलब्धि प्राप्त कर सकेंगे। स्वयं पर विश्वास करना होगा, संदेह को दूर करना होगा, तभी आपकी क्षमता खुलकर बरसाती नदी की तरह प्रवाहित हो सकेगी।

—— सार्वभौमिक (वैश्विक) ——

जीवन के प्रति सार्वभौमिक दृष्टिकोण अपनाने का प्रयत्न करें, भले ही आप विशेष संस्कृतियों का आदर करते हों। विज्ञान का सार्वभौमिक प्रभाव होता है, लेकिन स्थानीय संस्कृतियों के (कुछ विशेष धार्मिक प्रथाओं के भी) स्थानीय प्रभाव होते हैं। सार्वभौमिक और विशिष्ट सांस्कृतिक दृष्टिकोणों के बीच संतुलन बनाए रखने का प्रयास मानव समाजों, विशेषकर बुद्धिजीवी गतिविधियों, के लिए एक महत्त्वपूर्ण आवश्यकता बनने जा रहा है।

—— साहस ——

साहस का अर्थ है--निडरता, जोखिम उठाने की तत्परता, लड़कर हारने पर भी शांत और संयत रहने की क्षमता, नए कार्यों को शुरू करने की क्षमता—भले ही आपको मालूम न हो कि उनका अंजाम क्या होगा। वैसे यह जीवन की एक सच्चाई है कि आप पहले से ही सभी चीजों को नहीं जान सकते हैं। अगर जानते तो जोखिम उठाने का मजा क्या रहता! इसलिए बहादुर बनें, जीत आपकी ही होगी। किंतु बहादुरी की हद क्या होती है, यह जानने में समझदारी बरतें।

केवल साहस ही किसी समाज या व्यक्ति को धनवान् बनाता है। साहस का अर्थ केवल शारीरिक बल या बाहरी मुद्राओं से नहीं है कि आप अपनी बात मनवा सकें। साहस का अर्थ है—चुनौतियों का, विपरीत परिस्थितियों का और खतरों का सामना करने की हिम्मत तथा कड़ी मेहनत करते हुए निरंतर अपने लक्ष्य की ओर अग्रसर होते रहना। तो साहसी बनिए, जीत आपकी होगी।

—— सिद्धपथ ——

भारत में ऐसे मार्गों पर चलने की आदत-सी है, जिनकी मंजिल तय हो—अर्थात् जिन पर से लोगों का आना-जाना लगा हो। आज आप आविष्कारों पर ढेर सारे नारे सुनते हैं, पर भारतीय समाज आज भी प्रामाणिकता की दुहाई देता है। मुझे आशा है कि भावी नागरिक ऐसे नहीं होंगे। आप भी अप्रामाणिक और नए मार्गों को चुनने में बहादुरी दिखाएँ। अवश्य ही तथ्यों व जमीनी सच्चाइयों की जानकारी आपके पास होनी चाहिए। यहाँ पर गहन पूर्वाभासी प्रवृत्ति आपका साथ देगी।

—— सिद्धांत ——

विभिन्न परिस्थितियों के गहन विश्लेषण व मूल्यांकन करने के बाद ही—विशेषकर जब कोई बड़ा काम हाथ में लेना हो—कोई निर्णय लेना चाहिए। किंतु जीवन में कुछ सिद्धांतों को भी याद करें। जब किसी कार्य में त्वरित निर्णय लेना हो तो ये सिद्धांत बहुत सहायक सिद्ध होते हैं।

—— सीमा ——

अगर यह सीमा चारदीवारी और छत के रूप में हो तो घर को सुंदरता प्रदान करती है और सुरक्षा की भावना का एहसास कराती है। लेकिन कई बार सीमा जीवन में ऊपर उठने पर बंदिश भी बन जाती है। जीवन में प्रत्येक व्यक्ति को अनेक अदृश्य सीमाओं का सामना करना पड़ता है, जो उसे संगठन या समाज में ऊपर उठने से रोकती हैं। ये सीमाएँ लिंग, जाति, धर्म, नस्ल आदि के रूप में हो सकती हैं। जैसे यदि कोई महिला हो तो उसे कंपनी में या सरकारी क्षेत्र में आगे बढ़ने में अनेक दृश्य-अदृश्य सीमाओं का सामना करना पड़ता है। इसी तरह निम्न या अछूत जाति में जन्म लेनेवाले व्यक्ति पर अनेक बंदिशें लागू रहती हैं। इनमें सबसे बढ़कर एक और सीमा या भेदभाव हमारे आधुनिक भारत में ज्वलंत सच्चाई का रूप ले चुकी है। वह यह कि आप किन माता-पिता की संतान हैं। आज कोई भी क्षेत्र देख लीजिए—चाहे वह राजनीति हो, प्रशासन हो, फिल्म हो, व्यापार हो या खेलकूद—इनमें केवल वही बच्चे आगे बढ़ पाते हैं जिनके माता-पिता पहले से इन क्षेत्रों में जमे हों। बाहरी लोगों के लिए तो इन क्षेत्रों के द्वार पर ही 'प्रवेश निषेध' की तख्ती टँगी रहती है। इस बात से कोई फर्क नहीं पड़ता कि बाहरी व्यक्ति कितना प्रतिभाशाली है। किंतु मेरा मशवरा है कि आपको हताश होने की कतई जरूरत नहीं है। अगर आप में हौसला है तो आप इन सीमाओं को तोड़ सकते हैं। हालाँकि यह आसान

नहीं होगा, लेकिन हिम्मत रखें, सफलता आपके कदम चूमेगी। अपने आस-पास देखिए। कई लोग इन अदृश्य सीमाओं को तोड़ रहे हैं और सफलता प्राप्त कर रहे हैं। हालाँकि चकाचौंध से भरा मीडिया कभी भी इन साधारण लोगों की उपलब्धियों को जनता के सामने पेश नहीं करता, परंतु आप ऐसे लोगों को खोज सकते हैं और इस तरह प्रेरित होकर स्वयं सीमाओं को तोड़ सकते हैं। .

— सुंदर —

सुंदर चीजें जीवन में आनंद देती हैं। यदि आप सुंदर हैं तो अपनी सुंदरता का आनंद लें और दूसरों को भी प्रसन्न करें। आप अपनी वाणी, लेखनी आदि में भी सुंदर हो सकते हैं।

— सुंदरता —

सुंदरता चाहे किसी भी रूप में हो, हमें उसका आनंद लेना चाहिए। फूल, पौधे, वृक्ष, कीट-पतंग, पक्षी, सूरज, चाँद, तारे, जानवर व उनके बच्चे, आसमान, बादल, खूबसूरती से डिजाइन की गई मशीन, करीने से सजाया गया कमरा इत्यादि। इन सभी में सुंदरता समाई हुई है। किंतु जीवन की भागमभाग में हम सुंदरता को अनदेखा कर देते हैं। सुंदरता की हमारी परिभाषा कुछ चीजों में ही सिमटकर रह जाती है, जैसे—वह फलाँ महिला बहुत सुंदर है, फूलदान में रखे फूल बड़े खूबसूरत हैं आदि। सच है कि सुंदरता को देखनेवाली दृष्टि संकीर्ण हो तो भी आप सुंदरता का आनंद लेते हैं। पर क्या बेहतर नहीं होगा कि आप अपने मन-मस्तिष्क को विस्तारित करें और सुंदरता की परिभाषा का दायरा बढ़ाएँ?

मन का विस्तार होने पर यह अनेक सुंदर वस्तुओं से भर जाएगा और आप उनका आनंद लेने लगेंगे। आँखों को सुंदर लगनेवाली वस्तुओं के अलावा अन्य इंद्रियों से भी सुंदर वस्तुओं का आनंद लेना शुरू करें, जैसे—सुंदर आवाज, कीट-पतंगों व पक्षियों द्वारा उत्पन्न सुंदर कलरव, सुंदर संगीत, सुंदर स्वाद, सुंदर सुगंध, सुंदर स्पर्श, आपके शरीर को आनंदित करनेवाली पवन का स्पर्श, अपने प्रियतम द्वारा शरीर का स्पर्श और अंततः माँ का दुलार भरा स्पर्श। शनैः-शनैः जीवन की सुंदरता का आनंद लेना सीखिए। सुंदरता के लिए आपकी खोज बौद्धिक क्षेत्र में भी विस्तारित हो सकती है। हम सभी जीवन में अनेक वस्तुओं की कल्पना करते हैं, अपने प्रियजनों की सुंदर छवियाँ मन में सँजोते हैं, उनके साथ काल्पनिक वार्त्तालाप करते हैं। महान् वैज्ञानिकों व गणितज्ञों को वैज्ञानिक खोजों और गणितीय मॉडलों में

सुंदरता नजर आती है। पेड़-पौधों में सुंदरता दिखाई पड़ती है। जैसे-जैसे आप सुंदरता के अंतहीन परिक्षेत्र में प्रवेश करते हैं, उनका आनंद लेते हैं। किंतु आप हर समय उसी में डूबे नहीं रह सकते हैं। हाँ, उसका आनंद लेते हुए आप स्वयं को रीचार्ज जरूर कर सकते हैं, ताकि स्वयं को तरोताजा महसूस कर सकें। कुछ समय बाद आप अपने दैनिक कार्यों में सुंदरता देखने लगेंगे।

—— सुख ——

सुखों का भोग करने की इच्छा स्वाभाविक है। सुख चाहना कोई पाप नहीं है; पर सुखों की भीड़ में कहीं गुम न हो जाएँ, नहीं तो जब सुख साथ छोड़ने लगेंगे तो दु:खों की पीड़ा झेलनी होगी।

—— सुझाव ——

सुझावों को खुले दिल से स्वीकार करें। अनेक सकारात्मक सुझाव आपकी मदद कर सकते हैं। नकारात्मक सुझावों का अध्ययन करना चाहिए तथा अप्रासंगिक या बेतुके सुझावों को खारिज कर देना चाहिए।

—— सुधार ——

यह शब्द अकसर सुनाई देता है। आर्थिक सुधार, रचनात्मक या ढाँचागत सुधार, बैंकिंग सुधार, शैक्षणिक सुधार इत्यादि। वर्तमान गलनशीन परिस्थिति और क्रांतिकारी कदमों के बीच की अवस्था है सुधार। यही कारण है कि वर्तमान व्यवस्था में जड़ें जमाए निजी स्वार्थ सुधार की दिशा में उठाए कदमों का विरोध करते हैं। लेकिन भारी और धमाकेदार परिवर्तनों से बचने का उपाय है—निरंतर सुधार। जैसे—विज्ञान और तकनीकी प्रगति के चलते मानव ज्ञान में भारी व विस्फोटक गति से बदलाव आ रहे हैं, जिनका व्यवसाय में उपयोग होने से विश्व अर्थव्यवस्था पर असर पड़ रहा है। अत: निरंतर सुधार के पक्षधर बनें।

—— सुस्त ——

सुस्त व्यक्ति कभी दौड़ नहीं जीतता है।

—— सेक्स (लिंग) ——

सेक्स या लैंगिक गतिविधियाँ मानव जीवन, बल्कि सभी तरह के जीवन, के

लिए महत्त्वपूर्ण कारक है। प्रजनन के लिए सेक्स अनिवार्य है और प्रजनन से जीव की प्रजाति सुरक्षित रहती है तथा फलती-फूलती है। हम सभी लैंगिक प्रजनन के माध्यम से अपने को भविष्य में प्रक्षेपित करते हैं। इसके अलावा यह एक शक्तिशाली मानव स्पंदन भी है। मानव का एक महत्त्वपूर्ण उत्प्रेरण भी है। यह मनुष्य को वह सुख देता है, जो अन्य किसी गतिविधि में दुर्लभ है। मनुष्य की काया की प्रकृति के अनुसार और चिकित्सा क्षेत्र में आधुनिक विकास कार्यों के चलते मानव समाज के लिए सेक्स का भरपूर आनंद लेने के अवसर बढ़े हैं। विश्व के अनेक भागों में पुरुषों द्वारा महिलाओं के शोषण और उनके प्रति असंवेदनशीलता में कमी आई है। विभिन्न समाजों में सेक्स को लेकर अनेक वर्जनाएँ आज भी कायम हैं। इन वर्जनाओं को भंग करने को लेकर भी अनेक प्रकार के भय लोगों के मन में घर कर चुके हैं। कई बार अपराध-भावनाएँ भी ग्रस्त करने लगती हैं। प्रत्येक पीढ़ी में ज्यादातर लोग इन्हीं भावनाओं से गुजरते हैं। सेक्स को लेकर अनेक मनोवैज्ञानिक और मनोचिकित्सकीय सिद्धांत भी प्रचलित हैं। इनमें से कई तो बहुत विकृत हैं। लेकिन अंत में सेक्स संबंधी प्रत्येक कार्य व्यक्तिगत निर्णय पर आधारित होता है। सेक्स पर जितना लिखा जाए, कम है। मेरा केवल यही सुझाव है कि सेक्स के प्रति शांत रवैया अपनाएँ। इसमें सुंदरता है, सुख है। आपको इसके लिए स्वयं को तैयार करना होगा। पर याद रखें कि सेक्स की खातिर कहीं के भी कानूनों का उल्लंघन बिलकुल न करें। कानून और रिवाज भिन्न-भिन्न होते हैं। कई समाजों में जोड़ों द्वारा खुलेआम चुंबन लेने-देने को बरदाश्त नहीं किया जाता है। यह भी याद रखें कि सेक्स में भी अति की मनाही है। सबसे बढ़कर स्वच्छता का महत्त्व है। केवल एच.आई.वी. ही नहीं बल्कि अन्य प्रकार के तमाम यौन रोगों से सावधान रहें, जो आप या आपके साथी द्वारा स्वच्छता का ध्यान न रखने के कारण आपको लग सकते हैं। अन्य पूर्व सावधानियाँ भी जरूरी हैं। यह भी याद रखें कि जहाँ शारीरिक सुख महत्त्वपूर्ण भूमिका अदा करता है वहीं मानसिक भावनाओं की भी सेक्स में अत्यंत महत्त्वपूर्ण भूमिका है। ईश्वर के इस शक्तिशाली वरदान का सही इस्तेमाल करना सीखें। संतुलित जीवन जीएँ तथा आनंद उठाएँ।

—— सेवा ——

स्वयं का और अपने प्रियजनों का खयाल रखना अनिवार्य है। इसके पश्चात् अन्य लोगों की सेवा करना, विशेषकर उन लोगों की सेवा करना जिनका दबे-कुचले तबकों से संबंध है, आपके मस्तिष्क को समृद्ध करेगा। दूसरों की सेवा करने

से आपका मानसिक स्तर ऊँचा उठता है और आप में जीवन का सामना करने की ताकत आती है। यह कोई बलिदान नहीं है। दूसरों की सेवा करने से आपको भारी लाभ मिलेगा।

— स्थायी —

जीवन में कुछ भी स्थायी नहीं है। परिवर्तन की प्रक्रियाओं को समझना सीखें और तदनुसार कार्य करें। आप अवश्य सफल होंगे।

— स्नान —

स्नान करने का क्या महत्त्व है, आप पूछ सकते हैं। व्यक्तिगत स्वच्छता के लिए स्नान बहुत ही महत्त्वपूर्ण है। शरीर की दुर्गंध का नाश करने के लिए आप केवल इत्र-परफ्यूम पर ही निर्भर नहीं रह सकते हैं। शरीर के सभी अंगों—गुप्तांगों, काँखों, हाथ-पैरों के बीच; एड़ियों, गरदन, कानों के पीछे व अंदर; बालों, सिर की त्वचा इत्यादि सभी अंग-प्रत्यंगों को साफ-सुथरा रखना अत्यंत महत्त्वपूर्ण है। स्नान करते समय कभी जल्दबाजी न करें। पानी कम हो तब भी आराम से स्नान करें। सिर्फ फालतू का पानी बहाना ही स्वच्छता की निशानी नहीं है। कुछ लोगों के शरीर से बहुत दुर्गंध आती है। इस दुर्गंध का नाश करने के लिए अनेक व्यावहारिक उपाय उपलब्ध हैं। उनसे भी बात न बने तो किसी योग्य डॉक्टर से सलाह लें। नीम-हकीमों के चक्कर में न पड़ें। शरीर साफ हो तो आप ऊर्जावान् महसूस करते हैं और इसका असर आपके मन या मिजाज पर भी पड़ता है।

— स्वच्छता —

दो स्तरों पर स्वच्छता जरूरी है—शारीरिक और चारित्रिक स्वच्छता। शरीर की स्वच्छता का जीवन के लिए महत्त्व है। इसमें रसायनों, माउथवॉश, साबुन इत्यादि से काम नहीं चलेगा, हालाँकि वे महत्त्वपूर्ण हैं। इनसे ज्यादा महत्त्वपूर्ण है अपना निज अनुशासन। हर बार भोजन के बाद कुल्ली करें, ताकि दाँत साफ रहें। इतमीनान से स्नान करें। अपने कपड़ों, अपने पर्यावरण, घर-दफ्तर को साफ रखें।

अब बारी है चारित्रिक समस्या की। क्या हम स्वयं झूठ बोलने से या ऐसा कुछ करने से रोक सकते हैं, जिससे हमारी तो तरक्की हो जाए, किंतु दूसरे को नुकसान झेलना पड़े? जब कोई आपके ज्ञान के लिए आप पर भरोसा करे और आप अपने लाभ के लिए सफाई से झूठ बोल जाएँ और उसे ठग लें; क्योंकि उस व्यक्ति

को आपके झूठ का पता नहीं चलता, इसलिए आप लगातार लच्छेदार बातें करते हुए उसके साथ छल करते रहते हैं? हममें कितने लोग हैं, जो अपने बॉस या किसी शक्तिशाली आदमी को खुश करने के लिए गलत काम करने से मना करने का साहस कर पाते हैं? जरा ईमानदारी से अपने मन में झाँककर देखें। आज के तेज रफ्तार और होड़ भरे माहौल में हम अकसर असमंजस में पड़ जाते हैं। ऐसा नहीं है कि पुराने जमाने में लोग दो-मन नहीं होते थे। 'रामायण' और 'महाभारत' में ऐसे अनेक उदाहरण मिलते हैं। 'महाभारत' में तो अर्जुन युद्धभूमि के बीच शस्त्रास्त्र एक ओर रखकर बैठ गया था। उसके संशय को दूर करने के लिए भगवान् कृष्ण ने 'गीता' का उपदेश दिया। मगर आज के जमाने में हमें रोज-रोज संशय का सामना करना पड़ता है और तुरंत निर्णय लेना पड़ता है। इसलिए आपके चरित्र की बुनियाद मजबूत होनी चाहिए। याद रखें—

धन का जाना कुछ नहीं जाना,
तन का जाना कुछ-कुछ जाना,
मन का जाना सबकुछ जाना।

—— स्वयंसेवा ——

हालाँकि इक्कीसवीं सदी में बाजारवादी अर्थव्यवस्था और उनसे जुड़े विचारों का दबदबा रहेगा; लेकिन फिर भी समाज की भलाई के लिए स्वयंसेवा करना अच्छा होगा। लंबे समय में यह संपूर्ण मानव समाज के लिए अच्छा होगा। ऐसे स्वैच्छिक कार्यों से मनुष्यों में आपसी मेल-जोल बढ़ता है।

—— स्वर्ग ——

सदियों से मनुष्य स्वर्ग के अस्तित्व में विश्वास करता आ रहा है, जहाँ हमेशा प्रसन्नता का वास होता है। स्वर्ग का उलटा नरक है। स्वर्ग की कल्पना एक आनंददायक अनुभव है, जिसे हर व्यक्ति सँजोना चाहता है। यह लोगों के लिए एक उत्कृष्ट लेकिन कहीं दूर स्थित लक्ष्य है, ताकि वे नेक कार्य कर सकें और नैतिकता का पालन कर सकें।

रात्रि में आकाश में टिमटिमाते असंख्य तारों के अद्‌भुत नजारों को देखकर ही मनुष्य के मन में स्वर्ग की कल्पना उत्पन्न हुई होगी। फिर उसने चाँद और सूरज को नियमित रूप से उगते-डूबते देखा होगा। इसलिए स्वर्ग के लिए अधिकांशत: लोग आसमान की ओर ही ताकते हैं। अनेक धर्मों के अनुसार, ईश्वर भी ऊपर कहीं

आसमान में विराजमान है।

अंतरिक्ष अनुसंधान में प्रगति के साथ आज मानव-निर्मित उपग्रह, अंतरिक्ष केंद्र, यान, दूरबीनें आदि हमारे सौरमंडल के ऊपर तैर रही हैं। इनकी सहायता से हमें ब्रह्मांड के उद्‍गम, सितारों, सूर्य, चंद्रमा, ग्रहों और हमारे चारों ओर मौजूद पदार्थ व ऊर्जा के बारे में ज्यादा-से-ज्यादा जानकारियाँ मिल रही हैं। किंतु इनमें स्वर्ग के बारे में कोई खुलासा नहीं होता है। इस तरह स्वर्ग एक धार्मिक विश्वास बन जाता है। लेकिन सबसे बढ़कर स्वर्ग मनुष्यों के लिए एक खूबसूरत कल्पना बन सकता है। क्या हम इस धरती को स्वर्ग नहीं बना सकते? क्या हम अपने जीवन को ऐसा नहीं बना सकते जैसा स्वर्ग में हो? मैं निजी तौर पर मानता हूँ कि इस दिशा में विचार व अंतर्दृष्टियाँ मनुष्य के लिए अत्यंत उपयोगी रहेंगी। अपने हिस्से का स्वर्ग आप स्वयं बनाएँ और दूसरों को भी इसकी सुंदरता व प्रसन्नता का आनंद लेने दें।

— स्वस्थ शरीर —

शारीरिक तौर पर नाजुक न बनें। हट्टे-कट्टे पहलवान भले ही न हों, पर मजबूत बनें। कड़ी मेहनत करने में सक्षम बनें। आपकी मानसिक क्षमता, दम-खम आदि में भी नजाकत नहीं होनी चाहिए। साथ ही आपको अन्य नाजुक लोगों के प्रति संवेदनशील भी होना चाहिए। ऐसे लोगों से सज्जनता के साथ पेश आना सीखना चाहिए। इस तरह आपके मित्र बनेंगे और आप सफल हो सकेंगे। व्यापारिक बातचीत, कार्यालयी बैठकों और अन्य तकनीकी विकास कार्यों (डिजाइन, समीक्षाओं या परीक्षणों) के दौरान अनेक नाजुक अवसर आ सकते हैं। ऐसी संवेदनशील परिस्थितियों से निबटने के लिए आपको सतर्क और नीतिवान् होने के साथ उदार भी होना चाहिए। नेता के रूप में आपकी क्षमताओं की परीक्षा ऐसे ही नाजुक अवसरों पर होती है। यह मत सोचें कि केवल 'बिग बॉस' बनने मात्र से ही आप नेता भी बन जाएँगे। भले ही किसी संस्थान में आपको ज्यादातर अपने बॉस के कहने के अनुसार ही काम करना होता है, किंतु गौण स्थिति में भी आपके नेतृत्ववाले गुण उभरेंगे। खाने-पीने के मामले में भी आपको विविधता लानी चाहिए, क्योंकि आज आपको ऐसी परिस्थिति में कार्य करना पड़ता है, जहाँ विविध संस्कृतियों का मिलन होता है। भारतीय तीखे मसालेदार भोजन करने के शौकीन हैं। हो सकता है कि फीका स्वाद आपको न भाए। आप सादे भोजन को बेस्वाद बता सकते हैं। लेकिन यदि आप भिन्न स्वादवाले भोजनों को भी पसंद करना सीख लें तो विविध संस्कृतियोंवाले लोग आपके मित्र बन जाएँगे।

—— स्वागत ——

लोगों का स्वागत करना एक कला है। लोगों को अपनी उपस्थिति में आराम महसूस कराएँ। नए विचारों का स्वागत करें।

—— स्वाद (जायका) ——

भोजन का स्वाद तो सभी जानते हैं, मगर जीवन में अनेक छोटी-मोटी चीजें हैं, जिनका जायका जीवन को सँवार या बिगाड़ सकता है। यहाँ रुचियों का विशेष महत्त्व है। अत: जीवन में अच्छा जायका विकसित करें। इससे आप जीवन का आनंद ले सकेंगे। भिन्न-भिन्न जायकों की सराहना करना सीखें। इससे आप लोगों की मित्रता व कल्पना को प्राप्त कर सकेंगे।

—— स्वामित्व ——

स्वामित्व के विभिन्न प्रकार हैं, जैसे—भू-स्वामित्व, गृह-स्वामित्व, धन-संपत्ति का स्वामित्व आदि। इन सभी की अपनी अलग-अलग प्रासंगिकता है। कहने का अर्थ है कि आपको भी जीवन में किसी चीज का स्वामित्व प्राप्त करने का लक्ष्य रखना चाहिए, चाहे वह कार्य हो या विचार अथवा और कोई चीज। आप में उनके प्रति जीने, कार्य करने और जान देने का जज्बा भी होना चाहिए। पता लगाएँ कि आपके जीवन में क्या मूल्यवान् है, जिसके स्वामित्व के लिए आप अपना जीवन भी दाँव पर लगा सकते हैं ?

—— स्वास्थ्य ——

आपका और आपके प्रियजनों का स्वास्थ्य अच्छाई, प्रसन्नता और सफलता के लिए अत्यंत महत्त्वपूर्ण है। अनेक रोग ऐसे हैं, जिनके होने या न होने पर आप कोई नियंत्रण नहीं कर सकते हैं। इन रोगों का पहले से पता लगाना वर्तमान चिकित्सा विज्ञान व तकनीकी के सामर्थ्य से परे है। जैसे—कोई भी पक्के तौर पर नहीं कह सकता है कि आपको कभी कैंसर या हृदय रोग नहीं होंगे, भले ही आप समय-समय पर अपनी जाँच कराते हों और नियमित जीवन-शैली अपनाते हों। फिर भी स्वास्थ्य संबंधी पूर्ण सावधानियाँ बरतना, जीवन-शैली को दुरुस्त करना, सही पोषण लेना, व्यायाम करना इत्यादि सभी उपयोगी होंगे।

कुछ बीमारियाँ आनुवंशिक होती हैं तो कुछ शारीरिक और मानसिक कारणों से होती हैं, जैसे—तनाव, सदमा आदि। कई बार बिना किसी कारण के बीमारी हो

जाती है। इसलिए यदि कभी आप स्वास्थ्य संबंधी समस्या में फँस जाएँ तो निराश न हों। आजकल अच्छे डॉक्टरों और आधुनिक चिकित्सा सुविधाओं की सहायता से ज्यादातर स्वास्थ्य समस्याओं से निबटा जा सकता है। जैसे आज जटिल दमे की स्थितियों को दवाओं और औषधियुक्त स्प्रे से ठीक किया जा सकता है। नियमित दवाएँ लेने, खान-पान ठीक करने और नियमित जीवन-शैली के साथ हृदय रोगों को भी नियंत्रण में रख सकते हैं। इसी तरह आज मधुमेह और कैंसर जैसे असाध्य रोगों को भी नियंत्रण में रखा जा सकता है।

इन ज्यादातर रोगों में दवाओं व नियंत्रित जीवन-शैली तथा खान-पान के साथ पीड़ित व्यक्ति बेहतर जीवन जी सकता है, अपना काम-काज कर सकता है और सामाजिक जीवन का आनंद ले सकता है। बस, सावधानी बरतनी चाहिए।

यदि आपका स्वास्थ्य बहुत अच्छा है, आपको कोई बीमारी नहीं है तो भी आप अपनी आदतों व दिनचर्या में नियमित रहें। कुछ विनम्र रहें, खान-पान का ध्यान रखें, जीवन-शैली नियमित रखें। हालाँकि अनुशासित जीवन-शैली और रोगमुक्त जीवन के बीच कोई सीधा संबंध नहीं है, किंतु अनुशासित जीवन-शैली ही बेहतर है। यह जोखिमों को कम करती है। साथ ही आपको हर चीज की चिंता भी नहीं पाल लेनी चाहिए। अत्यधिक चिंता कभी-कभार के अनुशासन से कहीं ज्यादा बुरी बला है। यहाँ पर अमेरिकी हँसोड़ लेखक मार्क ट्वेन का कथन याद रखें—'स्वास्थ्य की पुस्तकें पढ़ते समय हमेशा सावधान रहें। छपाई की एक गलती से आपकी जान जा सकती है।'

—— हताशा ——

किसी भी स्थिति में हताशा को स्वयं पर हावी न होने दें, आधुनिक जीवन में विद्यार्थियों, कारोबारियों, कार्यालय कर्मियों, परिजनों और मित्रों के बीच भी अत्यधिक तनाव का सामना करना पड़ता है। बहुत अधिक अवसर, बहुत अधिक आशाएँ, अत्यधिक परिवर्तन और जीवन की तेज रफ्तार के कारण बहुत अधिक तनाव रहता है।

यहाँ तक कि सुस्थापित व्यक्ति को भी अपने से बेहतर इनसान को, जो उससे ज्यादा धनी हो या उससे ज्यादा प्रसिद्ध हो, देखकर हताशा होने लगती है।

यदि गहराई से विश्लेषण करें तो पाएँगे कि आपकी हताशा के कारण कई हैं, जैसे—आप निर्धन हैं, जीवन में कदम-कदम पर संघर्ष है, अवसर हाथ से निकल जाते हैं, मौज-मस्ती, खेलने-कूदने का समय नहीं मिल पाता, बेहतरी के प्रयासों में

विफलता मिलती है और स्वास्थ्य खराब रहता है, लेकिन धन की कमी के कारण इलाज नहीं करा पाते। देखा जाए तो हताशा के कारणों की सूची का कोई अंत नहीं है।

अकसर ऐसी हताशापूर्ण स्थिति में लोग प्रयास करना छोड़ देते हैं। उन्हें डर लगता है कि कहीं दोबारा हताश न होना पड़े।

आप में से भी जो लोग बेहतर स्थिति में हैं, लेकिन दूसरों से अपनी तुलना के कारण हताश होते हैं, उनसे मैं केवल इतना कहूँगा कि आज की होड़ भरी दुनिया में सफलता का कोई अंत नहीं है। इसलिए प्रयास करते रहने में कोई हानि नहीं है। लेकिन सफलता के इतने दीवाने भी न हो जाएँ कि असफल होने पर हताश होना पड़े। आपके पास जो कुछ भी है, उसके लिए ईश्वर को धन्यवाद दें। अपने को भाग्यशाली मानें और जब आप स्वयं को बेहतर करना चाहें तो केवल अपने बारे में याद रखें। आपकी अपनी भावनाएँ ज्यादा महत्त्वपूर्ण हैं। ईर्ष्या से भरी प्रतियोगिता में जो आपको हताश करती हैं, ऐसी भावनाओं से स्वयं को हानि न पहुँचाएँ।

—— हथियार ——

आधुनिक दुनिया में विज्ञान व तकनीकी का उपयोग कर जीवन को बेहतर बनाया जा सकता है, पर दुर्भाग्यवश तमाम अच्छी चीजों के साथ विज्ञान ने मानवता के हाथों में एक से बढ़कर एक घातक हथियार भी थमा दिए हैं। अब इस बात की उम्मीद नहीं की जा सकती कि मनुष्य अपने हथियारों का त्याग कर देगा या उनका एक-दूसरे के खिलाफ इस्तेमाल नहीं करेगा। और अब तो देश एक-दूसरे को धमकाने के लिए घातक नाभिकीय अस्त्रों के भंडारों को सुसज्जित कर रहे हैं। अपनी सभी वैयक्तिक उपलब्धियों के अलावा आपको यह भी सोचना चाहिए कि किस प्रकार मानवता का हथियारों और युद्धों से पिंड छुड़ाया जाए। शायद हरेक मनुष्य और हरेक मानव समुदाय को सुरक्षित बनाकर। सोचिए, कदाचित् हो सकता है कि इस महान् कार्य में आप ही उत्प्रेरक की महत्त्वपूर्ण भूमिका निभाएँ।

—— हरा ——

हरे का शाब्दिक अर्थ है—नया या कच्चा, लेकिन अकसर 'हरा' शब्द को पर्यावरण और पारिस्थितिकी के हितैषी के रूप में प्रयोग किया जाता है, जैसे—हरित तकनीकी, हरित भवन—जिन्हें पर्यावरण के अनुकूल माना जाता है, क्योंकि उनमें बहुत कम ऊर्जा और सामग्रियों की खपत होती है।

अनेक पर्यावरणवादी कार्यकर्ता हैं, लेकिन जब पर्यावरण, मानवता के भविष्य, पृथ्वी आदि मुद्दे भावनाओं के साथ जुड़ जाते हैं तो कई चीजों का घालमेल हो जाता है।

मत भूलें कि अनेक व्यावसायिक और राजनीतिक हित भी हैं। ऐसी कंपनी जिसने नया उत्पाद या नई प्रक्रिया विकसित की है, वह उसके छोटे से लाभ को भी अन्य कंपनियों के उत्पाद के मुकाबले बढ़ा-चढ़ाकर पेश करना चाहेगी। ऐसा करने के लिए वह जटिल वैज्ञानिक शब्दावलियों या नीतियों का सहारा लेगी। अकसर इस काम के लिए विशेषज्ञों को लगाया जाता है। यह न सोचें कि विशेषज्ञों और विद्वानों को पैसों का लालच नहीं होता। पैसे के लिए वे कंपनियों के साथ गुटबंदी करने को तैयार रहते हैं और जटिल वैज्ञानिक शब्दावली का उपयोग कर अपनी चेतना को संतुष्ट करते हैं, भले ही आम जनता के पल्ले कुछ पड़े या न पड़े। कई गैर-सरकारी संगठन भी इन व्यावसायिक अवसरों का लाभ उठाने के लिए कंपनियों के साथ गुटबाजी करने लगते हैं।

हम सभी को सही अर्थों में पर्यावरणवादी होना चाहिए। यदि आप सचमुच में पर्यावरण-प्रेमी हैं तो आपको इन जटिल शब्दावलियों और दुष्प्रचार से बचना सीखना होगा, जो आसान काम नहीं है। आपको सही स्रोतों की तलाश करनी होगी और सही पूर्वग्रह-मुक्त लोगों से चर्चा करनी होगी। पर्यावरण-हित के बारे में और जानें। भविष्य में इस बात का महत्त्व होगा कि सभी देश, सभी व्यक्ति संपन्न बनें।

—— हर्ष ——

जीवन हर्ष से बना है। इसे आनंदित जीवन कैसे बनाना है, यह आपके हाथ में है। जीवन में सकारात्मक व नकारात्मक चीजें साथ-साथ मौजूद हैं। आपको केवल इतना सावधान रहना है कि सकारात्मक ऊर्जा आपके भीतर प्रवेश कर सके। जब कभी आपके मस्तिष्क में नकारात्मक भाव आए तो उसे सकारात्मक भाव द्वारा बाहर निकाल दीजिए। एक खूबसूरत गीत गुनगुनाकर, भगवान् से प्रार्थना कर, पल भर की झपकी लेकर या अच्छे और प्रेरणादायक साहित्य को पढ़कर या किसी ऐसे कार्य को करने से, जिसमें आपका ध्यान बँटने लगे, आप अपने मन को नकारात्मक भावों से सुरक्षित रख सकते हैं।

और जब सकारात्मक ऊर्जा या विचार आपके मन में प्रवेश करे तो उसका भरपूर आनंद लें। इन विचारों के साथ जीवन को बेहतर बनाने में जुट जाएँ। तमाम कठिनाइयों के बावजूद, तमाम समस्याओं के बावजूद, तमाम असफलताओं के

बावजूद और अन्य लोगों द्वारा आप पर छोड़ी गई तमाम नकारात्मक चीजों के बावजूद जीवन एक महान् हर्ष है। मेरे लिए ईश्वर एक बड़ी प्यारी सत्ता है; वह शक्ति का पुंज है, न कि डर का। ईश्वर से आप सकारात्मक ऊर्जा अनंत काल तक ग्रहण कर सकते हैं।

—— हर्षोन्माद ——

हम सभी ऐसी परिस्थितियों की तलाश में रहते हैं, जो हर्ष के उन्माद से भरी-पूरी हों। पीड़ा का विपरीतार्थ है—हर्षोन्माद। हम पीड़ा नहीं चाहते। हम तो हर समय हर्षोन्माद की तलाश करते हैं, मगर पीड़ा के बिना हम हर समय हर्षोन्माद की अवस्था में नहीं रह सकते हैं। पीड़ा और हर्षोन्माद के बीच झूलना ही जीवन है। यदि आप इस तथ्य से परिचित हैं तो आपके जीवन में समरसता कायम रहेगी। प्रसंगवश मैं बता दूँ कि मैंने अपनी पहली कविता का शीर्षक भी दिया है 'पीड़ा व समरसता'। (मूल कविता अंग्रेजी में है, जिसका शीर्षक है—'एगोनी ऐंड हारमनी')। हर्षोन्माद के पलों का आनंद लें। किंतु याद रखें कि परिवर्तन भी चलते रहेंगे।

—— हानि ——

जीवन में आप अनेक चीजों की आशा करते हैं, पर वे आपको नहीं मिल पातीं। आप उनके अभाव को अपना नुकसान मानने लगते हैं और वैसा ही महसूस भी करने लगते हैं। कई बार ऐसा समय भी आता है कि आप भीड़ भरे बाजार में अपना बटुआ खो देते हैं या आपके घर में से ही कीमती चीजें या रुपया-पैसा गुम हो जाता है और आप नौकर-चाकर एवं आने-जानेवालों पर शक करने लगते हैं। कई बार दफ्तर से भी महत्त्वपूर्ण कागजात गुम हो जाते हैं। तब शक किसी भेदिए पर जाता है।

हानि चाहे किसी भी चीज की हो, आपका मन दुःखी हो जाता है। आप कुछ अतिरिक्त सावधानी बरतकर चीजों को गुम होने से बचा सकते हैं। लेकिन जो चीज आपको मिली ही नहीं है, उसके बारे में सोच-सोचकर हाथ मलना व्यर्थ है। यहाँ कुछ भी आपके हाथ में नहीं है। आप मनचाही चीजें पाने की चाहे जितनी कोशिश कर लें, जरूरी नहीं है कि वे आपको मिल ही जाएँ; क्योंकि भविष्य की अपनी अलग अनिश्चितताएँ होती हैं। लेकिन नुकसान चाहे असली हो या नकली, उसे अपने ऊपर हावी न होने दें। यहाँ तक कि अपने प्रियजनों से बिछड़ने को भी दिल पर न लें। उनके चले जाने पर दो आँसू जरूर बहा लें, लेकिन फिर आगे की सोचें।

— हितकर —

उन अवसरों की हमेशा तलाश करते रहें, जो आपके लिए विशेष तौर पर लाभकारी सिद्ध हो सकते हैं। व्यायाम करने से आपको अपना स्वास्थ्य बेहतर बनाने का अवसर मिलेगा। ऐसे व्यक्ति से, जो आपको ज्ञान दे सके या आड़े वक्त में सहायता कर सके, संपर्क साधना भी एक अवसर है। मगर हमेशा दूसरों से लाभ ही न लेते रहें। ऐसा करना स्वयं आपके लिए अहितकर होगा। इससे आपको संकीर्ण और स्वार्थी व्यक्ति माना जाने लगेगा। दूसरों के लाभ का भी ध्यान रखें, उनकी सहायता करें। साथ ही ध्यान भी रखें कि कोई आपका अनुचित लाभ न उठाने लगे।

— हीन-भावना —

अनेक अवसरों पर आप हीनता महसूस करेंगे। स्वयं को ऊँचा उठाएँ। आपका परिवार और जीवन में अन्य परिस्थितियों में हो सकता है, आप नीचा महसूस करें, अर्थात् हीन-भावना से ग्रस्त होने लगें। सबसे पहले तो इस मानसिकता से लड़ें। अपने आपसे प्रेम करें। फिर अपने आपको ऊँचा उठाएँ—अर्थात् हीन-भावना से उबरें। आपका जन्म हीन महसूस करने के लिए नहीं हुआ है। हम सभी ऊँची उड़ान भर सकते हैं। आप भी इसके लिए तैयार हो जाएँ।

□□□